# "机关事务管理与法治政府论丛"
# 编辑委员会

**主　任**　李宝荣

**副主任**　赵峰涛　吴志攀

**委　员**（以姓氏笔画为序）：

　　丁　煌　王永红　王仰麟　王浦劬　王　德

　　孙丽霞　杨有青　吴正合　张　翼　陈佳资

　　范学臣　和培林　周志忍　郑　峰　赵建国

　　姜晓萍　徐　进　徐永胜　高鹏程　陶雪良

　　彭宗超　鲍　静　解亚红　燕继荣　薛　澜

Introduction to Government Offices Administration

# 机关事务管理概论

李宝荣　主　编

赵峰涛　陶雪良　副主编

图书在版编目(CIP)数据

机关事务管理概论/李宝荣主编. —北京:北京大学出版社,2020.11
(机关事务管理与法治论丛)
ISBN 978-7-301-31802-7

Ⅰ. ①机… Ⅱ. ①李… Ⅲ. ①国家行政机关—行政管理—中国—研究生—教材 Ⅳ. ①D630.1

中国版本图书馆 CIP 数据核字(2020)第 204549 号

| | |
|---|---|
| 书　　　名 | 机关事务管理概论<br>JIGUAN SHIWU GUANLI GAILUN |
| 著作责任者 | 李宝荣　主编　赵峰涛　陶雪良　副主编 |
| 责 任 编 辑 | 毕苗苗 |
| 标 准 书 号 | ISBN 978-7-301-31802-7 |
| 出 版 发 行 | 北京大学出版社 |
| 地　　　址 | 北京市海淀区成府路 205 号　100871 |
| 网　　　址 | http://www.pup.cn |
| 电 子 信 箱 | law@pup.pku.edu.cn |
| 新 浪 微 博 | @北京大学出版社　@北大出版社法律图书 |
| 电　　　话 | 邮购部 010-62752015　发行部 010-62750672　编辑部 010-62752027 |
| 印 刷 者 | 北京虎彩文化传播有限公司 |
| 经 销 者 | 新华书店 |
| | 730 毫米×980 毫米　16 开本　21 印张　302 千字<br>2020 年 11 月第 1 版　2022 年 1 月第 3 次印刷 |
| 定　　　价 | 75.00 元 |

未经许可,不得以任何方式复制或抄袭本书之部分或全部内容。
**版权所有,侵权必究**
举报电话:010-62752024　电子信箱:fd@pup.pku.edu.cn
图书如有印装质量问题,请与出版部联系,电话:010-62756370

# 本书作者

**主　编**　李宝荣
**副主编**　赵峰涛　陶雪良
**主要编写人员**（以姓氏笔画为序）
　　　　王　德　朱呈义　何长江　吴正合
　　　　宋新华　范学臣　陆赢祺　郑　峰
　　　　荣　颖　徐永胜　鲍轶欣

# 总　　序

党的十九届四中全会对坚持和完善中国特色社会主义制度、推进国家治理体系和治理能力现代化作出全面部署。全会审议通过的《中共中央关于坚持和完善中国特色社会主义制度 推进国家治理体系和治理能力现代化若干重大问题的决定》（以下简称《决定》），全面回答了在我国国家制度和国家治理体系上应该坚持和巩固什么、完善和发展什么这个重大政治问题。习近平总书记在党的十九届四中全会上的重要讲话，深刻阐述了坚定制度自信的一系列方向性、根本性、全局性问题，从坚持和巩固、完善和发展、遵守和执行三个方面，对学习贯彻党的十九届四中全会精神提出了明确要求。机关事务工作为机关运转和政务运行提供资金、资产、资源和服务保障，是国家治理体系的有机组成部分。深入领悟《决定》和习近平总书记的重要讲话精神，为我们推进机关事务治理现代化，更好地在推进国家治理体系和治理能力现代化中发挥职能作用指明了方向、提供了遵循标准。为此，要深入学习贯彻党的十九届四中全会精神，牢固树立治理思维、治理理念，把机关事务工作放在国家治理的高度去认识、去定位、去谋划，立足于服务党和国家中心工作，着力提升机关事务保障和管理效能，为党政机关高效运转、提高施政水平提供有力保障。

## 一、始终坚持以政治建设为统领

机关事务工作服务党和国家中心工作，保障党政机关运转，因此必须始终旗帜鲜明讲政治，加强党的政治建设。近年来，国家机关事务管理局（以下简称国管局）党组牢牢把握政治机关这一根本属性，坚持以习近平新时代中国特色社会主义思想为指导，坚持和加强党的全面领导，制定局党组《关于加强政治建设 严格落实中央八项规定精神的具体措施》《关于加

强政治建设 创建"模范机关"的实施措施》,并抓好贯彻实施,引导干部职工增强"四个意识",坚定"四个自信",做到"两个维护"。坚决落实党中央的各项决策部署,组织开展了党政机关停止新建楼堂馆所和办公用房清理、公务用车制度改革、驻京(省会城市)办事机构清理规范等重点改革和专项工作,牵头起草党政机关国内公务接待、公务用车和办公用房等管理制度,着力遏制舌尖上的浪费、车轮上的腐败、会所中的歪风,在促进党风政风转变、加强机关自身建设方面发挥积极作用。

做好机关事务管理部门党的建设工作,必须深入贯彻落实习近平总书记在中央和国家机关党的建设工作会议上的重要讲话精神和党中央《关于加强和改进中央和国家机关党的建设的意见》,以政治建设为统领,狠抓责任担当、工作落实和制度执行,做好"三个表率",建设模范机关。始终坚定自觉做到"两个维护"。把"两个维护"作为党的政治建设的首要任务,在思想上政治上行动上同以习近平同志为核心的党中央保持高度一致,强化政治机关意识教育,持续深入学习贯彻习近平新时代中国特色社会主义思想,转化为指导推进机关事务工作的思路举措,推动理论武装向广度深度拓展,切实把"两个维护"体现在行动上、落实到工作中。始终坚决贯彻落实习近平总书记重要指示批示和党中央决策部署,在推动全面从严治党向纵深发展、贯彻中央八项规定及其实施细则精神、推进党政机关厉行节约反对浪费等方面主动担当、积极作为,抓实抓好深化党和国家机构改革办公用房保障、中央国家机关老旧小区综合整治等专项工作,确保党中央决策部署落实落细、见行见效。始终坚持把不忘初心、牢记使命作为加强党的建设的永恒课题和党员干部的终身课题,形成长效机制,大力践行忠诚、为民、务实、奉献、创新、效能、节约、廉洁等党的初心使命对机关事务工作的具体要求,巩固深化主题教育成果。

**二、着力加强集中统一管理**

党的十九届四中全会提出,要完善国家行政体制,推进国家机构职能优化协同高效。机关事务管理体制,其实质是机关运行保障资源的管理模式和配置方式,直接反映了机关事务治理能力和水平,对提升保障和管理效能有着决定性作用。

改革开放以来，机关事务管理部门积极履职担当、开拓进取，**围绕中心和大局**，着力推进机关后勤体制改革、办公用房管理体制改革等重点改革项目，特别是党的十八大以来，承担了停止新建楼堂馆所、办公用房清理等一系列中央交办的重点工作和专项任务，逐步建立起了适应社会主义市场经济要求的管理体制和运行机制，在保障党和国家中心工作中体现站位、履职尽责、发挥作用。**聚焦服务保障**，坚持"质量第一、效益优先"，不断夯实工作基础、理顺体制机制、改进方式手段，推动开放机关后勤服务市场，引入先进理念，转变服务方式，优化经营结构，着力保障各级党政机关规范高效运行，保障干部职工基本工作生活需要。**统筹行业建设**，牢固树立全国机关事务系统"一盘棋"思想，构建更为顺畅的沟通协调机制和工作指导关系。经过本轮机构改革，31个省（自治区、直辖市）和新疆生产建设兵团设立了机关事务管理部门，29个省（自治区、直辖市）通过机构整合、职能优化，初步实现了机关事务集中统一管理。实践证明，以市场化、社会化为基础，对机关运行保障实行集中统一管理，统筹资源、统一调度、集约使用、高效处置，能够有效降低行政成本，提升效率效能。

在深化党和国家机构改革过程中，按照中央要求，退役军人事务部等新组建部门不再设立单独的后勤服务机构，由国管局统一提供后勤保障。我们认真落实中央决策部署，创新新组建部门后勤保障模式，按照统一项目、统一标准、经费归口、资源共享的原则，为部门提供4大类16项后勤服务，有力保障了部门平稳有序运行。习近平总书记等中央领导同志对此充分肯定，指出这种模式既精简了机构人员、节约了行政资源，又规范了服务类型、提高了工作效能，是后勤体制改革的方向，要坚定不移推动集中统一管理。下一步，中央和国家机关事务管理改革，将坚持以习近平新时代中国特色社会主义思想为指导，站在国家治理体系和治理能力现代化的高度，推进政事分开、管办分离，机构精简、职能优化，管理内置、服务外购，统分结合、保障有力，构建集中、统一、高效的机关事务管理体系。**聚焦**加强集中统一管理，依法确定机关事务管理职能，充分发挥主管部门职能作用，认真落实职责任务；**推进**后勤服务社会化，合理确定后勤服务范围，加大购买后勤服务力度，切实保障后勤服务经费；**精简优化服务中心**，严格规范、归并整合机关服务中心，稳妥做好人员安置工作；**提升**保障管理效能，提高机关事务法治化、集约化、标准化、信息化水平，加强绩效评价。通过一系列改革措施，开创机关事务主管部门集中统一管理、各部门负责日常运行管理、后勤服务通过市场化方式供给的机关事务管理新格局。

### 三、大力推动标准化信息化建设

习近平总书记多次强调，没有标准化就没有现代化，没有信息化就没有现代化。标准化、信息化是提高机关事务工作质量的重要路径，对于提升保障和管理效能具有整体性、变革性、重塑性作用。标准化，让优秀的管理理念、模式、技术和产品可复制、易推广、更规范，便于借鉴、传承和整体提升；信息化，可以拓展管理半径，扩大管理范围，提高管理精度，减少人力消耗，降低管理成本。

近年来，我们按照中央部署要求，结合机关事务工作实际，总结提出了"坚持集中统一管理，坚持以标准化、信息化为支撑"的"一体两翼"发展思路，着力抓顶层设计、抓统筹规划、抓试点示范、抓成果运用。标准化方面，在全国组织开展两批 22 个标准化试点，指导推动各地区出台 113 项地方标准，成立全国机关事务管理标准化工作组，工作机制更加完善，标准体系日益健全，标准化实施效果逐渐显现。信息化方面，29 个省完成了公务用车"全省一张网"平台建设，18 个省初步建成办公用房管理系统，19 个省建设了公共机构节能管理系统，智慧后勤亮点频出，新媒体应用越来越普遍。

因此，要继续落实好"一体两翼"发展思路，以标准化、信息化赋能机关事务管理实践，推动机关事务集中统一管理更富质量、更有效能。坚持以标准化建设促进规范化管理，着力研究标准、制定标准、健全标准、执行标准，大力推进国家标准立项，编制《机关事务管理 基础术语》《机关办公区域物业服务监管评价规范》，加强标准形式创新和标准实施监督，逐步实现按标准管理、依标准保障、照标准评价。依托全国机关事务管理标准化工作组，加强对各地区标准化工作的系统规划、统筹谋划、指导协调，确保完成《机关事务标准化发展规划（2018—2020年）》目标任务。坚持以信息化手段提升精细化水平,推动实现管理科学化、智能化、智慧化。部署运行全国机关事务数据直报系统,整合建设中央国家机关事务综合服务保障平台,促进信息互联互通、数据共享共用、业务一网通办。积极运用大数据、云计算、区块链、人工智能等技术手段,推进智慧机关、智能社区建设,以技术革新推动管理创新。加快标准化信息化"两化融合",编制机关事务信息资源互联互通标准规范,统一数据标准、系统接入标准和业务流程标准,为各省(自治区、直辖市)机关事务管理部门构建"全省一张网"提供技术支撑,探索建设全国"机关事务云",逐步实现机关事务管理"全国一张网"。

**四、加快完善机关运行保障制度体系**

党的十九届四中全会提出,要抓紧制定国家治理体系和治理能力现代化急需的制度、满足人民对美好生活新期待必备的制度。推进机关事务管理法治建设,着力构建系统完备、科学规范、运行有效的机关运行保障制度体系,是实现机关事务治理现代化、促进效能提升的重要保障。完善的机关运行保障制度体系,既包括党的大政方针、国家法律,也包括行政法规、部门规章,还包括一系列国家标准、技术规范等;在更广泛的意义上讲,还包括机关事务系统干部职工的思想理念、行为习惯和机关文化。实践中,近年来机关事务领域制度建设的力度、速度、效度明显提升,中央层面相继出台了《公共机构节能条例》《机关事务管理条例》《党政机关厉行节约反对浪费条例》《党政机关国内公务接待管理规定》《党政机关办公用房管理办法》《党政机关公务用车管理办法》等,各地也制定了相应的配套制度,在推动全面从严治党要求和中央八项规定精神落实落细、促进节约型机关建设、提高机关事务系统治理水平等方面发挥了积极作用。

诚然,对照依法治国、国家治理体系和治理能力现代化要求,机关事务管理制度建设还有一定差距,要进一步补短板、强弱项,不断完善规范机关运行保障的"四梁八柱"。

第一,要加快推进机关事务立法。以法律形式对机关运行保障管理作出规定,是深化依法治国实践、推动全面从严治党向纵深发展的必然要求,是完善国家治理体系、提升国家治理效能的有力举措。机关运行保障涉及人、财、物,保障对象涵盖各级党政机关、广大干部职工,保障的效果效能既影响机关自身运转效率,也辐射政务运行质量和公共服务能力。只有坚持依法保障、依法管理、依法服务,依法确定各方的职责、权益,才能实现保障的均等化、标准化、规范化。要按照《十三届全国人大常委会立法规划》的安排,加快推进机关运行保障立法工作,进一步凝聚共识、形成合力,通过立法明确机关运行保障管理职责、体制机制、基本制度、保障事项,实现机构、职能、权限、程序、责任法定化,逐步实现机关运行成本可控、质量提升、绩效可比、监督有力。

第二,要健全配套制度体系,围绕机关运行和政务保障要求,逐步完善资产、资源、资金统筹和办公用房、公务用车、公务接待集约管理的配套制度,形成以机关运行保障法为统领、以综合性法规及专项法规为主干、以规范性文件为延伸、以各类技术标准为支撑的机关运行保障制度体系。

第三,要强化制度执行,把遵法、信法、守法的理念、思维、原则贯穿到保障和服务管理的全流程、各环节,培育机关运行法治文化,营造法治氛围,确保各项工作在制度和法治轨道上有序运行,推动制度优势转化为治理效能。

**五、扎实抓好节约型机关创建**

习近平总书记多次强调,党和政府带头过紧日子,目的是为老百姓过好日子。降低机关运行成本,提高保障和管理效能,是机关事务管理部门落实过紧日子要求的重要体现。近年来,我们着力健全完善党政机关厉行节约制度体系和标准体系,在办公运行、会议差旅、公务接待、政府采购、后勤保障等方面行简约、倡俭朴、戒奢华,严格控制机关运行成本,大力压减一般性支出,提高资金资产资源使用效率,把钱用在刀刃上。积极推进公共机构节能工作,组织开展节约型公共机构示范单位创建评选工作,在全国范围内建成3600多家示范单位、180多家能效领跑者、3万多家节水型公共机构。2018年全国公共机构人均综合能耗341.57千克标准煤,单位建筑面积能耗19.29千克标准煤,人均用水量23.04吨,较2015年分别下降7.9%、6.1%、9.1%。干部职工节能意识不断增强,机关节俭文化日益深入人心,在全社会发挥了示范引领作用。

受新冠肺炎疫情冲击影响,世界经济形势复杂严峻,我国经济社会发展面临的挑战前所未有,财政收支矛盾更为突出。机关事务管理部门要深入贯彻落实习近平总书记关于统筹推进疫情防控和经济社会发展工作的重要指示精神,坚守节用裕民之道,把过紧日子的要求落实落细,着力降成本、压开支、提效能,集约使用资金,统筹盘活资产,节约能源资源,推动节约型机关建设,努力以尽可能少的支出、尽可能小的成本,做好机关运转和政务运行保障。开展机关运行成本统计、分析、考核和质量评价,逐步实现机关运行成本核算科学化、开支标准化、效益最大化。

2020年3月,国管局、中直管理局、国家发展改革委、财政部四部门联合印发《节约型机关创建行动方案》,提出到2022年,力争70%的县级及以上党政机关达到创建要求。要以节约型机关等示范单位创建为抓手,统筹推进绿色建筑、绿色出行、绿色食堂、绿色数据中心建设,持续做好机关节水、节电、节粮、节纸、垃圾分类等工作,引导带动全社会形成崇尚生态文明、践行绿色发展的浓厚氛围。

## 六、努力打造高素质专业化人才队伍

习近平总书记多次强调,人才是第一资源,是事业发展最宝贵的财富。推动机关事务工作高质量发展,提升保障和管理效能,归根结底靠的是人的能力、水平、作风,靠的是一支忠诚干净担当的高素质专业化干部职工队伍。近年来,机关事务管理部门坚持党管干部原则,贯彻新时代好干部标准,抓好队伍政治建设、能力建设、作风建设,着力提振精神状态,激励担当作为。针对机关事务系统工勤人员多、专业技能要求高的实际,广泛组织开展服务技能竞赛,内容涵盖客房服务、会议服务、中西餐烹饪、物业万能工等,干部职工专业思维、专业素质、专业水平得到提升,重视服务、尊重人才、崇尚技能的理念蔚然成风。扎实推进机关事务理论研究和学科建设,创新研究载体,搭建研究平台,各级机关事务管理部门与高校、科研机构合作成立10余个机关事务研究中心,在理论研究、决策咨询、人才培养、干部培训等方面开展深入合作。北京大学等高校在公共管理硕士(MPA)中开设了机关事务管理课程,中国社科院设立了国家机关运行保障研究中心及博士后工作站,机关事务理论研究在学术界的影响力日益提升。

十年树木,百年树人。面对新时代新形势新任务,必须把人才队伍建设摆在更加突出位置,落实忠诚干净担当要求,坚持高素质专业化导向,树立整体人才观,抓好公务员、经营管理人才、专业技术人才、高技能人才"四类人才"的培养、使用和管理,加强队伍的思想淬炼、政治历练、实践锻炼、专业训练。要健全机关事务系统干部交流互派、人力统筹调配机制,组织多层次、跨地区的挂职交流、基层锻炼、委培代培,提升人才队伍整体水平。要大力弘扬工匠精神,广泛开展技能竞赛、岗位练兵、业务比武、评比评优等活动,选树先进集体、模范人物、工作标兵、技术工匠、岗位能手,让专业化成为机关事务工作者的形象和名片。要积极引智聚力,加强与高等院校、科研院所务实合作,深化机关事务基础理论研究,健全学科体系,加强高层次、高水平人才培养,推进高端智库建设,为推动机关事务工作改革创新发展凝聚智慧力量。

李宝荣<br>二〇二〇年十月一日

# 前　言

机关事务管理是指对机关高效运行所需经费、资产、服务、能源资源等进行统筹安排、优化配置、管理监督的行政活动。机关事务管理自古有之，发展至今，成为行政管理的重要内容。党的十八大以来，中央在严格执行中央"八项规定"及其实施细则、加强党政机关自身建设、厉行节约反对浪费、建设节约型机关等方面对机关事务工作提出了新的更高要求，各级机关事务管理部门肩负着助推国家治理体系和治理能力现代化的重要使命，承担着以高效依法保障推进法治政府建设的重要任务，面临着实现新时代机关事务工作高质量发展的重要课题。习近平总书记指出："这是一个需要理论而且一定能够产生理论的时代，这是一个需要思想而且一定能够产生思想的时代。"机关事务要有新格局、大视野，离不开理论支撑、理论先导、理论滋养，理论对机关事务谋长远之策、壮固本之基、强发展之力意义重大。

机关事务管理理论是行政管理学和公共管理学的重要组成部分。近年来，机关事务管理部门积极与高校、科研院所进行合作开展课题研究，从基础理论、政策性研究、具体业务研究等多方面入手，取得了一系列研究成果；有序推进智库建设，与全国各地的高校、科研院所合作成立了多家机关事务研究中心，成为机关事务工作重要的"思想库""知识库"和"人才库"；扎实推进学科建设和人才培养工作，在北京大学等高校开设机关事务管理课程，编写相关课程教材，招收机关事务管理方向的博士后、博士研究生、硕士研究生等，机关事务理论研究工作取得了丰硕的成果。

机关事务理论研究在推进国家治理体系和治理能力现代化的大方向、大背景下，重点围绕以下几个方面展开：

**第一**，在宏观层面研究机关事务工作在国家治理中的地位，讲清楚在新时代中国特色社会主义背景下,机关事务工作之于国家治理的角色、作用以及与国家治理之间的关系;尝试厘清国家治理体系和治理能力现代化对机关事务工作的新挑战、新机遇、新要求;总结机关事务工作发展规律,科学判断机关事务工作发展趋势。

第二,深入研究机关事务治理体系的现代化,从机关事务体制机制、机构职能入手,围绕机关事务在提升政府施政效能中的功能定位和职能作用、机关事务集中统一管理体制等内容推进研究,使机关事务管理部门适应新的工作定位和保障要求,提高保障和服务管理效能。

第三,着重研究机关事务治理能力的现代化,提高需求统筹、资源调配能力和监督管理能力,使机关事务工作能够准确把握基本需求,迅速有效地调集相关资源,明确保障的提供方式、程序、要求和责任,确保机关高效运转。

第四,以"一体两翼"为研究重点。机关事务工作点多、线长、面广,我们围绕集中统一管理体制进行深入研究,发挥标准化在规范约束、目标引导、精准计量,以及信息化在高度集成、自动控制、智能决策等方面的作用。同时,以标准化规范信息化,以信息化助力标准化,共同为做好机关事务工作提供有效支撑。

第五,以各级机关事务管理部门为研究样板。理论离不开实践的支撑,我们充分利用当地机关事务管理部门的样本资源,深入开展实证研究,剖析机关事务实践工作中存在的问题和面临的困难,确保理论研究成果能够有效指导实践工作,避免理论与实践脱节。

这套"机关事务管理与法治论丛",既有对机关事务基础理论的重点阐释,也有新时代中国特色社会主义背景下推进机关事务治理体系和治理能力现代化的全面剖析,还有政府运行保障立法的专项研究,另外还包括机关事务标准化等具体业务领域的深入拓展,集中展示了近几年机关事务管理部门理论研究的初步成果,是开展机关事务相关研究工作的重要基础。

在不远的将来,各级机关事务管理系统将继续以推进国家治理体系和治理能力现代化下的机关事务工作为主线,坚持问题导向,坚持研以致用,坚持成果转化,坚持外部智力支持和内部深度参与相结合,切实为机关事务工作创新发展提供理论支撑和决策支持。与此同时,希望学术界能够继续支持机关事务理论研究工作,为机关事务的理论建设创造更好的学术氛围和环境;希望各地机关事务管理部门进一步重视理论建设,从理论上发现问题根源,寻找解决问题的突破口,自觉以理论引领、修正实践。让我们共同期待思想理论之光铺就机关事务发展改革之路!

"机关事务管理与法治论丛"编写委员会
二〇二〇年九月三日

# 目录

## 第一章　机关事务管理基础理论　1
第一节　机关事务管理的概念　1
第二节　机关事务管理相关理论　12
第三节　机关事务发展历史沿革　22
第四节　机关事务管理的国际比较　34

## 第二章　机关事务管理体制与机制　44
第一节　机关事务管理体制　44
第二节　机关事务管理职能　61
第三节　机关事务标准化建设　73
第四节　机关事务信息化建设　81
第五节　机关事务法治化建设　99

## 第三章　经费管理　103
第一节　机关运行经费管理　103
第二节　机关财务管理　117
第三节　机关会计管理　143
第四节　成本与绩效管理　159
第五节　政府采购管理　168

## 第四章 资产管理 　　177
### 第一节 行政事业单位国有资产管理 　　177
### 第二节 机关用地管理 　　182
### 第三节 机关办公用房管理 　　185
### 第四节 公务用车管理 　　199

## 第五章 服务管理 　　205
### 第一节 机关后勤服务管理概述 　　205
### 第二节 公务员住房保障 　　211
### 第三节 国内公务接待管理 　　215

## 第六章 节能管理 　　227
### 第一节 节约型机关创建概述 　　227
### 第二节 公共机构节能管理 　　229

## 附录一 机关事务管理条例 　　239

## 附录二 党政机关厉行节约反对浪费条例 　　246

## 附录三 公共机构节能条例 　　263

## 附录四 党政机关办公用房管理办法 　　271

## 附录五 党政机关公务用车管理办法 　　284

## 附录六 关于推进新时代机关事务工作的指导意见 　　291

## 附录七 中央国家机关后勤服务指南 　　298

# 第一章 机关事务管理基础理论

## 第一节 机关事务管理的概念

### 一、机关事务管理的概念变迁

机关的原意是指机械设备中承担启动和制动功能的关键性组件，对机械设备起着整体控制的作用，即整个机械的关键部分。由这一原意引申出的机关含义，泛指国家管理中为实现其职能而建立的固定机构。一般而言，国家机关包括从事国家管理和行使国家权力的机关，如国家元首、权力机关、行政机关、审判机关、检察机关、军事机关、党群机关等，其中最具代表性、数量最多的是行政机关。机关事务，顾名思义，即机关自身的内部事务，是指机关自身的行政管理方面的各种事务工作，一般包括机关财务管理、生活管理、办公环境管理、接待管理、物资房产管理、总务勤杂管理等。

"机关和机关事务自古有之。在不同的时代，由于生产方式和社会制度的不同，国家和政府机关事务也表现出不同的内容和形态。"[1]考察机关事务概念之变迁，可以发现机关事务在概念内涵和外延上的变化，继而窥见我国机关事务管理制度随着时代变化而展现的发展轨迹。

#### （一）总务或者庶务

民国时期，负责机关事务的机构统称总务或者庶务。南京国民政府设置了总务局掌管中央政府的机关事务，各部委还设有总务司，具体负责各部委的机关事务。总务局隶属国务院秘书厅，而各部委的总务司则受各部的承政厅或秘书厅节制。

---

[1] 白振刚：《我国机关事务的历史沿革》，载《中国行政管理》1997年第4期。

1931年11月成立的中华苏维埃共和国临时中央政府设有总务厅负责机关事务。"总务厅(处/科)作为相应的机关后勤部门,有比较完备的组织架构,其职责职能也较为清晰明确。"①中华苏维埃共和国临时中央政府先后颁布了《苏维埃暂行组织条例》等行政组织法,对各级苏维埃政府总务厅(处/科)的内设机构、工作职责进行了明确规定,以避免与其他部门发生职能交叉和混同。"从总务处工作性质来看,它既管秘书工作,又管机关事务工作。"②抗日战争时期,陕甘宁边区政府办公厅设有总务处,延安各机关、学校设有总务处(科)。解放战争时期,东北人民政府、华北人民政府和内蒙古自治区人民政府在办公厅(秘书厅)之下,都设有总务处或行政处。中共中央在西柏坡也曾设立总务处,参与处理中共中央机关事务。"夹峪行政处、总务处、中直卫生处负责中央机关的具体行政事务、环境及个人卫生以及各种后勤、生活事务的安排处理。"③

　　由此可见,以总务或者庶务指代机关事务的时期,机关事务的范围较为广泛,除了为机关政务活动提供间接支持的有关人、财、物的后勤保障外,还包括为机关首长从事机关政务工作提供直接支持的秘书工作,甚至将整个机关事务(总务)直接置于秘书处的掌管之下。此种情形一直持续到1951年,情况才有所变化。1951年,政务院颁发《关于各级政府机关秘书长和不设秘书长的办公厅主任的工作任务和秘书工作机构的决定》,在"三、组织机构"中的第二段明确提到:"适应业务分工,组织机构可适当向横的方面发展,逐渐改变过大过多的一揽子的组织形式。条件许可时,可把秘书业务、研究工作、机关事务管理工作划分开来,具体编制应依各地区各部门具体情况决定。"有人据此认为,这是我国机关事务专业化的肇始。"从此,机关事务形成了一门专业,这是我国政权建设和行政管理科学的一个特色。"④

---

　　① 江西省瑞金市机关事务管理局:《瑞金时期苏维埃政府机关事务工作的历史意义及启示》,载《中国机关后勤》2018年第5期。
　　② 陈庆修:《从历史沿革看机关事务的含义及其发展趋势》,载《中国行政管理》2017年第10期。
　　③ 河北省机关事务管理局:《西柏坡时期党的机关事务工作初步探索》,载《全国机关事务管理研究会年会论文集(2017年)》。
　　④ 于蓉等:《机关事务概念辨析》,载《中国机关后勤》2007年第10期。

(二) 机关后勤

"后勤"一词与"前勤"相对,源于军事领域。现代汉语词典中对"后勤"的释义为:"后方对前方的一切供应工作,也指机关、团体中的行政事务性工作。"机关后勤是指机关的行政事务性工作,工作内容主要涵盖为机关履行公共管理职能提供用房(含职工住房)、用餐、用车、用钱、安全保卫、通信、会议等各项服务。

1930年5月,中共中央军事委员会颁布《中国工农红军编制草案》,编设了红军经理卫生部(即后勤部)。1931年1月,红军经理部。1931年11月,红军经理部改称中央革命军事委员会总经理部。这是我军历史上最早设立的总后勤部。这一时期,红军还没有后方办事处作为军队的后勤保障机构。1936年12月"西安事变"发生后不久,后方办事处改称为中国工农红军总后方勤务部,红军的后勤保障建设分为前方和后方两部分。1939年6月,中央军委成立后勤部,下辖供给部、卫生部、副官处。1945年10月24日,中央军委发布通令,决定将中央管理局归属中央军委建制,改称中央军委后勤部供给部,简称军委供给部,建制在军委;其既是军委机关的后勤保障部门,又是中央机关的后勤机构。这表明在战争年代,机关后勤与军队后勤彼此交织,很多时候不可分割。"新中国成立前,各根据地、边区和解放区都有不同类型的后勤管理部门,军政结合、军民结合,实行战时大后勤保障模式。"①1945年11月,中共中央军委后勤部改称总后勤部。1947年6月,中国人民解放军总部在延安成立,中央军委总后勤部不久也改称为中国人民解放军总后勤部。新中国成立后,虽然名称经过不断更迭,且"文革"时期总后勤部机构一度遭到破坏,但直至2016年国防和军队改革时,几十年来总后勤部一直是中国军队的后勤机关。

与战争年代不同的是,新中国成立后的社会主义建设时期,军队的后勤保障与国家机关的机关后勤逐渐分离。新中国成立后,国家机关的机关后勤脱离战时军队后勤保障,由追求保障效果、强调后勤保障的紧急性、政治性,逐渐向注重制定保障政策、确立服务标准、拟定保障计划等强调后勤

---

① 于蓉等:《机关事务概念辨析》,载《中国机关后勤》2007年第10期。

保障的制度性方向转变。党的十一届三中全会后,随着我国改革开放拉开序幕,中央政府提出了机关后勤体制社会化改革的方针,强调后勤部门管理职能与服务职能分离,鼓励机关后勤中的服务机构参与市场化竞争。按照机关后勤改革的"三步走"战略,第一步实现后勤服务同机关工作分开;第二步打破部门界限,按地区联合;第三步逐步过渡到社会化。改革开放四十多年来,机关后勤社会化改革取得了不小的成绩。

(三)机关事务

机关事务比机关后勤这一概念稍晚出现,但很长一段时期与机关后勤并列存在。近年来,机关事务这一概念越来越受到机关事务研究领域的关注,已经出现了以机关事务取代机关后勤的趋势。这其中有两个方面的原因:

(1)机关后勤这一概念自身的原因。首先,机关后勤这一概念中的后勤是源自战争年代的术语,使得机关后勤一词在一定程度上带有一些战争年代的色彩,在改革开放的时代背景下显得有点不合时宜。其次,机关后勤的社会化改革取得了一些成就,这使得机关后勤的工作内容发生了一定的改变。最后,一些人认为,机关后勤的内涵与外延缺乏明确的公认的界定,其含义的不确定性已经间接影响到了机关事务事业的发展。

(2)机关事务这一概念自身的原因。首先,在机关事务管理体制的发展历程中,机关事务这一概念也很早就出现了,具有较长的历史。1951年1月6日,中央人民政府政务院机关事务管理局正式成立。此后,机关事务管理局成为极为普及的政府内设机构。其次,2012年我国首部专门规范机关事务的行政法规——《机关事务管理条例》出台,其标题名称采用的是机关事务而非机关后勤的概念。再次,机关事务在语义上更趋中性,更符合当今时代特色,使用机关事务这一概念,更容易突出机关事务的独立性、经济性、复杂性、开放性。最后,一些人认为,机关事务这一概念无论在内涵还是外延上,都较机关后勤更为丰富、更容易确定、更符合机关事务发展的实际。

(四)对机关事务概念变迁的分析

第一,从总务或者庶务、机关后勤、机关事务的概念变迁中,虽然用不同概念指代机关内部事务,但总体而言,机关内部事务的具体内涵和外延并不存在十分重大的差异。

在我国机关事务管理体制变迁过程中,一方面,以总务或者庶务、机关后勤、机关事务等不同概念指代机关内部的事务性工作,更多是不同时代特色的反映,对机关内部事务性工作的基本内涵并无特别大的影响。应该说,基于严格的逻辑学分析,总务或者庶务、机关后勤、机关事务在概念的内涵和外延上虽然存在差异,但这种差异并非根本性的。上述三个概念在内涵和外延上的相同性远大于其差异性。另一方面,上述三个概念的内涵和外延在理解和解释上,很大程度上存在一些见仁见智的弹性。鉴于长期以来机关事务管理领域法治化程度较低,除了2012年发布的《机关事务管理条例》外,不存在其他规范机关事务工作的专门的法律规范,机关事务主要依据弹性比较大的不同时期的政策、文件进行调整。这就使得很难基于法律规范的基本含义严格确定上述三个概念的内涵和外延。对上述三个概念的内涵和外延,更多是依赖于学理解释,学理解释会因为学科的不同以及学者个人偏好的不同而存在一定的差异。这也正是上述三个概念在内涵和外延上存在见仁见智弹性的原因。例如,关于机关事务这一概念,行政法学学者与行政管理学、政治学学者对其内涵、外延以及属性就存在不同的见解。在行政法学学者看来,机关事务很大程度上属于内部行政。"所谓内部行政者,系指对人民不发生效力的行政内部行为或决定,最典型的例子为机关就其内部各科组和课股的职掌、人员的配置、公文流程、分层负责划分、服装仪容与谈吐应对、办公柜台高低等事项所制定的规则。"[1] 机关事务作为内部行政行为,其本质属性是行政机关作为行政主体所享有的行政受益权的体现。行政受益权作为行政主体的行政权的内容,依照法治行政原则,应该出自法律规定。因而机关事务管理应该依法进行,奉行法治行政的精神。而在行政管理学和政治学学者看来,机关事务管理只不过是行政管理的内容。"确切地说,机关事务管理是行政管理的有机组成部分,是政务工作的重要一环。政府为社会提供公共服务,但政府自身也需要生活服务和政务服务。当政府所提供的服务用于自身的时候,就是机

---

[1] 翁岳生主编:《行政法(2000)》(上册),中国法制出版社2002年版,第35页。

关事务。"① 既然是一般意义上的行政管理,效率性(有时候表现为政治性)才是机关事务管理的第一考量。

第二,从总务或者庶务、机关后勤、机关事务的概念变迁折射出对机关内部事务的观念变化。这种变化可以概括为以下几个方面:首先,由强调机关事务的政治属性向法治属性转变。在早期,尤其在战争年代以机关后勤指代机关事务的时期,机关内部事务既是一般的行政杂务,有时也是事关全局的政治事务。比如战争年代有关军队的后勤保障供应,具有很强的紧迫性和重要性,就是被提升到政治事务的高度予以对待。而在后期以机关事务指代机关内部事务的时期,开始越来越强调机关事务的法治属性,强调机关事务的依法管理。比如2012年通过的《机关事务管理条例》可以看成是将机关内部事务纳入依法行政的一种尝试,是强调机关事务法治属性的产物。其次,由强调机关事务的封闭性向开放性转变。在早期以总务或者庶务以及战争年代以机关后勤指代机关事务的时期,强调机关事务的封闭性,即认为机关事务纯粹属于机关内部事务,唯一的考量是为机关提供保障,机关事务的运行基本维持在机关内部,不与机关外部的社会发生直接联系。在后期使用机关后勤、机关事务指代机关内部事务时期,开始强调机关事务的开放性,其标志就是机关事务"三步走"改革战略的提出,确立了机关后勤社会化的机关事务改革举措,强调借助社会力量为机关提供后勤保障。由此,机关事务的运行开始脱离纯粹的机关内部循环,与机关外部的社会发生直接联系。再次,由强调机关事务的保障性与福利性并存向只强调保障性转变。应该说,在新中国成立至党的十一届三中全会后进行的机关事务改革之前以机关后勤指代机关内部事务这一时期,虽然强调机关后勤的保障功能,但在一定程度上也兼顾了机关后勤的福利性。也就是说,既认为机关后勤要保障机关的有效运行,体现保障性,也要以优渥的条件作为一种待遇,体现福利性。一般而言,福利性意味着超出保障需求的更优厚的保障标准。党的十一届三中全会后进行的机关事务改革,则更强调机关事务重在依法依规按照法定标准为机关的有效运行提供保障,强调机关后勤的保障功能。

---

① 王德:《大力推进机关事务系统机构职能化建设》,载《中国机关后勤》2017年第1期。

## 二、机关事务管理的内容

机关事务管理是具有很强政策性、科学性、专业性的工作。机关事务管理部门作为保障机关正常运转的职能部门，根本任务就是承担保障机关正常运行所需经费、资产的管理和服务保障工作。从历史发展过程来看，机关事务管理是一个逐渐演变和扩展的过程，其内容存在逐渐扩大的倾向。

### （一）机关后勤的内容

后勤起源于军事领域，通常用作军事术语，是后方勤务的简称，是指后方对前方的供给服务工作，目的是为军事活动提供保障。那么，机关后勤沿用军事后勤思想，主要是指为机关正常运转提供基本服务工作的活动，具体包括：

（1）房屋服务，是指按照国家相关规定为机关领导及其他行政人员提供办公和生活用房的服务，用以保障机关行政人员的基本工作生活，包括房屋的建设、保管和维修，基础设施建设和物业管理。

（2）车辆服务，是指按照国家规定为机关单位提供车辆的服务，用以保障公务活动，包括车辆采购、车辆运行、车辆维护等。

（3）餐饮服务，是指为党政机关的行政人员及其他工作人员提供餐饮服务，以及接待来访外宾的餐饮服务，具体表现为食堂的管理和建设，食材的采购和监管等。餐饮服务的重心是食品的安全问题，这对食品的采购和制作提出了更高的管理要求。

（4）安全服务，主要是指对党政机关及其行政人员的安全保卫工作，具体包括对机关处所的安全保卫工作和对领导及其他行政人员的人身安全保护工作。

（5）会议服务，是指提供会议场地和对会议过程的安排，以确保会议的顺利召开，包括会议场地的布置，会议所需物品的提供，会议参与人员的接待、餐饮和住宿等。

（6）办公服务，是指办公场所内的办公物品的服务，包括办公家具、电脑、打印机、纸张、影音设备等的采购和分配以及为保障机关工作的正常运转提供基本的物品和物质设施等。

(二) 机关事务的内容

机关事务是对机关后勤的扩展,它在机关后勤工作内容的基础上拓展了以下几个方面的内容:

(1) 资金管理,即以国家财政预算为依据,对机关的行政经费和日常预算执行实施管理,具体体现为预决算管理、机关会计业务指导、财务监督以及为机关正常运转、重要会议和重大活动提供经费保障等。目的是提高资金使用效率和财务管理水平,保证行政任务的圆满完成。

(2) 资产管理,主要包括国有资产管理、房产管理、公务用车管理以及其他资产管理。机关资产管理是指对各级各类机关占有、使用的,在法律上确认为国家所有的,能以货币计量的各种经济资源的管理。机关资产管理的重点是对非经营性国有资产管理,主要包括产权登记、日常管理、资产处置以及规范非经营性国有资产转为经营性国有资产行为等,以及行政办公用房建设项目审核、计划编制、建设监管和办公用房和办公区建设的规划编制、权属登记、使用调配。

(3) 标准管理,即依据标准及规章制度来行使权力,用标准手段规范、引导、制约机关事务工作,使机关事务工作有规可依、有章可循,减少人为因素的影响,克服机关事务工作中的随意性,实现工作的规范、高效、有序、公开、透明、合法,促进机关事务根据相关法律、法规依规管理、依章服务。标准管理的目标是两个"统一",即效率与成本的统一、基准服务与个性化服务的统一。通过标准管理,机关事务部门在使用尽量少的成本和资源的情况下,尽可能达到效率最大化;在基准服务的基础上,在现有条件下尽量提供个性化服务。

(4) 监督管理。监督管理有狭义和广义之分。狭义的监督管理是指机关事务管理部门内部上下级之间以及相关部门之间的全过程监督;广义的监督管理泛指执政党、国家权力机关、司法机关和人民群众等众多社会力量对国家行政机关及其公务人员的监督。机关事务的监督管理内容在更大程度上是狭义的监督管理,其作用主要表现为:一是可以及时反馈法律、法规实行的社会效果,为法律、法规的制定、修改、废除提供实践依据;

二是可以预防和纠正相对方的违法行为；三是保证执行法律、法规，实现具体行政行为的行政目标。

（三）机关事务管理的内容

机关事务管理是在机关后勤和机关事务基础上的延续，进而拓展了相关政策法规制定的内容。机关事务管理作为政府行政管理的组成部分，其主要工作是对机关组织所拥有的实体设备资源、财政资源、技术资源、信息资源和人力资源进行理性的配置、组织和使用，使其产生最佳的管理行为效果。市场经济的发展要求机关事务管理部门更好地担当服务组织者的职能，尽量避免用计划经济的办法直接从事服务产品的生产。正是这种角色定位，决定了机关事务管理具有以下工作内容：

（1）制定宏观调控政策、发展规划和相关制度，根据服务管理需求，制定宏观调控政策、行业发展规划和业务发展计划，确保机关事务高起点、高站位、快发展。组织机关公共物品和服务供给，保障政府资产和资源的合理有效使用，切实降低机关运行成本。

（2）制定机关运行保障管理法律、法规及行业标准，制定机关事务规章制度，推进机关事务立法，确保合法行政、合理行政、程序正当、高效便民；确立资源配置、服务供给、物资消耗、质量评价等行业标准；加快机关工作人员住房制度、公务用车制度、公共机构节能等改革的推进、指导、协调、监督。

（3）完善后勤服务市场体系和监管体系，建立健全后勤服务市场体系，规范市场秩序，约束主体行为，统一和开放机关后勤服务市场，建立健全后勤服务市场的准入、竞争、反垄断、反分割等管理体制和运行机制。建立健全服务监管体系，设立绩效评价标准，监管服务运行成本，监督服务质量，提高服务效率。

（4）规范服务管理改革和服务社会化改革，改革服务管理、提高管理效益，通过公开招投标等方式，选择服务主体，履行合同一方的权利和义务，规范服务市场与服务价格，集中支付服务费用。组织拟定机关后勤体制改革和服务社会化改革的政策、制度并监督实施，促进制度转型，为实现后勤服务社会化创造政策与制度环境。制定服务经营单位指导制度，为服务经营单位提供必要的信息、技术和政策支持,指导服务经营单位判断市场走势,转变经营机制,改进服务质量。

以上工作内容,要求将机关事务管理的着力点转移到强化职能转变、加强资产管理、调整服务结构、转变保障方式、提高管理效能上来,只有这样,才能构建集中统一、权责明确的管理体制,科学规范、系统完善的保障制度,市场导向、多元并存的服务机制,推动机关事务管理的全面、协调、可持续发展。

#### ▶▶▶▶【扩展阅读】

[1] 靳伟:《"第三利润源"正解》,载《中国物流与采购》2005第5期。

[2] 但斌主编:《供应链管理》(第2版),科学出版社2017年版。

[3] 〔澳〕欧文·E.休斯:《公共管理导论》(第2版),彭和平、周明德、金竹青译,中国人民大学出版社2001年版。

[4] 〔美〕诺姆·乔姆斯基:《新自由主义与全球秩序》,徐海铭、季海宏译,江苏人民出版社2000年版。

[5] 刘万兴、李润乾、乔广奇:《机关后勤管理工作》,陕西人民出版社1992年版。

[6] 王元慎:《机关后勤改革30年的历史回顾》,载《中国机关后勤》2009年第1期。

[7] 曹其明、谢明德:《后勤学引论》,湖南大学出版社1997年版。

[8] 杨培先主编:《后勤管理概论》,中共中央党校出版社1990年版。

[9] 陶雪良:《论机关事务工作的高质量发展》,载《中国行政管理》2018年第3期。

[10] 朱呈义、荣颖:《推进我国机关事务标准化建设》,载《中国行政管理》2018年第3期。

[11] 俞可平:《社会公平和善治是建设和谐社会的基石》,载《理论与当代》2005年第4期。

[12] 俞可平:《治理和善治引论》,载《马克思主义与现实》1999年第

5 期。

[13] 何增科:《理解国家治理及其现代化》,载《马克思主义与现实》2014 年第 1 期。

[14] 欧阳康:《国家治理研究的问题域、价值取向和支撑体系》,载《华中科技大学学报(社会科学版)》2014 年第 3 期。

[15] 吴毅:《国家治理现代化的现实目标与可能路径》,载《华中科技大学学报(社会科学版)》2014 年第 3 期。

### 【参考文献】

[1] 白振刚:《我国机关事务的历史沿革》,载《中国行政管理》1997 年第 4 期。

[2] 江西省瑞金市机关事务管理局:《瑞金时期苏维埃政府机关事务工作的历史意义及启示》,载《中国机关后勤》2018 年第 5 期。

[3] 陈庆修:《从历史沿革看机关事务的含义及其发展趋势》,载《中国行政管理》2017 年第 10 期。

[4] 河北省机关事务管理局:《西柏坡时期党的机关事务工作初步探索》,载《全国机关事务管理研究会年会论文集(2017 年)》。

[5] 于蓉等:《机关事务概念辨析》,载《中国机关后勤》2007 年第 10 期。

[6] 翁岳生主编:《行政法(2000)》(上、下册),中国法制出版社 2002 年版。

[7] 王德:《大力推进机关事务系统机构职能化建设》,载《中国机关后勤》2017 年第 1 期。

[8] 薛晓峰主编:《机关事务管理与实践》,上海人民出版社 2012 年版。

## 第二节　机关事务管理相关理论

### 一、机关事务管理的性质

#### （一）机关事务管理的一般性

机关事务管理是一种管理活动，其一般性体现为政府行政管理活动所具有的共性特征。从广义上说，机关事务管理是党政机关行政管理的组成部分，其非个人或企业组织的活动，而是隶属于党政机关部门，产出公共物品，具有行政管理活动性质的一般属性。

第一，机关事务管理具有"公"的特性。这是指以公共利益为目标、以公共价值为导向、以广大人民群众为核心，进而在面对公众时所具有的非排他性，即面向所有人，并向所有人敞开的具有公共结构和公共价值的事物所具有的基本属性。它不同于"私"，"私"具有较强的排他性，比如说私有财产、私人寓所、私人空间等，是在法律和道德层面不允许他人介入的，是排他的。"公"具有非排他性，比如说教堂、学校等是人人都有权利进入和接受教育的，再如一项政策的制定和施行是面向所有人的，并不是为某些特权阶层或个别人所独享的，是非排他的。

"公"的特性是一般的政府行政管理活动的基本属性，它以国家财政为基础，实施公共管理，维护公共秩序，实现公共利益。"公共"是连接"公"与"私"的中间概念，是把"私"之隐私的生活、行动、思想、性格、趣味等，敞开置于谁都可以明白的"公"的场所，如阿伦特将"公共"定义为"最大可能的向绝大多数人敞开"的世界。那么，在政府行政管理活动中，无论是内部行政还是外部行政，其最终价值取向在于公众。机关事务管理通过有效保障机关运行，进而促使机关能够为公众更好地提供公共物品和公共服务，从这个意义上讲，机关事务管理是一种间接的公共服务。另外，机关事务管理是党政机关自身建设的一部分，具有公共权力属性，承担着公共行政职能，并以实现公共利益和公共价值为导向，决定了其为一种公共行政行为。因此，机关事务管理作为党政机关行政管理的组成部分，必然具有"公"的特性。

机关事务管理"公"的特性要求服务于公共机构的公职人员不要公私混淆。公私领域不分,是机关事务管理过程中亟待解决的问题。韦伯在论述理性官僚制组织模式时,将公职人员的公共生活领域与私人生活领域做了严格区分,私人生活领域被严格禁止进入"公"的领域中来。公物私用、损公肥私、假公济私等问题是机关事务管理"公"的特质所严格禁止的内容。因此,在机关事务管理工作过程中,要明确"公是公,私是私",用以维持公职人员提供公共产品和公共服务的资源,严禁被个人私欲侵占。

第二,机关事务管理具有"服务"的特性。马克思主义认为,管理具有双重属性,即与生产力相联系的自然属性和与生产关系相联系的社会属性。广义上,机关事务管理作为一种管理活动,同样具有这两种属性,生产力和科学技术水平直接决定着机关事务工作中财和物的水平以及人员的综合素质水平,这是机关事务管理自然属性的体现。与此同时,机关事务管理又是占有生产资料的阶级用以调整阶级关系的手段,在社会主义制度下集中表现为人与人之间平等互助的合作关系,反映为广大人民群众服务的客观要求,这是机关事务管理的社会属性。自然属性是显而易见的,而社会属性是以"服务"的特性彰显的。机关事务管理的"服务"特性,从宏观的角度看,是指为广大人民群众服务,是人民的"公仆";从微观的角度看,是指为党政职能机关服务,使其更好地运转。

机关事务管理的"服务"特性要求正确认识管理和服务两项职能,将管理和服务分离,突出机关事务管理职能,探索科学管理方式,并协同社会组织共同服务于党政机关运转,进而服务于社会公众。机关事务管理的"服务"特性可以追溯到新公共服务理论,新公共服务理论将公民权放在首位,认为行政管理不能只是以效率作为应然价值,而更应该关注公共价值,公共价值的实现要求政府以"服务者"的身份,通过履行政府职责取得公民认同。"公务员应比市场主体更主动和热心,他们应遵循宪法和法律、社会价值观、政治规范、专业标准和公民利益。责任是一个相当复杂的问题,在这个问题上,无论是传统公共行政理论还是新公共服务理论,都考虑得过于简单。在传统公共行政理论那里,责任通过科层制来实现,'政府行政者只是简单和直接地向政治官员负责的政府官员'；新公共管理改革则以成本效率作为判定标准，试图通过消费者—提供者模式来回答公民与行政者之间的责任关系，这也是一种简单化处理。"① 政府职责的履行不是简单的命令—服从模式的科层制传递，也不是简单的成本—效率模式的经济性传递，而是以"服务"为基础的公民权责任在科层制维度实现社会公平过程中的呈现。机关事务管理具有服务于公共价值、带有公共意志、履行公民权责任、实现社会公平正义的义务。

第三，机关事务管理具有"规范"的特性。"无规矩不成方圆。"成文的法律制度是政府行政管理活动的合法性与合理性基础，一切政府行政管理活动都必须纳入法律制度的框架内。现代国家的一个主要特征是遵循法理型权威，韦伯解释了三种权威类型：传统型权威，来自世袭的封建制度；卡里斯马型权威，来自个人英雄主义魅力；法理型权威，来自法律和官僚体系。他认为以上三种权威类型均具有合法性，均在特定时期赢得公众服从，取得统治和管理效果，但是只有法理型权威才具有合理性。基于此，韦伯构建了以法理型权威为基础的现代国家官僚体系，即以形式合理性为核心的"祛魅"过程，保持价值中立。虽然在长期的历史实践中证明，韦伯所述的"价值中立"是不可能实现的，但是这种以理性官僚制为目标的构建和发展过程推动了现代社会的进步，奠定了政府实施行政管理的过程的合法性和合理性基石。

机关事务管理行为必然纳入法律制度的框架内，以使其"有规矩"，具有"规范"的特性。一方面，机关事务管理具有确定的程序和规章制度，有明确的法律文书，具有法理型权威，并以此为基础开展机关运行保障工作；另一方面，机关事务管理要形成科学化、标准化、专业化、精细化的管理方法，合理配置机关资源。机关事务管理的"规范"特性是其合法性和合理性基础，只有如此，才能顺利地开展工作。在工作实践中，"受以往传统观念的束缚，机关事务管理工作多处于简单化、单一管理之中，导致全国各地方内部工作的混乱性，上下级之间分工不明，无法落实责任制，资源分配不

---

① 何艳玲：《公共行政学史》，中国人民大学出版社2018年版，第129页。

均,缺乏统一标准"①。机关事务工作出现的种种问题表明其本质特性没有得到彰显,或者是对其本质特性认识不足。"规范"是其本质特性的重要方面,因此,完善机关事务法治化、标准化、专业化、职能化等要求是机关事务管理的本性使然,是其自身发展的必然趋势。

(二)机关事务管理的特殊性

机关事务管理是保障党政机关运转的行政行为,内部行政的本质决定了其具有不同于一般政府行政管理活动的特殊性。"机关事务工作作为政府内部管理的重要组成部分,既具有政府治理的一般属性,也具有特殊属性,而在其一般属性的基础上进一步深入、准确地把握其特殊属性,是认识、把握和运用机关事务工作发展规律,加强机关事务标准化建设的认知前提和基础。"②

1. 内部性——本质属性

内部性是机关事务管理的本质属性,机关事务管理无论被认为是一种党政机关的内部行政行为,还是一种代表政府履行内部事务管理职责的行为,都脱离不开其内部性的本质。"机关事务部门不是生产部门,也不是商业机构,所需的人、财、物都要依赖行政体系内的制度性安排,包括人事、财政、投资等部门加以解决,它不能也不应该从体制外谋求这些要素的供给。"③一方面,机关事务管理服务于党政机关的内部需求,另一方面,机关事务管理服从于党政机关的内部制度安排,是一种行政框架内致力于"供给—需求"关系的内部行政行为。也就是说,机关事务管理本质上是一种内部性行政活动,但是这种内部性的本质并不是狭隘的,不是基于各个部门和各个单元的内部性,而是指代广义上的党政机关行政行为的内部性。这种意义上的内部性本质上具有宏观视角,决定了各个部门"小而全"或者"大而全"的机关后勤模式具有一定的狭隘性和封闭性。以宏观和整体的视角看待机关事务系统,改变碎片化和分散化的管理模式,探索"集中统一"的系统化管理是机关事务管理内部性的本质使然。

---

① 攀峰:《机关事务管理工作及职能研究》,载《法制与社会》2014年第18期。
② 王浦劬:《推进机关事务标准化 助力政府治理现代化》,载《中国机关后勤》2017年第3期。
③ 陶雪良:《论机关事务工作的高质量发展》,载《中国行政管理》2018年第3期。

我国五级政府管理体制决定了机关事务管理所具有的内部性的复杂性，不像西方一些国家，如德国，行政体制单一，层级少，部门关系较为简单，并不需要专门的和统一的机关事务管理部门。但是，我国行政层级多、人口多、经济规模大、横向部门联系错综复杂、政府事务繁多，"机关事务工作内容繁杂，点多线长面广是其基本特点"[①]，应建立强有力的政府机关事务管理。碎片化、分散化、"小而全"等形式的机关事务管理模式，不但不利于对国家资源的统筹合理配置，而且存在"苦乐不均""部门利益"等问题，不能发挥机关事务管理服务于党政机关运转的效力。因此，机关事务管理内部性的复杂性和宏观性，决定了机关事务管理要突破"小而全"的形式，打破部门利益，以系统的治理方法探索集中统一管理体制，形成整体性治理模式。这是适应我国社会发展现实，实现国家治理现代化的重要方式。

2. 保障性——职能属性

保障性是机关事务管理的职能属性，机关事务工作围绕保障性职能展开。"机关事务管理部门是机关服务保障的主体"[②]，其负责机关政务保障和机关生活服务保障，是一种保障性活动。机关事务管理内容包括党政机关运行经费管理、资产管理和后勤服务管理等几个方面，目的在于保障机关正常有序运转，满足机关行政需求。但是从目前来看，机关事务部门"管经费、管资产、管服务"等职能是一种物质性保障，而不涉及人员保障。例如，加拿大机关事务管理部门的职责要比我国宽泛得多，它还涉及为职能部门提供技术支持、档案和人事管理、对外交流等。由此可见，加拿大政府机关事务管理重视人员保障，其保障性不仅是物质的，也是人力的。从我国现实来看，机关事务管理的保障性职能仍然是物质性保障，机关事务由后勤管理转向机关事务管理需要一个过程，并需要从体制机制、法律制度、管理方法和模式等多方面进行根本性变革，还需要从国家顶层设计的角度予以多方面支持。

在由后勤管理转向机关事务管理的过程中，伴随着其所具有的保障性由被动性转变为主动性，以实现机关事务管理在机关运行保障中的主体地

---

① 王永海：《社会化：机关事务工作的改革方向》，载《行政管理改革》2013年第8期。
② 陈庆修：《机关后勤服务社会化探析》，载《秘书工作》2018年第10期。

位。传统的后勤管理往往体现为,一方面机关在"吃、喝、住、行"等方面提出需求,再由后勤部门予以执行;另一方面后勤管理的权力依附于机关组织,缺乏建设和监督的主体责任,总体呈现为一种被动性管理。随着公众对党政机关形象的关注度逐渐提高,以及现代纷繁复杂的社会事务不断对党政机关组织、提供公共服务的能力提出挑战,党政机关必须加强自身建设。机关事务管理的被动保障性已然不再适应,需要发挥其积极主动性、履行机关运行保障的主体责任、承担机关自身建设和监督的义务。机关事务管理的主动保障性要求以节约型政府和效能型政府建设为目的,制定精细化的制度法规,以科学合理的方法严格控制机关运行经费,以标准化的程序和绩效管理予以监督。机关事务管理"在建设资源利用高效、成本控制严格、标准体系完备、监督机制健全的节约型机关上取得实质进展,为降低机关运行成本,建设廉洁、务实、高效的政府机关,树立党和政府的良好形象做出积极贡献。"[1]

3. 效能性——目的属性

效能性是机关事务管理的目的属性,是一种集合服务效益、经济效益、社会效益和政治效益的结合体。在传统的后勤管理时期,只重服务效益,为了取得"服好务"的目的而不过多关注成本和投入。"传统计划经济体制下的机关后勤服务,只讲服务,不关注成本,不追求效率,是单纯的无偿服务、福利服务,忽略了后勤服务的经济价值,不仅加重机关的经费负担,也助长了后勤部门'等、靠、要'的思想观念,实际上也影响服务的满意度。"[2]在经历社会化改革后,机关事务管理在注重服务效益的基础上,融入了经济效益,注重投入产出比,机关运行保障力求实现工作更好、效率更高、花钱更少的政府。

党的十八大以来,在推进国家治理体系和治理能力现代化的要求下,注重机关形象,贯彻新发展理念,建设节约、绿色、公开、效能政府,成为机关事务管理面临的新挑战。因此,机关事务管理需要在服务效益、经济效益的基础上,融入社会效益和政治效益。社会效益是一种公众和社会影响

---

[1] 焦焕成:《以节约效能的机关事务文化引领节约型机关建设》,载《求是》2012年第6期。
[2] 刘会增:《深化机关后勤服务社会化改革的实践与思考》,载《中国行政管理》2017年第5期。

力,这必然使得机关事务管理成为新时代政府形象建设的重要组成部分;政治效益是指机关事务管理作为国家治理体系的组成部分,拥有国家行政权力,承担国家政治职能,具有很强的政策性,在一定程度上表现为政治与行政的结合。古德诺认为,"政治是国家意志的表达","行政是国家意志的执行",西方社会为避免政党分肥制的弊端而将政治与行政分离。但在我国行政体制内,政治与行政是相辅相成、互为一体的,只有这样才能真正发挥行政权力的效益。

机关事务管理效益性的实现离不开国家顶层设计的指导,构建机关事务的治理体制。在体系方面,治理体制更加强调结构化,即建立整体性和系统性的行政体制结构,成立国家机关事务管理行政体系,由国家机关事务管理局、省级管理局、市县级管理局组成,统一权力和职责,统一规章、政策、制度和标准;在主体方面,治理体制更加强调政府引导下的企业和公民参与,即三者分别运用科层、市场和网络的治理模式形成协同互补关系,在实现服务效益的同时,彰显机关事务管理的经济效益、社会效益和政治效益。因此,机关事务管理必然站在国家的角度,思考国家事务和人民事务,统筹其所具有的国家属性。

## 二、机关事务管理的特点

不同的工作因其自身的职能活动,形成了区别于其他工作的特点。依据机关事务管理部门的职能活动,可以将其特点概括为以下方面。

### (一) 社会性

机关事务管理具有社会性,不仅仅因为机关事务管理工作是社会分工的产物,还因为历史的原因和相关条件的影响,机关事务管理逐步形成了具有多行业、多门类、多工种和众多从业人员的"小社会",这种状况在短时间内还难以彻底改变。机关事务管理与社会有着千丝万缕的联系,与社会的方方面面关系密切,在有些时候和某些方面还受到社会的制约和影响。在改革过程中,机关的一些服务设施已向社会开放,同时引进某些社会经营组织为机关提供服务,更具有一定的社会性。从机关事务管理改革的方向看,机关事务的服务工作正在走向市场,向商品化、产业化、社会化的方向发展。这一特点要求机关事务管理部门和人员，认真研究机关事务与社会发展之间的关系，研究机关事务管理与社会方方面面的相互联系、相互作用；研究机关事务管理的发展趋势和社会化方向，处理好与社会的关系，减少社会对机关事务管理的制约与影响；积极开展社会服务和引进社会组织为机关服务，在这种相互竞争中发展机关事务管理，并积极创造条件促进机关事务管理的社会化。

（二）先行性

机关事务管理虽然常常被定义为后勤工作，而实际上是一种"先行"工作。机关在开展各项职能活动之前，机关事务管理部门必须提前做好物质准备、人员安排、组织工作和服务工作。机关的每项职能活动和工作都是一个严密有序的过程，机关事务管理部门必须按照确定的时间要求和进展顺序，提前检查落实全过程、各个部位、各个环节的准备工作和组织工作，不能滞后，也不能颠倒进展顺序。机关事务管理工作在许多方面还受季节、时间、外部条件的影响和制约，必须提前做好充分的准备工作。这一特点就要求机关事务管理部门要有超前意识，要有工作的预见性，要有很强的时效观念，真正做到"兵马未动，粮草先行"，为机关工作提供高效、优质的服务。

（三）政策性

机关事务管理工作是一项政策性很强的工作。无论是基本建设、财务开支、设备购置，还是车辆管理、住房分配、人员福利等，样样都有明确的政策规定，必须严格按照政策规定办事。同时，机关事务管理部门直接为党和国家机关中心工作服务，要依据党和国家的有关方针、政策、法律、法规行使自己的管理职能。机关事务管理部门又是党和国家机关为人民服务的窗口，也关系到党和国家的形象。

（四）综合性

机关事务管理内容丰富，包括财务管理、办公用房管理、公务用车管理、政府采购管理、服务管理、国有资产管理等。机关事务管理是一个系统工程，管理的过程既是对各种资源的开发、利用和整合的过程，也是与上下左右建立共生关系、边际交换的过程。为此，机关事务管理需要综合应用有关的社会科学、自然科学、技术科学等理论和方法。

## 【扩展阅读】

[1] 白振刚:《"后勤"一词的由来》,载《中国机关后勤》1997年第1期。

[2] 杨彦、相飞、刘杨:《物流管理》,四川大学出版社2017年。

[3] 〔美〕乔治·赛斯尼·索普:《理论后勤学——战争准备的科学》,解放军出版社2005年版。

[4] 〔法〕莫里斯·奥里乌:《行政法和公法精要》,龚觅等译,春风文艺出版社1999年版。

[5] 〔英〕伯特兰·罗素:《权力论》,吴友三译,东方出版社2012年版。

[6] 惠毅、邓巍:《论国家权力与公民权利之关系》,载《西北大学学报》2007年第37期。

[7] 卓纳新、樊安红:《试论权力因素对财富分配的影响》,载《当代经济》2007年第12期。

[8] 周旺生:《论作为支配性力量的权力资源》,载《北京大学学报(哲学社会科学版)》2004年第4期。

[9] 〔英澳〕柯武刚、〔德〕史漫飞:《制度经济学——社会秩序与公共政策》,韩朝华译,商务印书馆2000年版。

[10] 杨永华:《中国共产党廉政法制史研究》,人民出版社2005年版。

[11] 俞可平:《衡量国家治理体系现代化的基本标准》,载《北京日报》2013年12月9日。

[12] 〔英〕戴维·毕瑟姆:《官僚制》,韩志明、张毅译,吉林人民出版社2005年版。

[13] 〔英〕马克斯·H.布瓦索:《信息空间:认识组织、制度和文化的一种框架》,王寅通译,上海译文出版社2000年版。

[14] 〔美〕彼得·布劳、马歇尔·梅耶:《现代社会中的科层制》,马戎等译,学林出版社2001年版。

[15] 何兴贵、刘宏煊:《西方治理理论述评》,载《海军工程大学学报》

2011 年第 1 期。

**【参考文献】**

[1]〔德〕马克思·韦伯:《经济与社会》(第 1 卷),阎克文译,上海人民出版社 2010 年版。

[2]〔德〕汉娜·阿伦特:《人的条件》,竺乾威译,上海人民出版社 1999 年版。

[3] 何艳玲:《公共行政学史》,中国人民大学出版社 2018 年版。

[4] 攀峰:《机关事务管理工作及职能研究》,载《法制与社会》2014 年第 18 期。

[5] 王浦劬:《推进机关事务标准化 助力政府治理现代化》,载《中国机关后勤》2017 年第 3 期。

[6] 陶雪良:《论机关事务工作的高质量发展》,载《中国行政管理》2018 年第 3 期。

[7] 王永海:《社会化:机关事务工作的改革方向》,载《行政管理改革》2013 年第 8 期。

[8] 陈庆修:《机关后勤服务社会化探析》,载《秘书工作》2018 年第 10 期。

[9] 王春林、喻立新:《加拿大政府机关事务管理概略》,载《中国行政管理》2001 年第 5 期。

[10] 焦焕成:《以节约效能的机关事务文化引领节约型机关建设》,载《求是》2012 年第 6 期。

[11] 刘会增:《深化机关后勤服务社会化改革的实践与思考》,载《中国行政管理》2017 年第 5 期。

[12] 江西省瑞金市机关事务管理局:《瑞金时期苏维埃政府机关事务工作(一)》,载《中国机关后勤》2018 年第 2 期。

[13] 陕西省机关事务管理局:《弘扬延安精神 牢记责任担当 奋力谱写机关事务管理工作新篇章——党在延安时期的机关事务工作研究》,载《机关事务管理创新与理论建设文集(2018 年)》。

［14］梁伦友、刘川:《机关事务工作历史沿革和文化传统研究》,载《机关事务管理创新与理论建设文集(2018年)》。

［15］刘万兴、李润乾、乔广奇:《机关后勤管理工作》,陕西人民出版社1992年版。

［16］杨培先:《后勤管理概论》,中共中央党校出版社1990年版。

［17］严羽:《"三公消费"一年9000亿元的黑洞》,载《价格与市场》2006年第9期。

## 第三节 机关事务发展历史沿革

正如机关事务概念变迁一样,我国机关事务也经历了特定的历史沿革,不同时期机关事务的管理体制呈现出不同的特色。需要说明的是,严格意义上的机关事务,是近现代发挥国家治理功能的国家机关大量出现之后的事。因此,在中国的奴隶制和封建制社会,即自夏朝至清朝的漫长历史时期,由于不存在近现代意义上的国家,也不存在近现代意义上的国家机关,因而没有严格意义上的机关事务。但是,基于探寻机关事务历史的必要性,同时考虑到古代奴隶制、封建制时期也存在"家天下"的国家政权,也有为皇帝提供后勤保障的相应的国家机构,因此,在梳理我国机关事务发展的历史脉络时,本书还是将中国古代社会"家天下"的国家政权中为皇帝和皇室提供后勤保障的国家机构视为机关事务一部分,纳入对机关事务历史沿革的考查范围。

### 一、机关事务的历史沿革

(一)清朝以前的机关事务

在我国漫长的奴隶制、封建制时期,奉行"家天下",国家政权是统治者家族的政权,机关事务在很大程度上也就是皇帝的宫廷事务。"从历史沿革来看,机关事务源于宫廷事务。宫廷事务官是指为君主及其家室服务的职官。这类职官起源于君主的家臣,夏商已有臣、尹、宰等家臣之称。"①夏朝设置的车正、庖正,就是替皇帝和宫廷管理用车和膳食等宫廷事务的官职。《左传·定公元年》记载:"薛宰曰:'薛之皇祖奚仲居薛,以为夏车正。'"西晋杜预注:"奚仲为夏禹掌车服大夫。"商朝的宰是一个兼管宫廷事务的官职。周朝则形成了庞大的管理宫廷事务的官职体系,分别设有虎贲(负责安全保卫)、缀衣(负责服饰穿衣)、趣马(管理宫廷马匹)、左右携仆(管理王室器物,负责国王的车舆)、庶府(负责王室的库、器物、金银、粮食等)等管理宫廷事务的官职。"在西周王室中的事务、杂务和警务,已经有法律文件规定分工及其职责,这说明奴隶国家的宫廷事务已经作为有别于国家事务的政务官员而独立划分出来。"②春秋战国时期,设有府人、禀人、司官等管理宫廷事务的官职。秦朝开创的三公九卿制度中,九卿中的郎中令(统领皇帝侍从警卫)、卫尉(统领皇帝的卫队)、太仆(掌管宫廷车马和仪仗)、正宗(掌管皇族宗室的登记、校核、教育)、少府(掌管皇室金库)等五卿承担着管理宫廷事务的职能。汉承秦制,在皇帝之下设立了三套平行的官僚体系,分别为丞相率领的外朝官、大司马大将军率领的内朝官以及处理皇帝与皇族私人事务的宫廷官。汉朝中央政府中设置的光禄勋,总领宫内一切,属官多,机构庞大,其属官秩位也很高。光禄勋除和其他九卿一样设有丞以外,其属官有大夫、郎、谒者,另外期门、羽林也归其管辖。隋代门下省设尚食、尚药、御府、殿内等官职管理宫廷事务。唐代殿中省为主要的管理宫廷事务的机构,殿中省设尚食、尚药、尚衣、尚舍、尚乘、尚辇等六局。元代设有宣徽院,掌管宫廷的饮食、宴乐、宾客等事宜,下辖光禄寺、尚舍等大小机构数十处,分别承担不同的宫廷事务管理职能。明清两代,宫廷事务更为庞杂,宫廷事务管理机构也更多。明代管理宫廷事务的机构包括十一监(神宫监、尚宝监、孝陵神宫监、尚膳监、尚衣监、司设监、内宫监、司礼监、御马监、印绶监、直殿监)、二司(钟鼓司、惜薪司)、六局(兵仗局、内织染局、巾帽局、司苑局、洒醋局)、三库(内承运库、司钥库、内府供应库)。清代设内务府为总管宫廷事务的机关,为正二品衙门,与六部同级。"内务府管

---

① 陈庆修:《从历史沿革看机关事务的含义及其发展趋势》,载《中国行政管理》2017 年第 10 期。
② 白振刚:《我国机关事务的历史沿革》,载《中国行政管理》1997 年第 4 期。

辖的机构有七司三院,除七司三院外,还有江宁、苏州、杭州三织造处、织染局、御茶膳房、御药房、养心殿造办等处,内务府下辖各司处50多个,属员达3000多人,职能范围极其广泛,规模相当可观。"①

综上所述,自夏朝至清朝,随着生产力水平的提高和社会经济发展,古代中国的宫廷事务呈现出由简单到复杂、由单一到多样的发展趋势,相应的管理宫廷事务的机构也愈发庞大。

(二)民国时期的机关事务

辛亥革命胜利后,中华民国临时政府成立,国家机构的机关事务统称总务或者庶务,由国务院秘书厅和各部的承政厅或秘书处具体负责。1917年,孙中山在广州成立中华民国军政府,政府各部设秘书处,掌管机关事务。南京国民政府成立后,掌管机关事务的机构是国民政府总务局,同时政府各部门设有总务司,负责各部门的机关事务。

1931年11月7日至20日,中华苏维埃第一次全国代表大会在瑞金隆重召开,中华苏维埃共和国临时中央政府成立。临时中央政府设有总务厅,管理机关事务。"第一次全苏大会结束后,临时中央政府便成立了总务厅,并委任了该厅首长。从此,中央政府里有了管理机关事务的专门机构。"②1933年,中央苏区根据地从中央到基层的各级组织,分别设立了秘书长、总务厅、办事处、总务处、办公室、总务科等,负责机关事务。红军长征时期,设立了以战时后勤保障制度为特征的机关事务管理体制。当时的后勤保障体制分为前方后勤保障(主要为红军内的总经理部)和后方后勤保障(主要为后方办事处)两部分,机关事务从属于军队后勤保障体制。延安时期,中央管理局是主要的机关事务管理部门。1941年,在原中央秘书处下的中共中央财政经济处的基础上成立了中央管理局,统一管理中央直属机关和学校的财政经济、医药卫生、保育保健、干部招待、房屋管理分配等机关事务。"中央管理局成立初期的具体工作是:健全局内机构,研究制定有关中直机关后勤供给工作的规章制度;规划中直机关的集体生产和个

---

① 陈庆修:《从历史沿革看机关事务的含义及其发展趋势》,载《中国行政管理》2017年第10期。
② 瑞金市机关事务管理局:《瑞金时期苏维埃政府机关事务工作概况》,载《全国机关事务管理研究会年会论文集(2017年)》。

人生产；筹集分配供给品和经费，研究制定节约制度和措施；组织人员下乡向群众借粮，以解决断炊之急需；完成中央交办的其他任务。"①解放战争时期，1948年9月，中共中央在西柏坡又设立了中央总务处，管理中央机关的后勤事务。

（三）新中国成立后的机关事务

新中国成立后，1950年，政务院决定实行政务与机关事务分开，成立政务院机关事务管理局。1950年12月，政务院机关事务管理局正式成立。政务院机关事务管理局下设总务、财务、供给、交际、人事、警卫、生产等职能机构和机关生产实体。此后，从中央到地方，机关事务管理局成为最为普遍设立的管理机关事务的专门机构。1954年，政务院机关事务管理局更名为国务院机关事务管理局，列为国务院直属机构，负责主管中央国家机关事务。1981年起，随着改革开放大幕逐渐开启，机关事务管理的体制、机制改革也提上了日程。机关事务管理改革的主要目标在于适应政府职能转变，打破机关事务的部门界限，引进市场机制等。进入21世纪，机关事务管理体制出现了一些全新的局面。例如，机关事务管理的传统观念得以转变，机关事务管理逐步走向了现代化，机关事务管理水平有了很大的提升，保障能力大为加强。但与此同时，与不断改革和快速发展的政府管理体制以及国家机关不断提升的国家治理能力相比，机关事务管理体制改革仍有很大的不足，凸显出很多问题。例如，受制于部门利益，机关事务管理缺乏统一的标准，存在多头管理的现象等。所有这些问题的关键是未能建立起法治化的机关事务管理体制。"但总体而言，当前机关事务法治建设还不适应建设法治政府的需要，仍存在很多问题。比如，由于缺乏法律法规的保障，导致机关事务管理体制不够完善，致使机关经费保障机制与财政管理体制机制不匹配、不协调；经费预算机制难以适应公共财政体制的要求，难以适应党政机关自身建设的需要。这些问题不仅造成了各地各部门之间占有资源不平衡、物质保障不均衡、后勤服务不均衡，而且导

---

① 陕西省机关事务管理局课题组：《弘扬延安精神牢记责任担当奋力谱写机关事务管理工作新篇章——党在延安时期的机关事务工作研究》，载《全国机关事务管理研究会年会论文集（2017年）》。

致了保障资源分散化、行政利益部门化。"①

(四)党和国家领导人关于机关事务的理论阐述

机关事务对于保证国家机关的正常运转和职能发挥,具有十分重大的意义。在战争年代,军队的后勤保障更是确保军队打胜仗的重要条件。因此,一直以来,党和国家领导人十分重视机关事务,对机关事务及后勤保障提出了许多重要论述。

伟大的无产阶级革命家、战略家和理论家毛泽东深刻洞悉战争年代后勤保障工作的重要性。"战争不但是军事的和政治的竞赛,还是经济的竞赛。"②毛泽东反复告诫全党全军要大力加强根据地的经济建设,增强革命战争的物质基础,做好军队的后勤保障工作和机关事务工作。"毛泽东始终将后勤作为运筹和指导战争的重要因素,将人民军队的战略、战术建立在客观物质的基础之上,指出军事家活动的舞台必须建构在客观物质条件之上,军事家不能超过物质条件许可的范围之外企图战争的胜利。"③周恩来总理也一直十分重视机关事务管理工作。周恩来特别强调机关事务在发挥保障功能的同时,要厉行节约,不能铺张浪费,强调机关事务管理工作必须贯彻艰苦奋斗、勤俭建国方针。"五六十年代,对内招待工作是机关事务的重要组成部分。周总理十分重视对内招待工作的廉政建设问题。他针对1957年以后在对内招待部门出现的铺张浪费和特殊化的风气,责成国务院机关事务管理局以国务院的名义,先后召开过四次全国对内招待工作会议,根据中央关于勤俭建国、艰苦奋斗、节约开支、反对奢侈浪费的多次指示精神,反复地进行了整顿。"④改革开放的总设计师邓小平也十分重视后勤保障与机关事务工作,强调机关事务的保障功能。"重视后勤工作是邓小平的一贯主张。从土地革命到抗日战争和解放战争,他都把后勤工作与革命斗争紧密联系在一起。"⑤改革开放初期,邓小平十分强调教育、

---

① 张世良:《加快推进机关事务法治建设》,载《新华每日电讯》2015年2月5日。
② 《毛泽东选集》(第3卷),人民出版社1991年版,第1024页。
③ 王向阳、陈卫平:《毛泽东邓小平江泽民与中国特色军队后勤》,载《毛泽东与当代中国——全国纪念毛泽东同志诞辰110周年学术研讨会论文集(2004年)》。
④ 白振刚:《周恩来与机关事务管理》,载《中国行政管理》1998年第3期。
⑤ 文进军:《论邓小平后勤思想的形成历程》,载《长沙理工学院学报(社会科学版)》2007年第1期。

科研方面的后勤保障工作。邓小平曾说:"没有后勤,科研搞不起。不能叫科研人员还去搞后勤,整天东跑西跑。"①邓小平还特别强调后勤保障与机关事务的专业性。"后勤工作也是一门学问,也需要学习,也能出人才,不钻进去是搞不好的。"②与此同时,他还强调后勤保障与机关事务的政治性,提出"要让党性好的组织能力强的人搞后勤"。③江泽民继承和发扬了毛泽东、邓小平等重视后勤保障与机关事务的思想。"江泽民在继承毛泽东、邓小平军队后勤建设思想的基础上,着眼于研究新情况,解决新问题,在后勤理论和建设实践的结合上,提出了许多富有创见的重要论述和指导原则,使毛泽东、邓小平军队后勤建设思想得到了进一步丰富和发展。"④江泽民还特别强调机关事务要发挥保障功能。1995年12月28日,在国务院机关事务管理局成立45周年纪念日上,江泽民同志的题词写道:"机关事务工作要为党和国家的中心工作服务。"胡锦涛同样十分重视后勤保障与机关事务。在党的十七大报告中,胡锦涛提出了要全面建设现代后勤的战略方针。"胡锦涛全面建设现代后勤思想,是科学发展观在后勤领域的集中反映,是系统的、先进的、管用的科学体系。"⑤2016年11月,习近平总书记在"中央军委后勤工作会议"上强调,"要加强后勤建设战略筹划和指导","要研究后勤的保障机理,推进后勤理论创新,制定后勤发展战略和联勤保障方案计划,抓紧解决制约后勤保障力生成提高的重点难点问题"。⑥

## 二、机关事务管理的历史与角色定位

机关事务管理的职能与边界首先与其历史和角色定位有关。在战争年代,机关事务定位于战争后勤,因而有着大量生产性工作。新中国成立

---

① 《邓小平文选》(第2卷),人民出版社1994年版,第33页。
② 同上注,第56页。
③ 同上注,第57页。
④ 陈二曦:《论江泽民军队后勤改革思想》,载《军事经济研究》2004年第9期。
⑤ 刘继贤:《论全面建设现代后勤——学习胡锦涛全面建设现代后勤思想的认识》,载《军事经济研究》2008年第8期。
⑥ 习近平:《努力建设强大的现代化后勤》,载新华网:http://www.xinhuanet.com/politics/2016-11/10/c_1119889901.htm,访问时间:2019年1月10日。

以后，机关事务转向服务于机关运行方面。改革开放以后，机关事务开始社会化改革，逐步转移一些工作交由企业承包。近年来，随着推进国家治理现代化的要求，机关事务开始走向法治化。从历史上看，机关事务管理的职能边界首先与国家对机关事务的要求相联系。

（一）战争后勤

我国党和国家的机关事务机构最早见于国内革命战争时期。1931年，中华苏维埃共和国临时中央政府即成立了总务厅，专门负责管理机关事务。在国内革命战争时期，红军和革命根据地的物资普遍紧缺，为保障机关工作的顺利开展和革命战争的胜利，机关事务主要以战时配给制为基础，物资的收集以战争缴获和打土豪为主，同时开展生产活动。延安时期，根据地经济受到国民党政府的封锁，物资供应极度困难，在毛主席"自己动手，丰衣足食"的号召下，机关事务部门大力开展生产运动，有力地支持了革命战争的胜利。1941年，总部机关利用生产收入实现经费自给率达58%。1942年，中共中央管理局担负着中直、军直机关1.6万余人的供给任务，占边区总供给人数的22%，开支占边区财政的16.2%。

战争时期的机关事务实质上应当是一种军事后勤，其目的主要是集中力量调集物资并取得战争的胜利。从组织上看，1942年以后，军委后勤部就与中共中央管理局合并，甚至中央管理局也一度归入中央军委建制，这就更加凸显战争时期机关事务的军事色彩。战争时期，机关事务部门不仅拥有配给物资、提供服务的职能，也有组织物资生产、开展经营活动的职能，甚至还有收缴土豪财产、承担战争辅助任务等军事职能。

（二）服务后勤

新中国成立以后，党和政府的活动发生了重大变化，相应的机关事务也从战时后勤状态转向了服务和保障机关运行。1950年，政务院决定实行政务与机关事务分开，成立了政务院机关事务管理局，下设总务、财务、供给、交际、人事、警卫、生产等职能机构和机关生产实体。"三反""五反"运动后，国家对全民所有制生产企业实行统一管理，各单位"小公家务"都移交给了国家财经部门。这一时期的机关事务进入了一个新的发展阶段，物质保障逐步从自筹和分配转向了国家财政支持和全国统一标准，工作内容则从生产逐步转向了办好机关服务。食堂、澡堂、幼托、卫生保健、房产保管、服务接待、交通工具和水电管理等业务成为机关事务工作的重点。

由此，机关事务开始与军事战争、经济生产等业务分离，成为一门独立的业务。从职能上看，机关事务剥离了生产职能和军事职能，成为专门负责机关运行的机构。同时，一些福利性职能也被纳入机关事务工作，如教育、医疗、养老等在西方通常被视为社会福利的工作。这是由于新中国成立初期，国家财政困难，无力建立全国普遍性的社会福利体系，为了尽快满足人民群众的社会福利需求，体现社会主义制度优越性，全国各单位普遍根据实际条件，自行解决福利问题。机关单位也普遍建立了单位福利体系，而机关事务则负责管理这些福利职能。

（三）社会化

经过多年的发展，机关事务办社会福利事业的做法开始显现出严重的弊端，比如供给保障上不讲究成本核算，单纯行政式的管理方法缺乏活力，平均主义诱发福利膨胀和攀比，机构臃肿编制超员等。据1987年年底中央和国家机关行政部门的调查，后勤职工占行政人员总数的18%。改革开放以后，基于市场化的成功经验，机关事务领域希望复制推广一些市场化的做法，以解决自身出现的问题。1983年，中共中央书记处提出了后勤"服务社会化问题，要逐步解决"的要求，首次确定了机关事务社会化改革的方向。在改革方式上，社会化主要有两种方式：一种是以多种形式的承包制为基础，通过成立后勤服务企业、服务外包等做法实现市场化经营；另一种是以货币化补贴为基础，通过车补、餐补等形式，让服务对象自主到市场上购买所需服务。

机关事务的社会化改革从实践方面看是一场类似于西方新公共管理运动的尝试，都是以市场的办法解决政府内部的问题。由于机关事务部门承担了很多社会福利的职能，在社会化改革中，这些职能渐渐地与机关事务剥离。比如一些单位将幼托服务交给私人承包，一些单位改为发放女职工补贴，并最终与机关事务的职能分离。另一些职能的社会化则改变了机关事务部门的职能。比如关于接待住宿服务，现在普遍采用企业化方式经营，而机关事务部门的职能则从提供服务转向了制定服务标准和规范管理制度。还有一些职能出现了合并趋势。比如关于机关公务用车管理,在一些地方的社会化改革中,不同部门、不同单位的机关用车开始统一管理。由于长期以来一直缺乏社会化的全国领导机构,机关事务社会化改革是以一种碎片化的方式推行,使得机关事务社会化以来的职能长期模糊不清。

(四)国家治理

机关事务职能长期模糊不清,机关事务工作长期碎片化,引起了机关事务国家监管的难题。2006年有学者指出,我国"三公"消费已经超过9000亿元,超过财政支出的30%。大量的新闻媒体引用这一数字,并引起了社会极大的反响,《人民日报》甚至多次辟谣9000亿元的说法。2011年在国务院工作会议上,时任国务院总理温家宝要求中央国家机关率先公开"三公"经费,此后国务院又推出了《机关事务管理条例(征求意见稿)》,提出了利用制度手段严控"三公"经费开支。2012年,随着《机关事务管理条例》的正式出台,机关事务领域开始了国家立法进程,标志着国家开始依法对机关事务进行规范和管理。2013年,国务院机关事务管理局更名为国家机关事务管理局(国管局),进一步明确了其指导全国机关事务工作的职能。2017年,《党政机关公务用车管理办法》和《党政机关办公用房管理办法》正式出台;2018年"机关运行保障管理法"进入全国人大立法规划,都显示出机关事务管理工作已经进入党和国家立法的高速发展时期。

当前机关事务领域的改革正表现出新的趋势。首先,机关事务开始进入国家立法领域。其次,出现了全国层面的机关事务管理机构。最后,机关事务的职能开始法定化、标准化。机关事务机构的一些职能成为国家层面的工作内容,比如制定公务用车的规章制度;一些职能开始要求地方集中统一管理,比如机关办公用房的管理、维护、使用。

1. 机关事务机构是加强党的作风建设的重要制度性主体。

厉行节约、反对浪费是中国共产党长期以来坚持的优良传统,也是党密切联系群众的重要体现,而机关事务工作长期以来便是党政机关作风建设的重点。党的十八大以来,以习近平同志为核心的党中央更加重视党政机关的作风建设。自"八项规定"实施以后,党中央又紧密出台、增补、修订了《党政机关厉行节约反对浪费条例》《中国共产党廉洁自律准则》《中国共

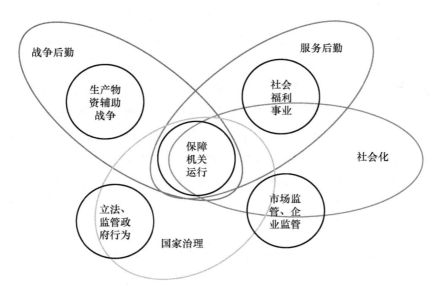

**图 1　机关事务发展的历史阶段与职能**

产党纪律处分条例》等一系列党内法规。在第十八届中央纪委第五次全会上,习近平同志强调:"横下一条心纠正'四风',常抓抓出习惯、抓出长效,在坚持中见常态,向制度建设要长效……"

加强作风建设,必须坚持长效机制,实现制度化、法治化,这就要求机关事务必须从人治走向法治。机关事务的制度化、法治化,是从体制上加强党政机关作风建设的客观要求。加强党政机关的作风建设,实现国家治理的现代化,必须推进机关事务的制度化、法治化建设。

2. 机关事务是保障社会对政府监督的重要窗口。

近年来,"三公"经费问题引起了社会各界的高度关注。2011年从中央国家机关开始,"三公"经费逐渐向社会公开,《机关事务管理条例》的出台很大程度上就是为了实现"三公"经费公开的法治化。"三公"经费公开已经成为社会对政府信息公开的基本要求和政府公信力的重要体现,从根本上看是社会对政府内部运行公开化、透明化的需求。因此,"三公"经费全面公开并不是终点,而是机关事务公开化、透明化的起点。保证人民对政府的监督,实现国家治理的现代化,必须推进机关事务的公开化、透明化。

3. 机关事务是实现全面深化行政体制改革的重要保障。

行政体制改革是我国全面深化改革的重要内容,也是打破体制、全面释放经济活力的重要推动力。以放、管、服改革为例,全面推进行政体制改革离不开机关事务的工作建设。比如在集中统一办公、限时办结、优化监管等一系列放、管、服改革中,都需要机关事务工作更加协调、更加高效、更加灵敏,以适应现代政府办公的要求。实践表明,如果不能超越机关单位内部的范畴,从整个政府的层面协调和统一机关保障资源,就难以适应当前行政体制改革的要求,也就难以保障改革的效果和执行能力。

### 【扩展阅读】

[1] 江西省瑞金市机关事务管理局:《瑞金时期苏维埃政府机关事务工作(一)》,载《中国机关后勤》2018年第2期。

[2] 王春林、喻立新:《加拿大政府机关事务管理概略》,载《中国行政管理》2001年第5期。

[3] 梁伦友、刘川:《机关事务工作历史沿革和文化传统研究》,载《机关事务管理创新与理论建设文集(2018年)》。

[4] 丁煌:《西方行政学说史》,武汉大学出版社2004年版。

[5] 夏兴有:《现代性的历史境遇与中国特色社会主义道路的拓展》,载《中共中央党校学报》2013年第1期。

[6] 郭济:《中央国家机关后勤改革的历史回顾》,载《中国机关后勤》2010年第11期。

[7] 叶启成:《论市场经济条件下我国机关后勤服务的社会化改革》,载《网络财富》2008年第9期。

[8] 赵家宝:《我国政府机关后勤服务外包的探讨》,载《中国行政管理》2009年第8期。

[9] 王浦劬、梁宇、李天龙:《十八大以来我国省级机关事务管理体制改革的发展及其思考》,载《中国行政管理》2018年第3期。

[10] 张成福:《政府治理创新与政府创新的新典范:中国政府改革40年》,载《国家行政学院学报》2018年第2期。

【参考文献】

[1] 陈庆修：《从历史沿革看机关事务的含义及其发展趋势》，载《中国行政管理》2017年第10期。

[2] 白振刚：《我国机关事务的历史沿革》，载《中国行政管理》1997年第4期。

[3] 瑞金市机关事务管理局：《瑞金时期苏维埃政府机关事务工作概况》，载《全国机关事务管理研究会年会论文集（2017年）》。

[4] 陕西省机关事务管理局课题组：《弘扬延安精神牢记责任担当奋力谱写机关事务管理工作新篇章——党在延安时期的机关事务工作研究》，载《全国机关事务管理研究会年会论文集（2017年）》。

[5] 张世良：《加快推进机关事务法治建设》，载《新华每日电讯》2015年2月5日。

[6]《毛泽东选集》（第3卷），人民出版社1991年版。

[7] 王向阳、陈卫平：《毛泽东邓小平江泽民与中国特色军队后勤》，载《毛泽东与当代中国——全国纪念毛泽东同志诞辰110周年学术研讨会论文集（2004年）》。

[8] 白振刚：《周恩来与机关事务管理》，载《中国行政管理》1998年第3期。

[9] 文进军：《论邓小平后勤思想的形成历程》，载《长沙理工学院学报（社会科学版）》2007年第1期。

[10]《邓小平文选》（第2卷），人民出版社1994年版。

[11] 陈二曦：《论江泽民军队后勤改革思想》，载《军事经济研究》2004年第9期。

[12] 刘继贤：《论全面建设现代后勤——学习胡锦涛全面建设现代后勤思想的认识》，载《军事经济研究》2008年第8期。

[13] 习近平：《努力建设强大的现代化后勤》，载新华网：http://www.xinhuanet.com/politics/2016-11/10/c_1119889901.htm，访问时间：2019年1月10日。

## 第四节 机关事务管理的国际比较

"他山之石，可以攻玉。"虽然各国国情不同，机关事务管理制度也和其他制度一样，不可照搬照抄。但研究、分析他国机关事务管理制度，可以为我们吸收他国机关事务管理制度的长处、完善自身的机关事务管理制度，提供必要的参照系。

### 一、美国、加拿大的机关事务管理

美国是联邦制国家，存在联邦政府、州政府和地方政府三个层级的机关事务管理体制。州政府和地方政府两个层级的机关事务管理具有一定的独立性，但又与联邦政府机关事务管理有一定的联系。在联邦政府层面，依照1949年《联邦资产与行政管理服务法》成立的联邦总务署是联邦政府机关事务的统一管理机构。联邦总务署的主要职责是负责联邦政府机关事务管理的法规与政策制定、联邦政府资产的产权管理与资产处置、联邦机构办公场所的建设和维护、联邦政府的采购与供应以及公务用车服务、前总统及遗孀的服务，以及联邦政府各部门电讯和信息处理技术管理和服务等工作。美国的机关事务管理具有以下突出特点：

第一，依法进行机关事务管理。美国联邦政府有关机关事务的法律、法规相当完备。除了1949年发布的、此后又经过多次修订的《联邦资产与行政管理服务法》外，还有《公共建筑法》《公共建筑增补条例》《联邦购买条例》《联邦财产管理条例》《联邦旅行条例》《迁移与运输条例》《信息技术管理改革条例》等。《联邦资产与行政管理服务法》是机关事务管理的基本法律，规定了联邦总务署的内设机构、职权。其他的法律、法规为联邦总务署开展相关具体业务提供了法律依据与规范。

第二，统一管理机关事务。以房地产管理为例，联邦总务署对联邦政府拥有的分散在全美1600多个社区的1800多栋办公楼房地产实施统一的产权管理，另外从市场上租用了约6500处办公场所，提供给100多个联邦政府机构里的100多万联邦政府雇员使用。为了应对如此海量且分布如此分散的办公用房管理任务,联邦总务署在全国各地设置了11个地区办公室,雇佣了14000多名工作人员。

第三,社会化管理机关事务。联邦总务署利用美国是高度发达的商业社会这一优势,引入社会上的专业机构和力量,以服务外包、政府采购的形式,进行机关事务管理,机关事务社会化管理程度非常高。联邦总务署通过引入市场竞争机制,利用合同对提供服务的社会承包商进行管理,为联邦机构提供高度社会化的后勤服务。"如政府办公楼的清洁服务、房屋维修、公共设施维护、保安等物业服务都由专业公司来承担,办公楼内餐厅的开办、政府幼儿园的保教人员等也都通过与社会服务机构签订合同来解决。联邦雇员的住房同其他社会成员一样,都由自己购买或租赁,上下班交通自行解决。"[1]

加拿大在联邦和省、市三级政府都设置了机关事务管理部门,分别负责本级政府房地产、资产、政府采购、信息管理服务等机关事务。联邦政府的机关事务管理部门是公共事务和政府服务部,部长为内阁成员。其主要职责包括:管理联邦国库及联邦所有机构的账户;负责联邦政府收入和支出账目管理、政府支票签发、房地产管理服务和经营、联邦公共工程管理、政府出版物和印刷管理服务、政府采购管理、公务通讯及电讯信息管理服务、国有资产的分配和处置、办公楼建设管理和租赁、对各部门经费使用等的审核监督;为各部门提供差旅、租车及其他所需要的各种后勤服务管理等。同时,加拿大联邦政府各部门一般都设有机关事务管理部门。如联邦审计总署下设后勤管理司,负责联邦审计总署的信息技术管理服务、经费及物资和服务采购管理等机关事务。"集中统一的管理模式,制度化、程序化、法治化的后勤保障机构,高度市场化、社会化的后勤服务;信息化的现代技术管理手段,构成了加拿大政府机关后勤管理和服务保障的基本特点,为政府机关职能活动的高效运转提供强有力的保障。"[2]

---

[1] 国务院机关事务管理局赴美机关事务工作考察团:《美国联邦政府机关事务管理体制对我们的启示》,载《中国机关后勤》2001年第8期。

[2] 王春林、喻立新:《加拿大政府机关事务管理概略》,载《中国行政管理》2001年第5期。

## 二、英国、法国、德国的机关事务管理

英国机关事务管理部门主要有英内阁办公室下属的政府资产办公室、商业服务办公室和政府采购署等。英国机关事务管理部门对内阁办常秘和首席执行官负责;各单位负责人定期召开执行委员会高级别联席会议,讨论政府办公用房、公务用车、政府采购、后勤服务保障、数字化服务等有关事宜。政府资产办公室成立于2010年,是管理政府房地产事务的中央协调机构,管理着100多栋、总面积约900万平方米的政府办公大楼,负责制定政府办公用房管理政策及标准,审批各政府机关购置、租赁、征用新办公用房等事项。政府采购署成立于2010年,隶属于英国政府内阁办公室的"效率和改革组",主要任务是为中央政府各部门提供采购服务,并为英国公共机构提供采购节约服务。商业服务办公室是提供专业的采购服务的公共部门。

英国的机关事务管理也具有自身的特点:第一,机关事务法律制度健全。早在1889年,英国就颁布了《公共机构腐败行为法》,后又颁行了《反腐败法》《公共合同法案》以及《公用事业合同法案》等规范政府采购、招标等的法律。第二,严格管理,厉行节约。英国虽然是发达国家,但在有关机关事务的标准方面却十分苛刻,凸显了厉行节约的原则。"英国公务员人均办公面积为10平方米,远低于全球平均22平方米水平。"[①]政府的普通公务人员不配备公务用车,不发放特别交通补贴。在政府采购方面,以物有所值为核心原则,综合评估每一次采购的成本和收益。

法国的机关事务管理部门主要由国家公职与行政管理总局、行动和公共账目部、国家行政行动咨询部际委员会以及政府各部门下设的机关事务保障机构等组成。国家公职与行政管理总局是法国主管机关事务管理的核心机构,下设人力资源政策局、福利和社会政策局,其职能涉及机关事务政策制定、调整和立法等。行动和公共账目部主要负责机关事务管理的预算制定、资金调拨、决算控制等事项,下设13个司局;其中,公共财政总司、

---

[①] 徐博峰、寇晓东:《英国机关事务工作概览》,载《中国机关后勤》2018年第6期。

政府采购司、政府部门预算和决算控制局、国家财政信息署4个部门直接同机关事务管理相关。国家行政行动咨询部际委员会是机关事务管理的沟通协调机构,部际联席会议由财政、预算、公职、卫生与社会福利、文化、体育、外交、劳工、教育9个政府部门组成。国家行政行动咨询部际委员会每年召开4次联席会议,讨论机关管理重大问题。政府各部门下设的机关事务保障机构则主要负责机关事务的具体执行;各部门办公厅或行政司直接负责其机关事务,一般各保障机构下辖办公后勤保障、不动产管理两大机构。

由此可见,法国机关事务管理的特点主要有:

第一,机关事务管理组织机构健全。既有国家行政行动咨询部际委员会这种机关事务协调、咨询机构,也有国家公职与行政管理总局这样的机关事务管理决策机构以及负责进一步落实和执行政策的政府各部门下设的机关事务保障机构。

第二,法律制度健全。一方面,在机关事务管理领域存在诸如《道德法案》《公务总法》和《公职人员地位法》等基础性法律;另一方面,就机关事务管理事宜制定了大量的标准与规范,进一步丰富了机关事务的制度供给,增强了相关基础性法律的可操作性。例如,国家公职与行政管理总局在办公用房、公职人员住房保障以及公务用车等领域都制定了十分详尽、明确的标准体系。

在德国,最主要的机关事务管理部门是根据1959年《联邦行政管理局建立法》成立的德国联邦行政管理局。联邦行政管理局成立于1960年,总部位于科隆。联邦行政管理局设局长1人、副局长2人,下设12个司,分别主管差旅、津贴、人工费、公共安全、现代化行政管理、国籍、资助管理等方面工作;司下设处,处下设工作组。联邦行政管理局是德国最大的联邦服务机构。"作为德联邦政府机关综合行政事务的主要管理机构,联邦行政管理局被定位为联邦高级机构,接受联邦内政部领导。"[①]联邦行政管理局的职能充分体现了德国联邦政府机关事务实行以分散管理为主、分散与集中管理相结合的特点。

---

① 齐鑫:《德国联邦政府机关事务工作概要》,载《中国机关后勤》2018年第5期。

联邦行政管理局的职能包括两部分:第一部分职能体现了德国联邦机关事务集中管理的一面,第二部分职能则体现了德国联邦机关事务分散管理的一面。

联邦行政管理局的第一部分职能是统一管理联邦各部门共同涉及的行政事务,主要包括:(1)工资结算。联邦行政管理局为39家联邦机构提供员工工资结算发放服务,覆盖超过37万名工作人员从入职到退休的全过程。(2)医疗报销和工伤赔偿。联邦行政管理局为机关公务员提供医疗费用的报销及补助发放,协助处理工伤认定、治疗和赔偿事宜。(3)差旅服务。联邦行政管理局为机关工作人员提供诸如订票订房、租赁公务用车、报销出差旅费及分居补贴、搬家费用等公务旅行方面的管理服务,并代表联邦政府负责与航空、铁路、出租车公司等就相关服务收费标准进行招标谈判。(4)人员招聘和培训。联邦行政管理局为58家联邦机构提供人员招聘服务,包括描述岗位、制定发布网上招聘募问卷、测评应征者等。

联邦行政管理局的第二部分职能是承担其他联邦机构委托的行政管理任务,主要包括国籍事务、领事证件服务、为海外学校提供资金以及人员方面的支持等。不过,其他联邦机构在这些机关事务管理方面仍然承担一定的职能,主要以服务外包的形式将这些机关事务的管理职能赋予联邦行政管理局,呈现一种其他联邦机构与联邦行政管理局共同管理机关事务的局面。这体现了德国联邦政府在机关事务管理方面分散管理的特点。

除了联邦行政管理局,德国承担机关事务职能的机构还包括联邦财政部下属的不动产管理局和联邦环保部下属的联邦建筑与空间秩序管理局。不动产管理局主要负责联邦政府机关办公用房的管理、使用,而联邦建筑与空间秩序管理局则承担联邦政府部门办公楼的建设、修缮等任务。另外,作为德国联邦政府机关事务分散管理的具体表现,联邦政府的政府采购工作由各部门自行负责,政府各部门自设政府采购机构,负责本部门的政府采购事务。当然,这种政府采购上的分散管理也是相对而言。"实际上,大部分资产和采购事务是集中管理的,只是分别由财政部、交通和建设部、内政部负责,没有一个统一、专门的机关事务主管机构。"①总体而言,虽然同美、英等国一样,德国的机关事务管理也奉行法治原则,强调依法管理联邦政府的机关事务,但其机关事务管理统一化程度与美、英等国还存在差距,呈现出以分散管理为主、以统一管理为辅的模式。

### 三、日本的机关事务管理

日本实行地方自治制度,中央政府之外的地方政府享有高度自治权。在机关事务管理上,中央政府和地方政府各自设有相应的机关事务管理部门,中央政府和地方政府各自独立管理自己的机关事务。

在中央政府层面,机关事务管理有以下特点:

第一,中央政府虽然设有总务省,承担一定的机关事务管理职能,但总体而言,中央政府的机关事务管理由中央政府各省、厅、内阁直属机关、内阁官房、内阁府分散管理为主,各省、厅、内阁直属机关、内阁官房、内阁府都设有专门机关事务管理部门,自行管理各自的机关事务。例如,中央政府经济产业省的内设机构大臣官房(相当于经济产业省的办公厅)下设的会计课和情报系统厚生课,就是经济产业省的机关事务管理部门。经济产业省会计课负责经济产业省内国有财产的管理、处分及其物品管理。经济产业省情报系统厚生课的职能则主要包括经济产业省职员的卫生、医疗和其他福利保障事项,职员宿舍有关事项,经济产业省所管建筑物的经营修缮,为增进职员工作效率而设置的必要设施运用等方面。相比之下,中央政府则承担少部分的机关事务管理职责。总务省下设有行政管理局,诸如中央政府办公效率的提升、节能减排、政府事务电子化和信息化推进等,都属于总务省行政管理局负责的事项。

第二,中央政府各省、厅、内阁直属机关、内阁官房、内阁府在自行管理自己的机关事务时,需要依法遵守相关业务部门的规定,并受到一些限制。例如,在机关事务中的财务管理方面,各省、厅、内阁直属机关、内阁官房、内阁府的机关事务管理部门要受制于中央政府财务省,遵守财务省的有关

---

① 国管局赴德国、瑞典、芬兰政府机关事务考察团:《从德国、瑞典、芬兰中央政府机关事务工作中得到的启示》,载《中国机关后勤》2003年第4期。

规定;有关机关房产事务管理方面,则需要遵守中央政府国土交通省的有关规定。

第三,虽然不存在统一的机关事务管理法规,但机关事务管理的法治化水平仍然不低。"无论中央还是地方,日本并不存在机关事务管理的统一立法。按照日本行政法的传统法理,机关事务管理并非调整行政主体与公民间权利义务关系的规范,因而并非法律保留原则覆盖范围。"[1]机关事务管理作为内部行政行为,不需要法律、行政立法进行规范,适用行政规范性文件即可。当然,在适用行政规则进行机关事务管理时,应该遵守行政组织的权限和管理事项的范围等行政组织法原则。总体而言,机关事务管理并没有脱离法治框架,仍然在依法行政的范围内运行。

### 四、我国对主要发达国家机关事务管理的借鉴

基于当下我国机关事务管理的实际,对比分析美、英、法、德、加、日等主要发达国家的机关事务管理制度,我国可以在以下几个方面进行借鉴:

第一,应当推进机关事务管理的法治化。虽然各国在机关事务管理的法治化程度上可能有所不同,但美、英、法、德、加、日等国在机关事务管理制度方面都有一个共同特点,即制定了很多机关事务管理法律、法规,机关事务管理的法治化程度很高。与机关事务管理相关的法律既有组织法,也有行为法;既有宏观的法律规范,也有具体的标准规范。即使如日本这样认为机关事务属于内部行政范畴而不需要受法律保留原则约束的国家,机关事务管理也仍然必须遵守基本的法律原则,其机关事务管理的法治化水平仍然不低。相较而言,我国机关事务管理法治化程度就要低得多。目前,我国直接、专门调整机关事务的法律规范只有《机关事务管理条例》,无论从立法数量上还是立法层次上看,都明显储备不足。因此,我国应当尽快采取措施,推进机关事务管理的法治化建设。"要全面深化改革、推进依法治国战略部署,就需要加快推进机关事务法治建设,切实提高运用法治思维和法治方式推进机关事务建设的能力和水平。"[2]

---

[1] 黄宇骁:《日本机关事务管理情况初探》,载《中国机关后勤》2018年第2期。
[2] 张世良:《加快推进机关事务法治建设》,载《新华每日电讯》2015年2月5日。

第二,应当推进机关事务的统一管理。美、英、法、德、加、日等国的机关事务,有些是实行全国范围内的高度统一管理,也有一些实行统一管理为主、统一管理与分散管理相结合的制度。实行机关事务的统一管理,要求从机关事务的管理机构到管理规范、标准等都高度统一,是机关事务管理严格执法的体现,既增强了机关事务管理的严肃性与公信力,又消除了部门、地方的利益藩篱。当然,过分强调机关事务管理的统一性,也可能会伤害到机关事务管理的效率与灵活性。这也是一部分国家采用统一管理为主、统一管理与分散管理相结合制度的原因。但总体而言,机关事务统一管理应该是机关事务管理的发展方向。反观我国的机关事务管理,统一管理远远不足,分散管理的弊端尽显,我国确立全国统一的机关事务管理制度尚有很长的一段距离。在机关事务管理方面,当下仍存在着相当程度的部门、地方利益保护,机关事务有时成为谋取部门利益、小团体利益的"合法"手段,甚至堂而皇之成为不当利益的"保护伞"。因此,当务之急是稳妥推进我国机关事务的统一管理,尽快确立机关事务管理的统一标准、流程等。

第三,应当强化政府部门厉行节约的原则。美、英、法、德、加、日等国都是发达的资本主义国家,其富裕程度远远超过中国,但他们在机关事务管理方面,如公务用车、公务接待、办公用房等方面都制定并严格执行了十分苛刻的标准,充分体现了节约原则。反观我国,在过去相当长的历史时期内,机关事务管理的标准相对宽松。党的十八大以前,在公务用车、公务接待等方面,长期以来都存在铺张浪费现象。党的十八大以后,尽管中央发布了以"八项规定"为代表的一系列反铺张浪费的文件和政策,但相较于西方发达国家,仍然远远不够完善。因此,我国应当继续发扬艰苦奋斗的传统,按照厉行节约的原则进行机关事务管理。在确定机关事务管理的相关标准时,以强调保障性为原则,杜绝福利性,不能把机关事务的保障功能成一种福利或者待遇,而是以满足机关有效运行的原则来制定相关的机关事务管理规范和标准。

▶▶▶【扩展阅读】

[1] 楼祖麟:《美国政府机关后勤工作考察印象》,载《浦东开发》1995年第6期。

[2] 张晓天:《澳大利亚联邦政府机关事务部掠影》,载《中国行政管理》1998年第11期。

[3] 王春林、赵绪选:《联邦德国政府机关后勤管理概况》,载《中国行政管理》1999年第5期。

[4] 唐树杰:《国外政府后勤管理概况》,中国人事出版社2000年版。

[5] 王德:《机关事务管理思考与前瞻》,中国人事出版社2012年版。

[6] 岳世平:《西方发达国家政府机关事务管理的实践及其启示》,载《甘肃理论学刊》2009年第3期。

[7] 苏滢:《澳大利亚、新西兰机关事务工作概况》,载《中国机关后勤》2018年第9期。

[8] 徐强:《俄罗斯机关事务工作概况》,载《中国机关后勤》2018年第7期。

[9] 侯赢:《新加坡机关事务工作概况》,载《中国机关后勤》2018年第11期。

[10] 王澜明等:《建设节约型机关若干基本问题研究》,载《中国行政管理》2012年第1期。

▶▶▶【参考文献】

[1]《美国联邦政府的机关事务管理体制——国管局赴美机关事务工作考察团考察报告(一)》,载《中国机关后勤》2001年第5期。

[2] 国务院机关事务管理局赴美机关事务工作考察团:《美国联邦政府机关事务管理体制对我们的启示》,载《中国机关后勤》2001年第8期。

[3] 王春林、喻立新:《加拿大政府机关事务管理概略》,载《中国行政管理》2001年第5期。

[4] 徐博峰、寇晓东:《英国机关事务工作概览》,载《中国机关后勤》2018年第6期。

［5］徐博峰：《法国机关事务工作概貌》，载《中国机关后勤》2018年第3期。

［6］齐鑫：《德国联邦政府机关事务工作概要》，载《中国机关后勤》2018年第5期。

［7］国管局赴德国、瑞典、芬兰政府机关事务考察团：《从德国、瑞典、芬兰中央政府机关事务工作中得到的启示》，载《中国机关后勤》2003年第4期。

［8］黄宇骁：《日本机关事务管理情况初探》，载《中国机关后勤》2018年第2期。

［9］张世良：《加快推进机关事务法治建设》，载《新华每日电讯》2015年2月5日。

# 第二章　机关事务管理体制与机制

## 第一节　机关事务管理体制

**一、完善机关事务管理机构设置**

长期以来,许多人在认识上对机关事务管理的定位存在偏差,简单地把机关事务管理等同于后勤工作,并普遍认为机关事务管理就是管理政府部门"吃、喝、拉、撒、睡"等基本需求。事实上,这种僵化、陈旧的观念已经与国家治理体系和治理能力现代化的背景严重不符。

（一）机关事务管理机构的发展现状

进入21世纪,机关事务管理行业发展经历了几次较大规模的调整与改革。以国管局为例,2000年增加了中央国家机关各部门所属单位国有资产管理的职能,接收了原国家国有资产管理局管理的中央行政事业单位国有资产产权登记档案;2010年,根据中央编办的批复,承担全国公共机构节能推进、指导、协调、监督的具体工作;2013年,更名为国家机关事务管理局。在地方上,根据我国行政组织结构,各省（自治区、直辖市）、市（地、州、盟）均设有相应的机关事务管理部门;由于组织构成、历史沿革、制度变迁等原因,各地机关事务管理部门不尽相同。

机关事务管理工作的服务对象是党政机关及其工作人员。从机构的角度看,以中央和国家机关为例,党中央、全国人大及其常委会、全国政协、国务院、最高人民法院、最高人民检察院以及作为国家行政体制重要组成部分的地方各级组织机构,都需要机关事务管理部门来保障政务运转。

从人数上看,机关事务管理工作的服务对象主要是财政供养人员,包括：党政群机关工作人员，主要供职于各级党委、人大、政协、政府、政法机关、民主党派及群众团体等机构；各类事业单位人员，供职于教育、科研、卫生等诸多领域的机构；党政群机关和事业单位的离退休人员。根据《中国劳动统计年鉴》，2017年我国政府就业人员数量已达到1586万，并且长期以平均每年3%的速度增长。

由于受到计划经济的影响，长期以来，我国机关事务管理部门被当作后勤部门、福利事业部门，过度强调服务保障，大小机构各自设立后勤服务机构，组织结构相对分散，机构名称不尽一致，管理权限各自不同，呈横向断裂、纵向分割之势，缺乏全国集中统一、统筹发展的大局观。各层级、各系统、各部门的机关事务管理组织结构"大而全""小而全"，管理部门相互之间没有统属，只负责各自的事务管理工作，这种分散的管理方式难以对公共资源进行科学、有效的整合和利用，导致政令不畅、资源严重浪费。这种现状有其历史原因，如机关事务管理长期以来被简单地认为是后勤工作，不需要什么文化和技术，所以在历次国家机构改革中，机关事务管理部门不断出现机构、编制、人员被精简、压缩、分流和撤并的情况。不断增加的职能与缩减的机构和人员，导致机关事务管理部门只能在现有体制框架外补充服务保障功能。

在中央层面，中直机关有中直管理局，中央国家机关有国家机关事务管理局，全国人大及其常委会、全国政协、中央和国家机关各个部委均设有自己的机关事务管理部门，有的名称是机关事务管理局，有的名称是服务中心。在编制管理上，有的是行政编制，有的是事业编制，也有混合使用的。这些机构在主要的保障服务上均只限于所属单位，因其提供的服务保障内容基本相似，所以在保障服务方面的内设机构也全有，从横向上看，机构设置的重叠冗余程度严重。在地方层面，各级单位也都有自己的机关事务管理部门，有的为机关事务管理委员会，有的为政府接待办公室或机关后勤服务中心；有的是由政府设立的独立机构，有的由党委或党委办公厅（室）设立的内设机构，还有的是"四套班子"分别设置，这些机构的性质和规格、隶属关系、设置单位、人员编制、职责权限都不相同。因此，我国机关事务管理部门的组织结构分散、管理混乱，通常只负责本机关内部事务管理、保障和服务工作,在行政上没有隶属关系,在业务上缺乏指导关系,而且执行的政策标准、制度办法等均不相同,呈现明显的条块分割特征,缺乏统一性、集约性,严重制约了机关事务管理行业的发展。

(二)加快推进机关事务集中统一管理

习近平总书记在党的十九大报告中指出:"全面深化改革的总目标是完善和发展中国特色社会主义制度、推进国家治理体系和治理能力现代化。"我国传统的机关事务管理方式以"单位制度"为依托,单位与单位之间在机关事务资源配置上的不平等也导致了不同级别政府机关服务标准不一、同级政府不同部门的机关后勤各自为政,造成了物力、人力的浪费和单位"小团体主义"思想的泛滥,严重不符合国家治理体系和治理能力现代化建设的要求。

1. 国外经验

英、美等国的政府机关事务管理,经过长时间的发展与演变,尤其是近年受"新公共管理思想"的影响,其服务对象已经由"单位—人"的阶段步入到"整体机构"阶段,体现的主要是政府集团的利益,用规则来办事,以章程来管人,以政府职能的运转为对象。例如,英国的机关事务管理通过集中统一的政府采购来规范预算执行,政府商务办公室统一制定政府采购目录和制度,统一签订框架协议并负责合同管理,统一管理各部门采购人员。美国、加拿大等国在机关事务管理方式上主要采取高度集中与分散管理相结合的办法。如在采购管理中,既有统一的中央采购管理与具体操作模式,同时,也积极发挥地方政府、社会组织、私营企业的作用。尤其在小额采购过程中,这种特点表现得更为突出。在尊重统一管理的基础之上,可以通过对各机关的需求分析得出更加多元化的服务方案,据此制定精细化、个性化的机关事务管理标准。

2. 浙江经验

在习近平同志主政浙江期间,浙江省机关事务管理局按照习近平同志的指示精神,经省委、省政府统一部署,在全国率先推进同级政府各部门机关事务集中统一管理,省、市、县全部设立机关事务管理部门,实现本级政府机关事务的统一管理,建立以"三公经费"、公务用车、公共机构节能、政府采购、机关房地产管理等内容为重点的机关事务集中统一管理体制,使机关事务管理更科学、更集约、更高效。具体做法包括:(1)在经营性单位管理方面,组建浙勤集团有限公司,统一接收、经营和管理省直单位经营实体;(2)在办公用房方面,实施办公用房"五统一"(即统一权属登记、统一调配管理、统一规范使用、统一维修改造、统一规划建设),新建省级机关办公用房管理中心,加快建设办公用房信息化管理系统,基本形成了一个有规范的管理制度、专门的管理机构、专业的监管队伍、信息化的监管平台;(3)在经营用房方面,推进经营用房统一管理,发挥资源统筹和规模经营优势,分类打造"会议基地、培训基地、接待基地",努力实现比部门自办的经济效益更好、监管质量更高、廉政风险更小;(4)在公务出行方面,深化公务出行"四个一"保障方式,并根据运行情况优化省级公务用车管理平台,逐步扩大省、市、县一处登记以及全程保障一张网试点。

3. 改革方向

我国的机关事务管理应借鉴美国、英国、俄罗斯等国家大部门体制"宽职能、少机构"的横向格局,建设"有限且有效的政府"模式,在党政群团等一级预算单位,只设置一个机关事务管理部门,建立国家局和省、市、县局的体制架构。要落实《机关事务管理条例》规定,体现集中和统一管理的要求,一级预算部门只设一个机关事务管理部门。国家机关事务主管部门负责全国机关事务管理的业务指导,地方机关事务管理部门按照国家政策、法规的相关要求实施具体管理。

从完善政府管理体制及建设节约型、效能型政府的要求出发,机关事务管理部门作为国有资产管理、政府集中采购、公共机构节能、公务接待等工作的管理主体,应摒弃"小而全""大而全"、自我服务的"家庭式"管理。在横向上,促使机关事务管理由一家一户分散进行向集约化的集中管理转变,完善集中统一管理体制。在纵向上,由只负责本级机关事务的封闭式"块块"管理向上下联通、具有行业指导关系和监督关系的"条块"管理转变。同时,建立系统的行业指导关系,统一政策标准,规范工作要求,遵循"精简、统一、高效"的原则,推动各类资源科学合理配置和集约高效利用。

然而,集中统一管理不是机关事务管理部门职能权限的扩张,而是对原有分散在不同部门的机关事务管理职能的整合、优化,改变过去各部门机关后勤的块状分割状态。通过推行集中统一管理,可以解决5个方面的问题:一是各单位后勤资源配置标准不一,苦乐不均的问题;二是相互攀比、重复设置、重复建设的问题;三是各自为政、政出多门的问题;四是"小而全""大而全"、市场竞争力弱的问题;五是服务无标准,随意性、临时性强的问题。

(三) 形成职能型的机关事务管理组织架构

任何一个组织的结构都是为了完成一定的任务目标而建立,其目的是为了高效出色地完成工作。随着外部环境的改变、任务目标的更新、内部功能的增减,组织结构也需要就此作出调整,以减少从决策到结果的损耗,提高管理效率。我国机关事务管理部门的职能是根据社会主义现代化建设和国家经济社会发展的要求不断调整变化而来,其组织结构具有很强的历史性、时代性。面对新时代中国特色社会主义国家治理体系和治理能力现代化的要求,我国的政府结构、政务职能发生重大改变,机关事务管理职能也会相应地发生转变,与之对应的组织结构也自然发生变动。为此,应当"精干设置各级政府部门及其内设机构,科学配置权力,减少机构数量,简化中间层次,推行扁平化管理,形成自上而下的高效率组织体系"。

现代管理理论认为,设计合理、高效的组织结构需要考虑六种基本要素:工作专门化、部门划分、职权和职责、管理幅度、集权和分权、正式化程度。根据这六种要素的不同组合,组织结构可以分成七种形式,如表1所示。我国现行机关事务管理部门的组织结构是多个职能结构的"并联"组合,即每个单位都设立有"大而全""小而全"的机关事务管理机构。根据物理学理论,电路并联电压增强,电路串联电流增强,电压代表势能,电流代表强度。这就意味着,在现行机关事务管理体制结构中,每个单独的机关事务管理机构因要负责全面的管理服务保障工作,工作强度大、压力大,无法实现组织有机串联起来形成的势能优势,也就是缺乏集约的边际规模效应。

表 1　不同类型组织结构及其优势和劣势①

| 组织结构类型 | 优势 | 劣势 |
| --- | --- | --- |
| 简单结构：部门化程度低，管理跨度大，权力集中，正规化程度低。 | 快速；灵活；维护成本低；责任清晰明确。 | 适用于较小规模的机构；依赖某个人有风险。 |
| 职能结构：将从事相似或相关职业的专业人员组合在一起。 | 工作专门化带来成本节约优势；规模经济，尽可能最小化人员和社会被重复配置。 | 追求职能范围内的目标可能导致管理者忽视组织整体最优的目标；职能专家彼此相互隔离，对于其他单元所从事的工作几乎一无所知。 |
| 事业部结构：由相对独立的事业部或业务单元组成。 | 聚焦于结果，事业部管理者对他们所提供的产品或服务负责。 | 活动和资源的重复配置提高了成本，也降低了效率。 |
| 团队结构：整个组织由工作小组或工作团队构成。 | 员工参与和员工授权程度更高；各个职能领域之间的障碍更少。 | 缺乏清晰的指挥链；工作团队的绩效压力较大。 |
| 矩阵—项目结构：按照项目将来自不同职能领域的专业人员分配在一起。 | 具有的流动性和灵活性有助于快速应对环境变化；决策制定更加快速。 | 为各个项目指派合适人员存在复杂性；工作任务和员工性格之间存在冲突。 |
| 无边界组织：不被各种预先设定的横向、纵向或外部边界所定义或限制。 | 拥有高度灵活性和快速响应能力；能够有效利用在任何地方挖掘到的人才。 | 缺乏控制；沟通比较困难。 |
| 学习型组织：组织中的员工能够不断获取、分享新知识并应用这些知识。 | 实现整个组织范围内的知识共享；拥有竞争优势的持续来源。 | 由于担心失去权势，有些员工不愿意共享知识；大量有经验的员工即将面临退休。 |

对我国机关事务管理部门而言，在同级部门层面，适合建立以职能型结构为主，以矩阵—项目结构为辅的组织结构。职能型组织结构的专业化程度高，职能部门化带来行动的高效性和协调性，指挥链上职权清晰、职责明确，管理跨度较大，可以有更高的集权程度，正规化、标准化的程度也更高。机关事务管理面对的都是非常具体实际的工作，不管是办公用房、公务用车、职工住房、财务、节能、公积金的管理，还是餐饮、绿化、保洁等后勤工作，都需要具备较高的专业化程度才能实现更高的劳动生产效率。不同

---

① 〔美〕斯蒂芬·罗宾斯、玛丽·库尔特：《管理学》（第 13 版），刘刚、程熙镕、梁晗等译，中国人民大学出版社 2017 年版，第 187 页。

职能的管理对象、程序、目标等区别较大,比如办公用房管理与办公区节能管理显然不同,所以按职能设立部门有助于强化专业化程度。要想解决机关事务管理职权交叉、职责重叠、权责混乱的问题,就需要建立线性程度更高的职权职责体系,也就是专业化、职能化体系。管理跨度是一个管理者可以有效率、有成效地管理员工的数量,传统的观点认为5—6个是较优的数值,但是随着现代信息系统的使用,管理跨度大幅度提高,而且在国家编制不断压缩的情况下,必须通过扩大管理跨度来承接更多的工作任务。一般而言,组织规模大、环境稳定、高层管理者的决策能力强,比较适应相对集权的组织模式,正是由于各自为政的分权模式严重导致效率、效能不高,所以,我国当前的机关事务管理工作需要进行重大调整。只有统一管理标准,才能保证服务效果、保障质量不会出现差异分化,才能避免工作中"苦乐不均"的现象。

总体而言,建设集中、统一的职能型组织结构是我国机关事务管理部门体制创新的改革方向。党的十九届四中全会就强调,以加强党的全面领导为统领,以国家治理体系和治理能力现代化为导向,以推进党和国家机构职能优化协同高效为着力点,改革机构设置,优化职能配置。随后,中共中央印发了《深化党和国家机构改革方案》,拉开了党政机关机构与职能改革的序幕。这次改革的一个主要目标就是推进政府事务综合管理与协调,按政府综合管理职能合并政府部门,组成更大部门的政府组织体制,其特点是扩大一个部门所管理的业务范围,将多种内容有联系的事务交由一个部门管辖,整合具有相同职能的部门,最大限度地避免政府职能交叉、政出多门、多头管理,从而提高行政效率,降低行政成本。根据《中共中央关于深化党和国家机构改革的决定》(以下简称《机构改革决定》)中"坚持一类事项原则上由一个部门统筹、一件事情原则上由一个部门负责"的精神,各级党政机关应当成立统一的机关事务管理机构,以统一的专业化部门负责对机关事务的管理工作。

## 二、完善机关事务管理领导机制

完善机关事务管理领导机制,要求构建集中统一的管理方式,即以专业化的中央部门实施集中统一领导,以规范中央对地方的纵向监管和地方政府机关事务管理部门之间的横向沟通合作。这种领导机制不但能够提高机关事务管理效率、优化机关事务管理资源配置、改善机关事务管理部门之间标准不统一现象,还能够有效提升监管力度,杜绝"以权谋私"和"资源滥用"现象,将机关事务管理纳入法治化轨道。

(一)明确机关事务主管部门职责和权限

《机构改革决定》指出:"合理配置宏观管理部门职能。科学设定宏观管理部门职责和权限,强化制定国家发展战略、统一规划体系的职能,更好发挥国家战略、规划导向作用。"2013年以前,我国没有一个负责机关事务宏观管理职能的部门,更名前的国务院机关事务管理局,主要负责中央国家机关经费、财务、公务用车、国有资产和房地产管理,以及指定范围的党和国家领导人以及有关服务对象的生活服务管理工作。在行政隶属上,国家机关事务管理局是国务院直属机构,是一个副部级的行政单位,在实际工作中限于行政隶属关系和法律、法规赋权问题,难以指导、协调整个中央党政机关的事务工作。

与此同时,政府已经意识到理顺机关事务管理部门职责和权限的重要性。过去我国经济相对落后,财力、物力都十分薄弱,机关事务管理部门为了节约资金,减轻财政负担,多实施"一家一户式"管理模式,导致全国各地方内部工作出现混乱,上下级之间分工不明,无法落实责任制,资源分配不均,缺乏统一标准,服务保障质量苦乐不均。这种分散的组织结构格局造成各部门分别出台资产配置、机关后勤、生活保障等制度标准,同一行政区域内的不同系统和同一系统的不同部门之间的服务保障标准不一致,执行中存在一定的主观性和随意性,导致系统和部门间相互攀比,造成资源不必要的浪费。这种组织结构分散、职权责任不集中的格局,导致机关事务管理工作多处于简单化、分散化管理的状态,各地各系统机关事务管理部门难以统筹协调同一地区、同一系统内不同部门间机关事务管理工作和国有资产、资源的利用。为了提升服务保障质量、协调横向和纵向关系,多地机关事务管理部门正职领导通常由政府副秘书长兼任。但是,由于缺乏法律、法规的授权,这种做法不能从根本上解决问题。

## （二）构建中央对地方的集中统一领导方式

著名管理学大师亨利·法约尔提出14条管理原则,其中"职权、纪律、统一指挥、统一领导、集中"都涉及集中统一对管理效率和效果的提升作用。对于机关事务管理而言,提高管理效率、效能就意味着要加强国家机关事务主管部门对地方管理部门的集中统一领导、统一管理、统一监督、统筹协调。但是,各层级、各系统机关事务管理部门负责各自的事务管理工作,相互独立,彼此没有关联,容易导致政令不畅,各自为政、分散管理的管理体制难以科学、有效地统筹和利用公共资源。实践中,机关资源不统筹,调剂机制不健全,资源、资产占用苦乐不均,重复建设和浪费较为严重,机关资产难以得到集约、高效利用,资产部门化、部门利益化现象比较普遍。这就要求机关事务管理部门作为国有资产、公务用车、公共机构节能、基本建设投资、公务接待等工作的管理主体,必须建立系统和行业指导关系,统一行业标准和工作要求。

"强有力的国家整合能力,是实现国家治理现代化的重要基础,也是国家治理现代化的题中应有之义;国家整合,既包括实现、维护主权和领土完整,也包括建立健全全国统一的交通体系、统一的市场体系、统一的司法制度,形成一整套标准统一的规则体系和治理体系。"[①]因此,由国管局对全国机关事务管理部门实行系统化、行业化领导,是落实中央政策、保障国家机关正常运行的必要前提。要实现这一目标,至少要做到两点:一是制定、落实行业规划。这主要是指在总体规划的基础上,编制区域规划、加快完善专项规划和项目规划,建立规划检查落实机制和评价反馈制度,形成以规划统一认识、用规划指导工作、靠规划谋划发展的工作格局。二是加强行业标准建设。这主要是指建立科学规范、系统完善的保障制度,实现工作制度统一、标准统一、资源统筹、监管有力。特别是建立定额完整、体系健全的保障标准,有助于解决标准缺失、尺度不一、相互攀比等问题。此外,还要实现同一地区、同级预算单位之间在机关事务基本制度、资源配置和服务标准上的统一。

---

① 十八大以来党中央治国理政的政治思想研究课题组:《推进国家治理体系和治理能力现代化的思想与实践》,载《前线》2017年第6期。

## （三）加强机关事务管理行业的联络指导

加强中央对地方机关事务管理实行全面指导是十分必要的。在"块块管理"体制下，各地区机关事务管理部门的机构设置不够平衡，同级别机关事务管理部门的机构编制、级别规格、隶属关系、职责范围不尽相同，受党政机关主要领导意志的影响较大，政策取向和具体工作也缺乏相对的稳定性。《机构改革决定》指出："确保集中统一领导。地方机构设置要保证有效实施党中央方针政策和国家法律法规。省、市、县各级涉及党中央集中统一领导和国家法制统一、政令统一、市场统一的机构职能要基本对应，明确同中央对口的组织机构，确保上下贯通、执行有力。"因此，在组织机构设置上，应该重点打破"块块管理"体制，强化中央对地方、上级对下级的"条条管理"，建设"条块结合、架构统一、权责一致"的形式。按照现代管理学理论，这是一种以事业部结构为主、学习型组织为辅的组织机构模式。事业部结构是一种由相对独立的事业部或业务单元组成的组织结构，每个事业部都有一定的自主权，由事业部管理者对该事业部进行管理并对其绩效负责，公司总部通常充当外部监管者，协调并控制着不同的事业部，并为这些事业部提供支持性服务。学习型组织是培养员工持续学习、适应和改变的能力，以更高质量地满足机关事务管理的需要。国管局作为中央层面的主管部门，对管理、服务、保障职能完整的地方各系统机关事务管理部门，进行业务指导、绩效评估、监督检查，综合运用政策规划引领、定期会议研讨、集中教育培训、开展数据统计和信息报送等多种方式，积极加强对本级机关事务的管理和下级机关事务的指导。

管理绩效的提高需要各层级、各系统的集中统一领导和高效的合作，这一目标的实现需要适当的组织权力运用。通常认为，组织权力包括五类：决定权是组织内各管理职位固有的、法定的、正式的权力；奖赏权是奖励下属的权力；强制权是惩罚的权力；专长权建立在专业知识水平存在巨大差异的基础上；感召权源于人们的爱戴和拥护。在现行体制下，国管局由于掌握大量专业知识、负责相关条例政策制定等原因而具有一定的专长权和感召权，但是其对地方各层级机构的决定权、奖赏权、强制权没有法律保障和国家授权。所以，增强国管局的组织权力，特别是通过制定法律赋予其对资产和资源管理的决定权、对地方各级机关事务管理机构执行标准和行使职能的奖赏权和强制权、对法律和政策制定的专长权和感召权,有助于建立职能任务明确、权责清晰的集中统一组织体系。

目前,可以参照我国现行行政体制中中央各部委与地方厅局之间的职权层级关系,理顺中央和地方机关事务管理部门的职能和权限,逐渐调整下属事业单位所承担的行政职能,将其行政职能转给上级机关事务管理部门,后勤服务职能转由企业负责、实现社会化。例如,为了体现权威性,美国联邦总务署、俄罗斯联邦总统事务管理局等都是由总统直接管理的部门,主要负责人由总统任命;俄罗斯联邦总统事务管理局局长为副总理级,副局长和下属二级局局长为部长或副部长级,这是可以借鉴的经验。对于国有资产管理而言,可以成立国有独资或控股公司,在保障服务质量的基础上,按照市场规律经营,管理酒店、会议中心、公务用车、餐厅、物业等国有资产。根据《关于政府向社会力量购买服务的指导意见》的要求,拓展利用社会力量的范围和方式,各级机关优先向社会购买基本建设类、维护维修类、资产服务类、会议培训类、公务接待类、物业服务类、餐饮服务类、幼教保育类、安全保卫类等后勤服务;在机关后勤服务、工程造价咨询、项目建设、能源管理、节能改造等领域,以政府与社会资本合作、服务外包、委托管理等方式,积极借助各类市场主体提供服务保障。

### 三、优化机关事务运行保障

机关事务运行保障是组织运作的重要方面,一个好的制度的建立,一个好的政策的落实,有赖于组织的执行能力。执行力强、运行高效、科学完备的体系是运行保障的重要指标。在深入推进党和国家机构改革的过程中,提高专业化和系统化是两个重要的方面,实现事权和责权的统一是重要内容。通过整合职能、优化功能、细化权能、强化域能,新时代党和国家机构以更加科学、合理的职能设置,更加高效的组织体系,更加完备的治理机制,更加集中的管理体系,更加有效的执行能力,更加集成的事项设置,保障新时代国家机构治理体系和治理格局更加高效的运行。

（一）推进管办分离的机关事务供给机制

后勤服务社会化是目前世界各国机关事务管理的普遍趋势。在我国，服务和管理是机关事务传统的两大职能，随着市场经济体制的逐步完善，"服务"与"经营"可以由社会中更具效率的公司或机构来提供，而机关事务管理部门的主要精力就可以从具体、繁琐的后勤服务工作中抽身，做好对服务的管理和国有资产管理，以保证政府机关的高效、有序运转。

1. 国外经验

美国、德国、澳大利亚等国机关事务管理部门善于充分利用社会力量和市场机制，在房屋管理、物业管理、公务交通、餐饮、公务旅行等非核心职能方面，通过招标和签订合同等方式，引入社会化、专业化的服务提供商，一方面可以提高服务效率和服务水平，另一方面可以起到降低成本的作用。

美国联邦总务署具有国有资产管理和商业服务中介双重职能，在房地产管理和集中采购等过程中起着中间商的作用：一方面作为采购商，在合同法等法律的保护下，通过招标、签订合同，与企业之间建立遵循价值规律的、公平交易的商品供求关系，并通过合法的竞争手段，以最优惠的价格直接采购高质量的商品与服务。另一方面作为销售商，把从企业购买到的商品与服务，有偿地提供给政府各部门，并对多余的物资和闲置不用的房地产进行调剂、拍卖。德国政府机关运转所需的各项后勤服务，如物业管理、公务交通、餐饮、公务旅行等，基本上由各部门以合同方式从市场购买获得，机关后勤服务保障主要依托社会力量提供。各部门只有少量精干的后勤管理人员负责机关经费与所需办公物资、服务的采购管理和服务合同的管理监督。例如，公务用车社会化，部长、国务秘书按规定配专车，其他官员都使用招标定点出租汽车公司租来的车或搭乘定点公司的出租车；机关餐饮社会办，机关食堂通过向社会公开招标、选聘经营者，为公务员提供物美价廉的午餐。澳大利亚在保障机关办公服务方面，也主要采取商业运营方式，将有关的服务项目，如办公楼的维修、设备设施的运转维护等，承包给社会上相应的经营单位，机关不直接承担具体服务。1996年以来，澳大利亚开始房产管理改革，将多余或闲置的政府房产向社会拍卖；同时，推进办公用房的商业化管理,将非国防部门房产的管理工作外包给市场主体,实施专业化管理。

社会化、专业化的管理方式有助于降低行政成本。例如,美国联邦总务署通过引入竞争,把自己推向和社会专业服务机构同等的市场地位,用低于市场平均价格的方式向各部门提供办公用房、公务用车等租赁服务,最大限度地降低了各项费用。联邦总务署还注重采用专业化手段实施管理,降低成本。比如在政府采购方面,由于拥有大量专业采购官员,采购机制灵活,采购技术先进,特别是大单一次性采购、电子采购、智能支付卡等方式的运用,使其成本控制有着其他机构不可比拟的优势。英国政府通过精简人员、控制资产配备等方式降低行政成本,取得了明显的成效,同时还采取优化职能配置、提高人员技能、实现资源共享和服务外包等措施降低行政成本。

2. 浙江经验

在机关后勤服务改革中,浙江省是国内机关后勤社会化的先行者和较成功的样板。根据"国办发〔1998〕147号文件"的精神,浙江省机关事务管理局及时提出深化省级机关后勤改革思路,通过机构改革,推进服务保障模式转型,把重点放到定政策、抓督查、严监管上来,综合选用新兴的管理手段和工作方式。同时,强调变"具体做事务"为"统筹管服务",通过建立机关事务集中统一管理体制、加大购买社会服务、推进后勤经济发展等多项措施,促进机关事务管理工作的转型升级。

"浙江经验"的具体做法包括:将物业管理、产权登记、保障性住房建设等事务性工作委托局属单位承担,区分机关和局属单位各自的职责分工;将机关事务服务和管理职能分开,制定"管"和"放"的项目清单,加大购买社会服务的力度,实现由"内部自我服务为主"向"主要由社会提供服务"转变,以满足多元化需求、提高服务效率。简单地说,就是"花钱办事不养人",在市场上购买优质价廉的服务,不新增编制和机构。通过引进社会专业化服务公司,把该管的事管住、管好、管到位,把不该管的事交给市场和社会。

3. 改革路径

为了建设精简、高效的现代政府,提高资源利用效率,我国的机关事务管理应借鉴美国、英国、俄罗斯等国家的经验,推动后勤服务机制创新,将保障供给与开拓市场结合起来、集中管理与分散服务结合起来、强化管理局对机关事务的管理与弱化各部门对机关事务的管理结合起来,将办后勤与管后勤分开,采购与使用分开,用人与管人分开,只有这样才能搞活后勤服务经营单位。

也就是说,在机关事务两大职能中,应明确区分机关事务的管理职能和后勤服务职能,管理上抓好制定政策、确立标准、建立制度、配置资源、评价考核等工作;服务上坚持市场的决定性作用,改革现有后勤服务机构,推进机关购买服务,建立契约关系。当前后勤服务方面的重点要明确服务的项目、内容、标准、质量,管理层面的重点要明确管什么、怎么管。

有必要指出的是,后勤服务的社会化、市场化是改革方向,能通过市场办法解决的统统交给市场;而机关事务管理部门是政府行政管理的组成部分,也是政府自身建设的重要方面,除了搞好后勤服务管理之外,还承担着制度建设、资产管理、项目招投标等管理职责,这些职能过去、现在和将来都不可能被社会化。

(二)加强机关事务的运行监督管理制度建设

第一,深入推进学习制度建设,加强自主监管意识和思想建设。深入学习贯彻习近平新时代中国特色社会主义思想,建立全体学习与支部学习结合的学习体系,不断强化学习能力建设,将学习与日常工作结合,不断提高对自我的政治要求,提高自身政治素养。把纪律挺在前头,规矩立在前头,自我监管意识提高,按规矩办事,守规矩办事,机关事务运行的机制就会各归各位,顺畅运行、严丝合缝。端正学风,坚持学有所获,学以致用。大力弘扬理论联系实际的马克思主义学风,注重实效,不搞形式主义,把学习与调研、学习与工作、学习与创新结合起来,传承优良传统。

第二,深入推进日常监管工作制度建设。日常监管是长效监管机制的基础。加强日常监管能力建设,既要防止"制度疲劳",监管韧性随时间的推移而弱化;也要防止制度更新不及时,产生制度惰性。机关事务运行和监督工作,要加强日常监管、常态机制,时刻将规矩立在前头,使得工作人员能够将规矩意识内化于心、外化于行。此外,深入推进日常监管工作,要注重机关监管工作实际,一方面要防微杜渐,加强对工作人员的日常教育,同时要厘清工作程序、工作规则、工作职责、工作权限,避免因规矩不清、权责不明导致的"犯规"现象出现。另一方面,要建立容错机制,为敢于担当者而担当,为敢于作为者而担当。把日常监管制度建设成日常工作的安全网,敢于创新、担当工作的防波堤。

**第三,深入推进财务监管制度建设。** 严格遵守国家有关财经法律、法规和财务规章制度,坚持量入为出,厉行节约,坚决反对"四风",严格落实中央"八项规定"精神。与日常监管制度结合,建立和完善常态化的财务制度,加强预算管理和决算控制。既要减少"繁文缛节",减少不必要的报表,提高财务核销制度的办公自动化水平;又要健全财务信息统计和汇报制度,为领导决策和调度资金提供依据。列入政府集中采购目录或达到限额标准的货物、工程和服务类项目的开支,必须按规定实行政府采购,并完善手续。

**第四,深入推进党风廉政建设。** 作风建设是党的生命线。机关事务的作风好坏直接影响到机关运行的保障能力。一支作风实、作风硬的队伍,始终是事业发展的重要保证。深入推进机关事务党风廉政建设是中国特色机关事务监管机制的独有制度优势。党要管党,从严治党,机关事务管理的特性就决定了其必然是党要管党、从严治党的重要领域和部门。具体而言,一是要时刻绷紧作风这根弦,这样才能绷紧服务与保障这根弦。二是要坚决与消极腐败做斗争,建立健全腐败治理与预防机制;既要处理害群之马,又要保护好我们的干部;既要形成不敢腐的压力,也要形成不能腐的制度,更要形成不想腐的氛围,把精力集中到新时代干事创业上来。三是实现巡视制度常态化,将定期巡视与突击巡视相结合,将日常巡视与抽查巡视相协调,实现巡视与日常监管结合,织就监管的密集网络,无死角,无漏洞。

### (三)全面加强政治建设

**第一,要全面加强党对机关事务的领导。** 将党的领导贯穿到机关事务的全过程和全域。机关事务的系统建设、全域供给的推进,归根到底是加强机关事务的能力建设,能力建设的最终目的是保障党政机关高效运行。而对于机关事务管理来说,这些都是在党的全面领导和强有力的领导之下实现的。机关事务能否实现系统优化,既适应外部环境,又促进内部系统的日常运作和应急运作,一个强有力的领导核心发挥系统中枢作用是非常重要的,而这个中枢实际上就是党的全面领导。党的政治领导、组织领导、思想领导是机关事务系统完备建设中最核心的系统要素。

第二,要全面加强机关事务的表率能力。既要在深入学习贯彻习近平新时代中国特色社会主义思想上作表率,又要在始终同党中央保持高度一致上作表率,还要在坚决贯彻落实党中央各项决策部署上作表率。这样的要求是新时代机关事务能力建设的必然要求。新时代的发展任务千头万绪,前途发展任务繁重,机关事务管理的能力在全面落实中央精神,全面落实中央部署,保障党政机关运行上发挥着重要的作用。具体而言,深入学习思想理论,明确新时代工作的责任感、使命感,以马克思主义中国化的最新成果武装头脑,科学做好机关事务。始终同党中央保持高度一致,明确工作的方向、行动的方向,牢固树立"四个意识",全力提高保障能力。坚决贯彻落实党中央各项决策部署,明确工作的目标和主动性,以实际行动保质、保量、高效地完成中央的决策部署,让党放心、人民满意。

第三,要建构人民满意的机关事务管理运行机制。要坚持以人民为中心的发展思想,始终以造福人民为最大政绩。进一步加强机关事务运行机制建设,加快流程改革,减少"繁文缛节",以高超的技艺,以人民为中心的工作态度,深入推进机关事务运行机制系统治理能力建设,主动作为,勇于担当,不断增强服务和保障群众的获得感,切实解决群众的身边事。

▶▶▶【扩展阅读】

[1] 曹其明:《一统二分三结合:机关后勤改革的思路》,载《中国行政管理》1995年第3期。

[2] 王德:《大力推进机关事务治理体系和治理能力现代化》,载《中国行政管理》2017年第3期。

[3] 王威武:《浅论机关事务管理工作与效能政府建设》,载《现代商业》2011年第18期。

[4] 高鹏程:《政府效能与机关事务工作》,载《中国行政管理》2018年第3期。

[5] 焦焕成:《以节俭效能的机关事务文化引领节约型机关建设》,载《求是》2012年第6期。

[6] 李泠:《国(境)外节约型机关的做法及借鉴》,载《行政管理》2012年第8期。

[7] 寻寰中:《着力建设节约型机关》,载《求是》2008年第19期。

[8] 胡仙芝、马敬萱:《论我国建设节约型机关的体制改革途径》,载《新视野》2011年第5期。

[9] 李劲:《大力推进机关国有资产管理改革》,载《特区理论与实践》2003年第2期。

[10] 郭济:《加强行政事业单位国有资产管理》,载《行政管理》2004年第6期。

### 【参考文献】

[1] 王元慎:《机关后勤改革30年的历史回顾》,载《中国机关后勤》2009年第1期。

[2] 〔美〕斯蒂芬·罗宾斯、戴维·德森佐、玛丽·库尔特:《管理学:原理与实践》,毛蕴诗主译,机械工业出版社2015年版。

[3] 十八大以来党中央治国理政的政治思想研究课题组:《推进国家治理体系和治理能力现代化的思想与实践》,载《前线》2017年第6期。

[4] 王德:《以建设现代政府为目标大力推进机关事务治理方式改革》,载《行政管理改革》2017年第4期。

[5] 〔美〕斯蒂芬·罗宾斯、玛丽·库尔特:《管理学》(第13版),刘刚、程熙镕、梁晗等译,中国人民大学出版社2017年版。

[6] 〔美〕兰杰·古拉蒂、安东尼·梅奥、尼汀·诺里亚:《管理学》,杨斌等译,机械工业出版社2018年版。

## 第二节 机关事务管理职能

### 一、我国机关事务管理职能的现状与问题

我国目前的机关事务管理基本上围绕两条主线展开:一是机关行政管理职能的正常运转,即为机关工作服务;二是机关职员的生活设施与福利待遇,即为机关工作人员提供生活服务。然而,在传统计划经济体制的影响下,我国机关事务承担了过多的非核心职能,造成了机构臃肿、效率低下等诸多问题。

近年来,不少学者和从业人员从不同角度对我国机关事务管理体制的弊端进行了总结。胡仙芝、马敬营认为,管理体制问题是我国政府机关浪费严重、行政成本偏高的最深层次原因,机关事务管理需要从体制改革入手,建立健全机关事务集中统一管理体制,完善机关事务管理监督体系。王德认为,截止到目前,对机关事务管理的职能化问题关注不够:一是内涵不清晰。理论上对机关事务管理的内涵把握不够,实践中将"机关事务"等同于"机关后勤",或者将"机关事务"等同于"吃喝拉撒";这些认识上的模糊不清,造成实践上的职责错位。二是外延不确定。对机关事务管理应该履行哪些职能,承担哪些任务等界定不清,行为边界不明,造成系统和行业职能差异较大,发展不平衡。三是内容不稳定。经济发达地区与落后地区之间、沿海开放城市与内陆城市之间,一级预算部门的不同系统之间,工作内容差别大。有的职能饱满,任务繁重;有的工作任务单一。四是权责不明晰。有些宏观管理部门越位、错位地管理机关事务领域的事项,热衷于房、地、车等具体微观事项的审批,造成权责不明晰、责任不落地。

根据调研情况来看,目前我国各级机关事务管理职能设置中主要存在以下几个方面的问题。

#### (一)职能定位不清晰

长期以来,我国机关事务管理一直被放在同级政府各部门的边缘性、从属性地位,具体的职能定位也没有明确规定,凡是没人管的、别人不愿管

的,都归为机关事务管理部门。同时,存在着严重的"过渡性""临时性"的思想,缺乏长期规划和科学设置。

正是职能定位上"不清晰""不明确""不规范"的特点,使得我国机关事务管理部门工作缺乏统一准则。地方机关事务管理部门职能配置差异很大,与国管局职能并不对应,平级的省(自治区、直辖市)之间,不同的市(地)之间或不同的县(市、区)之间的职能各不相同,甚至同一个省(自治区、直辖市)内的同一级机关事务管理局之间的职能也不一致。

国管局和部分省份的职能改革启动较早,因此机构和职能配置相对合理,但多数地方机关事务管理部门的职能比国管局的职能要少得多。有的甚至没有实质性的管理职能,只做一些辅助性的工作;有的在"三定"方案中被赋予了一些管理职能,但实际上这些职能并没有到位,成了"空头支票"。各地缺少的职能内容也不一样,有的机关国有资产和政府采购由财政部门统管;有的机关办公用房建设由建设部门负责或由使用单位自建;有的机关住房公积金由房改部门管理支配;有的党政领导公务接待由独立设置的接待机构承担;有的党政领导生活服务由其他相关机构操作;有的没有实施干部职工周转房、机关廉租房建设;有的办公用房装修由各部门自行实施等。

(二)管理职能不到位

"三定"方案赋予了机关事务管理局相应的管理职能,但在实践中,相应职权仍由原单位行使,原单位不愿"放权",机关事务管理部门又无力"收权",造成有名无实的局面,"多头分散管理""一家一户办后勤"的格局并没有得到改变。

对于机关事务管理部门而言,管理职能的核心是资产管理。资产是党政机关正常运行的"骨架",正因为资产特别重要,关系切身利益,原管理部门不肯轻易地移交职能,总是想方设法维持原有利益格局。例如,一些单位的房屋、土地转让给下属单位甚至企业无偿使用,建造新办公楼后,旧办公楼私自改为门面房经营;同级政府的不同部门之间的办公用房面积、条件差距很大。有的"三定"方案赋予了国有资产管理、房地产管理及房改工作和基础建设职能,但实际上,办公用房、门面房、公务用车、办公用品、工程维修等仍然是各家管各家的。又如，在公共机构节能管理方面，有的公共机构的节能管理仅停留在口号宣传层面，硬性规定难以落实，这种主要依赖"内省"的公共机构节能管理难有成效。

（三）职能交叉现象严重

随着行政体制改革的深入发展和政府机构精简的现实需要，机关事务管理改革中积极推行后勤管理与服务职能分开。总体而言，这符合科学管理的原则和社会化的方向，但同时也面临着很多问题。在管理职能上，不少部门、单位的一部分管理职能在办公厅、综合司等部门，还有一部分在机关服务中心，如有的财务管理归于机关财务与机关服务中心的财务部门。在资产管理方面，有关固定资产管理、办公用房调配等事宜，机关办公厅、综合司等部门与机关服务中心存在职责划分不清甚至交叉混淆等情况，容易导致推诿扯皮、管理混乱的现象，影响机关运行效率。具体表现在以下方面：

1. 多头管理

从中央到省、市、县，各级政府的机关事务管理部门都不同程度地与其他部门存在多头管理现象，尤其是与财政、自然资源、住房与城建等部门的职能重叠较多。机关国有资产管理、政府采购是机关事务管理的重要职能，但只有少数省份是由机关事务管理部门负责，大多省份还是财政部门负责。而资产当中的公务用车虽是机关事务管理部门负责，但一部分由财政部门负责，另一部分由机关事务管理局负责；通用资产则基本上是财政部门负责，等等。

2. 管理分散造成资源浪费

不少单位还有垂直管理部门和直属机构，如民航系统有院校、科研机构、医院、新闻出版单位等。从隶属关系来看，垂直管理部门和直属机构直接受机关总部的领导，但是从机关事务管理来看，则各自成体系。机关本级由机关服务中心等负责其机关事务管理，而垂直管理部门和直属机构通常分别由其总务处、后勤处或机关服务公司等负责相关工作。而且，垂直管理部门和直属机构的机关事务管理常常存在各自为战、自成体系的情况，造成管理体制不统一，运行机制不一致，不利于资源整合、利用和节约型机关建设,不利于机关事务的有效开展,在不同程度上影响着机关运行效率。

3. 标准不统一造成苦乐不均

关于机关事务管理,每个单位都自成体系,政府机关各部门大都有各自的机关事务管理部门,办公用房、国有资产、公务用车的购置和使用存在多头管理情况,标准并不完全统一。办公用品如桌椅、电脑的采购,办公室内部装修以及食堂、招待所、会议室所需生活用品的采购和相应服务的购买,虽然要求政府集中采购,但实际执行起来的花样不断翻新。

## 二、明确机关事务管理的职能建设方向

依照党和国家的重要战略部署,机关事务职能改革势在必行。从外部环境看,传统的由机关事务管理部门直接为机关提供后勤保障的方式越来越难以适应时代发展的需要,机关事务管理部门直接提供后勤保障服务的优势越来越小,许多方面不得不让位于市场与社会。从内部现实看,由于推行机构改革,政府职能发生转变,角色发生转换,由运动员转变为裁判员,主要从事经济调节、市场监管、社会管理、公共服务等工作,本质上要求机关事务管理适应建立精简、统一、效能政府机关的要求,加快职能转变和角色调整,降低运行成本,提高工作效率,推进事务管理的科学化、法治化。

(一)完善职能定位

职能设置是机构设置的先导,职能不同,机构性能就不同。在推进国家治理体系和治理能力现代化的背景下,要提高政府机关管理效能,应首先明确机关事务的职能定位,以职能改革引导机构改革,强化核心职能,厘清部门之间的职能边界,避免职能交叉和职能空白,从而实现机关事务的精简高效运作,保障政府中心工作的正常开展。

第一,明确机关事务管理工作与机关后勤工作的区别。长期以来,人们一直将机关事务管理等同于机关后勤,其结果是降低了机关事务管理的社会地位,影响机关事务管理工作的发展。机关事务管理与机关后勤的本质区别在于职能不同:机关后勤的主要职能是服务,机关事务管理的主要职能是管理,机关事务包括了以服务为主要内容的机关后勤管理工作。从

机关后勤向机关事务管理转变的关键也是职能的提升。职能不同,决定了机构性质不同、职权不同以及体制、机制的不同。

第二,确定职能边界。要注重用法律、法规界定机关事务部门与其他部门的关系,其中最重要的是府际关系。从内容上看,府际关系涉及政府和部门间职能划分、权力配置、利益分配和责任分担等问题。例如,通过投资关系、预算关系等方面体现出来的政府部门间财权关系,都会在部门内部投资计划管理、财务经费管理以及物业服务、后勤服务等方面体现出来。通过协调政府层级间和政府部门间的利益关系,能更好地构筑公正、透明的机关事务管理关系,解决越位、缺位和错位问题。此外,还要注重工作职能在政府部门间的二次、三次配置,将政府政务和事务职能合理、科学地配置到不同部门,客观地界定机关事务管理部门与发展改革、财政、自然资源等部门的职能边界,保证完整、全面、独立履行职能。为此,建立从中央到地方全面业务指导关系,统一行业标准和工作要求,确保体制统一、法制统一和政令畅通。

### (二)强化政务保障核心职能

职能是机构的"发动机",职能来源于机构、部门所承担的任务,即本部门在国家治理体系中的定位和目标。机关事务是党和国家行政工作的重要一环,其核心任务是保障党政机关的正常运行。高效的机关事务管理是党政机关高效运行的基础和支撑,有利于政策的传达畅通和贯彻落实,使人民群众更加受益。因此,保障政府中心工作,为党政机关的高效运转提供后勤服务和资产管理,应当成为我国机关事务管理部门的核心职能。

从国际经验来看,总的来说,当代机关事务管理的发展趋势是生活性服务比重逐步降低,公共服务比重越来越大。机关事务管理部门所提供的公共服务主要是为政务服务、保障政务的制度、办法、标准以及组织、协调和规划等。生活性服务的方向是社会化,以政府采购的方式,发挥市场配置资源的决定性作用,交由社会上从事第三产业的专业公司来承担,机关事务管理部门在这一过程中的作用是以购买服务的方式采购、管理、监督、评价所引进的社会服务,而这种管理就属于公共服务范畴。公共服务的发展方向是以加强政府自身建设为目标,以降低机关运行成本为标准,提供更加精准、高效适用的服务保障。在这种情况下,生活性服务将逐渐淡化并交由社会机构来办,而政务服务将逐步加强并日益规范化。在这样的思路下,我国机关事务的所有职能设置、职能改革,都必须紧紧围绕这一核心职能。

（三）强化管理职能

机关事务管理的主要任务是对机关服务保障资源进行科学组织、合理指挥、充分协调与有效控制,使机关运转及其职工的部分生活需求得到满足和保障的社会生产过程。随着"简政放权"和政府职能的转变,意味着在一定程度上,机关事务管理部门直接提供后勤服务保障的职能逐渐淡出,但这并不意味着机关事务职能的弱化,而是要集中精力抓好管理这一核心职能。从这个意义上说,"管理"是各级机关事务管理部门的主要职责和手段,也是机关事务管理部门的核心工作。

第一,要强化法律、法规制度建设。将机关后勤服务的保障方式由行政式转变为市场式、法治式,逐步实现后勤保障的法治化。

第二,要管住、管好政府资产。产权问题是我国经济活动的核心问题。当前工作重点是要加强对政府资产边界的界定,弄清哪些是政府资产,哪些不是政府资产,哪些是经营性资产,哪些是非经营性资产。特别是对使用财政资金形成的实物资产是否构成政府资产的全部,需要仔细甄别。但财政资金用于政府行政所形成的资产,是机关事务管理部门应该管住、管好的资产。机关事务管理部门作为政府资产的管理者,有责任将这些资产管住、管好、管到位,努力实现资产的保值、增值。

第三,要加强工作监管。这是机关事务管理职能定位的本质要求,其核心是按照完善社会主义市场经济体制的要求,围绕国家的中心工作,通过制定法规、章程,明确定位,转变管理职能,加强对政府资产集中采购、基建投资、职务消费、后勤服务、职工福利待遇等事项的管理,优化资源配置,降低行政成本,提高保障能力。

## 三、完善机关事务职能建设的重点任务

加快完善机关事务管理职能建设,首先需要重点完成机关事务管理事

权清单的制定,明确机关事务管理的具体职能内容,是在"管理、服务、保障"三大职能划分基础上的进一步细化。其次,需要对职能配置进行集中统筹,这不仅可以有效规范机关事务管理职能作用,还可以明确机关事务管理部门与财政、自然资源等不同部门之间的职能划分,避免职能交叉。最后,需要以政府效能为核心强化拓展机关事务职能,以增强政府效能,深化行政体制改革,发挥机关事务管理部门更优质的保障功能。

(一)加快事权清单制定

机关事务是相对于机关政务而言,是机关政务的辅助工作,主要是指所有保障机关正常运转的事务性管理和服务工作,是国家治理体系的重要组成部分。机关事务管理部门作为政策制定者、管理实施者、服务组织者、资源配置者、绩效监督者,应着重履行以下职能:一是根据机关运行需求,制定行业发展规划、宏观调控政策和业务发展计划,确保机关建设高起点、高站位、快发展;二是确立机关建设、资源配置、服务供给、物资消耗、质量评价等行业标准,推进工作立法,实现"法有规定必须为,法无规定不可为";三是组织机关公共物品和服务供给,保障机关资产和资源合理、有效使用,降低机关运行成本;四是建立健全服务监管体系,完善绩效评价标准,监管服务运行成本,提高服务质量和效益;五是完善后勤服务市场的准入、竞争、反垄断、反分割等工作机制,约束主体行为,规范市场秩序,建立健全统一开放的机关后勤服务市场;六是改革服务管理、提高管理效益,通过购买服务等方式,选择服务主体,履行合同一方权利义务,规范服务市场与服务价格,集中支付服务费用;七是改善机关后勤服务市场运营环境,放松管制,促进转制,为实现后勤服务社会化创造政策与制度环境;八是反馈机关需求,了解服务对象的意见和建议,修订工作计划,更新管理安排,确保管理和服务对象的利益等。

事权是指政府部门按照法律法规进行行政事务管理的权力,体现政府活动的范围,简单地说就是政府应该干什么事。作为行政管理和公共服务的重要组成部分,机关事务管理的本质是对党政机关的财政资源、土地资源、房产资源、设备资源、技术资源、信息资源和人力资源等进行合理配置、组织和使用,使其达到效果最优、效益最大、效率最高的管理实践。这就要求机关事务部门更好地承担服务组织者的职能,避免用计划经济的办法直接从事服务产品的生产。要注意把机关事务管理职能和后勤服务职能分开,促使机关事务管理部门退出竞争性自办服务,集中精力做好订立标准、建立制度、配置资源、组织服务、评价考核等事项,强化财务资产、服务保障、成本控制、政策制定等职能。

因此,国家机关事务主管部门的主要职能包括:法律、政策、标准的制定和监管,国有资产和专项经费的使用和管理,中央国家机关后勤服务保障以及对地方机关事务管理工作的指导和监督。对地方各级政府而言,机关事务是指为保障行政机关运转所实施的管理、提供的物质技术保障和相关服务,主要包括机关运行经费、国有资产、水电气等能源、后勤服务以及政府采购、国内公务接待等服务保障工作。具体而言,"机关财务管理、房地产管理、基本建设管理、物资设备管理、环境建设管理、政府采购、后勤服务的规划、协调与监督管理等是机关事务部门的主体业务,是党委和政府行政工作的重要组成部分,因此,以资产管理为核心,以提供物资保障为手段,以保证机关高效有序运转为目的,是机关事务的主要职责,是开展工作必须紧紧抓住的重要环节"[①]。

对各级机关事务管理部门而言,还应对现有职能进行充分整合调整,比如推进办公用房集中统一管理,推动购置经费纳入公务用车主管部门预算,设立公共机构节能改造专项资金等。明确机关事务管理部门为机关房地产具体管理职能部门,集中统一负责办公用房的建设、产权、标准、调配等管理工作,负责机关房地产处置出租、出借等具体工作。在机关事务管理部门成立专门的公务用车管理平台,探索建立"全国一张网"用车管理系统,全面加强对车辆编制、费用核定,车辆购置、更新、调剂、维修、牌照、油料、交流干部用车以及驾驶员的管理。对于非核心职能,如绿化、餐饮、车队、物业、浴室、卫生室、印刷厂、保洁等纯服务类项目,通信、电梯、监视系统维护等专业保障类项目,则可以通过社会化改革,加快市场制度建设的方式,以政府购买服务或者组建公司制后勤服务集团实现职能优化配置。

---

① 陈建春:《加强管理 强化服务 积极推进机关后勤体制改革》,载《办公室业务》2005年第1期。

## (二)实现职能配置的集中统筹

"机关事务部门不是生产部门,也不是商业机构,所需人、财、物都要依赖行政体系内的制度性安排,包括人事、财政、投资等部门的行政性计划安排加以解决,它不能也不应该从体制外谋求这些要素的供给。"[①]这些要素来源于国家行政体制内的相关部门,其拥有、使用、管理的过程就是为各级机关提供服务、保障公务有效运行的过程。在这一过程中,机关事务管理部门与各要素配置和使用部门不可避免会发生工作交流,如果不能理清相关部门的权责关系,那么,行政机关履行公共服务的效率也会受到影响。以资产管理为例,"行政事业单位国有资产出资人代表的职责由多个部门分别行使,出资人统一代表不明确,管人、管事、管资产相脱节,影响了对行政事业单位国有资产的有效监管;资产的购建预算掌握在各单位手中,造成资产实际占用权、处置权等全部落在各个占用单位,不能使资产合理配置,形成严重浪费。"所以,有必要改革机关事务的传统管理方式,促使全国机关事务管理由一家一户分散管理向集约化的规范管理转变,由只负责本级机关事务的封闭式"块块"管理向上下联通、具有行业指导关系的"条条"管理转变,构建科学规范、系统完善的服务保障机制。

《机构改革决定》指出:"优化党和国家机构设置和职能配置,坚持一类事项原则上由一个部门统筹、一件事情原则上由一个部门负责,加强相关机构配合联动,避免政出多门、责任不明、推诿扯皮,下决心破除制约改革发展的体制机制弊端,使党和国家机构设置更加科学、职能更加优化、权责更加协同、监督监管更加有力、运行更加高效。"因此,机关事务管理部门也应该按照改革的目标要求,统一部署,围绕机关事务管理核心职能事权,建立集中统一的管理领导体制。一方面,将同级别党委、人大、政府、政协、群团等系统行政事业单位的机关事务工作归入统一的机关事务管理部门集中管理,统一政策、规章制度和标准。明确机关事务管理部门具有制定具体机关事务管理规章的权力,并对同级党政机关的资产预算、购建、产权、处置、调剂、统计、效绩评价,公务用车编制、费用、购置、更新、调剂、维修、

---

① 陶雪良:《论机关事务的本质属性》,载《中国机关后勤》2018年第1期。

办公用房建设、分配、调剂、维修以及后勤服务保障等工作,具有监督、检查、指导权力。各使用单位按照需要向机关事务管理部门提出申请,后者按照相应法律法规要求合理配置资源。

另一方面,要合理界定机关事务管理部门与发展改革、财政、住房与城建、自然资源等部门的职能边界,明确基建投资、资产管理、政府采购、住房改革、土地管理等事项的管理范围和管理权限,避免越位、错位、缺位等现象出现。我国党政机关各机构是按照职能来设置的,职能是机构设立的重要标准和核心目的,目的不同,机构的职责也不相同。《机构改革决定》指出:"坚持优化协同高效。优化就是要科学合理、权责一致,协同就是要有统有分、有主有次,高效就是要履职到位、流程通畅。"机关事务管理部门的职权应按照其职能设置,比如办公用房的建设和物业管理、职工住房的建设和分配、公务用车的购置和使用等应统一由机关事务管理部门集中统筹管理,土地划拨、用地登记、建设项目审批等按照各部门职能范围进行审批,在机关事务管理法律明确事权和职责之前,可以通过行政合同、行政协议等方式协商解决。同时,《机构改革决定》还指出:"明确责任,严格绩效管理和行政问责,加强日常工作考核,建立健全奖优惩劣的制度。"因此,有必要加强审计、纪检监察对国有资产、资金、设备等在内的全工作流程的监督监管,确保权力、义务和责任相统一,形成有效监管。

在机关事务管理工作体系内部,还要分清行政管理服务与政府国有资产管理的权责关系。破解这一问题的关键就是加快与后勤相关的企业同机关事务管理部门脱钩,按照"政企分开"原则,各级机关事务管理部门应负责政策标准制定、服务保障监督考核,而不具体从事经营管理。可以将机关事务管理部门所属的国有资产整合起来,成立国有资产管理公司,再根据不同服务后勤内容成立物业公司、酒店管理公司等服务型企业,对外以独立法人主体按照市场机制运行,在为机关提供物业、会务、餐饮、健身等服务保障的同时,也面向社会提供商品服务,参加市场竞争,并充分利用闲置资产,提高国有资产使用效益。机关事务管理部门可以作为出资人,对国有资产公司进行监管,但不参与日常经营;根据各单位的实际需求,以"社会购买服务"的方式向各国资公司控股企业购买相应后勤服务。国有资产公司对承担后勤服务的企业实行服务、经营双考核,对保障服务类的单位重点考核服务质量和节能降耗,对经营服务类的单位重点考核服务质量和经济效益,对经营型的单位重点考核经济效益和社会效益。

(三)以政府效能提升为核心强化拓展机关事务管理职能

面对新征程、新使命、新任务,机关事务管理部门要贯彻落实党的十九大精神,立足机关事务管理发展的阶段性特征,进一步延伸服务职能,处理好有限服务资源与不断增长的服务需求之间的关系,既科学合理配置服务保障资源,又高水平地提升服务质量。同时,面对纷繁复杂的工作任务和零散细微的工作环节,需进一步强化机关事务管理职能,统筹好资金、资产、资源、服务的管理保障工作,协调、整合利用好各方面的力量优势,共同做好工作,推动政府效能的提升。

强化和拓展机关事务管理职能,要深入贯彻党的十九大精神,按照推进国家治理体系和治理能力现代化的要求,紧密结合深化行政管理体制改革的具体目标,认真解决影响和制约机关事务管理职能和政府效能的问题,使各级机关事务管理部门的办事效率明显提高、工作作风明显转变、履职能力明显增强、管理和服务明显改进,努力创造更加开明开放的政务环境、优质高效的服务环境、公正严明的法治环境,促进政府效能的提升。

机关事务管理作为政府行政管理的重要组成部分,是以资产管理为核心,以组织提供物资保障为手段,以保证机关职能活动正常有序运转为目的的过程和活动。因此,为有效提升政府效能,机关事务管理需要重点对机关物资流、资金流、信息流实施控制、管理和运用。物资流是机关事务管理部门为政府服务的"物质载体",资金流是机关事务管理部门为政府服务的"生命血液",信息流是机关事务管理部门为政府服务的"中枢神经"。机关事务管理涉及财产物资管理、房地产与物业管理、供应服务管理、信息资源管理、生活服务管理等领域。其中,财产物资管理、房地产与物业管理是物质基础;供应服务管理和生活服务管理是在市场不发达情况下对后勤服务市场供给的必要补充;信息资源管理是机关行政管理工作的网络平台,是财产物资管理、特别是房地产管理的伴生物,也是电子政务的重要组成部分,其内容包括网络办公平台的搭建与使用,网络设备设施的购置与更新,管理、保障、服务信息的收集、加工、存储与利用等。正是这种职能定位与划分,使得机关事务管理部门成为服务机关正常运转的政策制定者、管理实施者、服务组织者、资源配置者、绩效监管者。

总而言之,只有通过加强资产管理、调整服务结构、转变保障方式、提高管理效益等途径,切实做到机关事务管理职能的强化、拓展和转变,才能构建集中统一、权责明确的管理职能,科学规范、系统完善的保障制度,市场导向、多元并存的服务机制,推进机关事务管理全面、协调、可持续发展和政府效能的提升。

### 【扩展阅读】

[1] 王威武:《浅论机关事务管理工作与效能政府建设》,载《现代商业》2011年第18期。

[2] 刘刚:《机关事务管理工作及职能研究》,山东大学2012年硕士学位论文。

[3] 黎兵:《对机关事务工作机构职能的几点思考》,载《中国行政管理》2007年第3期。

[4] 攀峰:《机关事务管理工作及其职能研究》,载《法制与社会》2014年第18期。

[5] 叶启成:《论市场经济条件下我国机关后勤服务的社会化改革》,载《网络财富》2008年第9期。

[6] 赵家宝:《我国政府机关后勤服务外包的探讨》,载《中国行政管理》2009年第8期。

[7] 王永海:《社会化:机关事务工作的改革方向》,载《行政管理改革》2013年第8期。

[8] 谭静:《机关后勤改革的思路调整和路径选择》,载《经济研究参考》2014年第17期。

[9] 刘会增:《深化机关后勤服务社会化改革的实践与思考》,载《中国行政管理》2017年第5期。

[10] 汪雁:《促集中统一 赢质量效益》,载《中国机关后勤》2018年第9

期。

#### 【参考文献】

[1] 王德:《大力推进机关事务治理体系和治理能力现代化》,载《中国行政管理》2017年第3期。

[2] 陈建春:《加强管理 强化服务 积极推进机关后勤体制改革》,载《办公室业务》2005年第1期。

[3] 陶雪良:《论机关事务的本质属性》,载《中国机关后勤》2018年第1期。

[4] 郭济:《加强行政事业单位国有资产管理》,载《中国行政管理》2004年第6期。

[5]《中共中央关于深化党和国家机构改革的决定》,载中华人民共和国中央人民政府网站:http://www.gov.cn/xinwen/2018-03/04/content_5270704.htm,访问时间:2019年6月1日。

[6] 王德:《科学把握当前机关事务工作的定位与职能》,载《中国行政管理》2005年第1期。

## 第三节 机关事务标准化建设

党的十八大以来,以习近平同志为核心的党中央高度重视标准化工作。习近平总书记在各种场合多次提及标准化,指出:"中国将积极实施标准化战略,以标准助力创新发展、协调发展、绿色发展、开放发展、共享发展。"总书记的讲话高屋建瓴,具有很强的指导性、引领性、针对性,为标准化工作提供了根本遵循,指明了前进方向。机关事务管理系统要认真贯彻落实习近平新时代中国特色社会主义思想和党的十九大精神,对标中央要求,融入标准化战略,持续推进机关事务标准化工作。

### 一、推进机关事务标准化工作的必要性

推进机关事务标准化是适应国家治理体系和治理能力现代化的现实

需要。过去一段时间,机关事务管理工作主要依靠行政命令、领导指示开展,法治化、标准化、规范化的理念不强,管理方式传统落后,距离管理现代化水平的差距较大。党的十八大以来,随着《党政机关厉行节约反对浪费条例》《机关事务管理条例》等一系列法规制度的实施,机关事务管理工作依法依规开展,呈现出了新气象、新作为。但机关事务管理工作仅仅依靠法规制度还不够,因为在多数情况下,法律、法规较为原则,主要回答"可为"还是"不可为"的问题,对于具体问题则规定得不够细致;而标准则主要回答"如何为"的问题,操作性更强,是法律制度很好的补充。建立健全标准体系,提升标准应用能力,用标准作为目标、依据、准绳,发挥标准在机关事务工作中的规范、调节、约束和控制功能,有助于根据保障需要制定规划、申请经费、配置资源,既实现了机关事务管理工作的职能法定,又做到了履行职能更加规范、科学,有利于推动机关事务管理现代化。

推进机关事务标准化是实现机关事务管理工作高质量发展的重要保证。要强化机关事务集中统一管理,发挥标准化信息化的支撑作用。也就是说,推进机关事务管理工作高质量发展,要注重充分发挥标准化的基础性和战略性作用。一方面,通过"编标准"对工作流程进行梳理和再造,为工作目标提供依据和准绳;另一方面,通过"用标准"切实提升服务质量、保障水平和工作效能,在管理理念、方法上不断创新,为机关事务管理工作注入新动能和新活力,为集中统一管理、保障政务服务、发挥职能作用提供有力支撑。

推进机关事务标准化是建设节约型机关的有效途径。机关事务管理部门承担着机关运转所需的经费、资产、服务管理等职责,过紧日子、精打细算、建设节约型机关,不仅是当前阶段的任务,也是必须长期遵守的基本原则。建设节约型机关不是简单的少花钱的问题,对于机关事务管理部门来说,要体现在对机关经费的合理使用上,体现在办公用房、公务用车等重要资产的精细管理上,体现在国内公务接待的节俭规范上,体现在能源资源的节约上,这些要求的落实需要依托标准化来实现。换言之,不仅能够通过标准编制和实施让各项工作更加规范节约,更为重要的是,能够让精细管理的理念深入人心,进一步提升机关事务管理工作的产出效率,做到既能过紧日子,又能过好日子。

## 二、标准化工作基础知识

### (一)标准

《标准化工作指南》对标准的定义为:通过标准化活动,按照规定的程序经协商一致制定,为各种活动或其结果提供规则、指南或特性,供共同使用和重复使用的文件。我国《标准化法》第2条规定:本法所称标准(含标准样品),是指农业、工业、服务业以及社会事业等领域需要统一的技术要求。标准包括国家标准、行业标准、地方标准和团体标准、企业标准。国家标准分为强制性标准、推荐性标准,行业标准、地方标准是推荐性标准。强制性标准必须执行。

### (二)标准化

《标准化工作指南》对标准化的定义为:为了在既定范围内获得最佳秩序,促进共同效益,对现实问题或潜在问题确立共同使用和重复使用的条款以及编制、发布和应用文件的活动。《标准化法》第3条规定:标准化工作的任务是制定标准、组织实施标准以及对标准的制定、实施进行监督。这说明标准化是一项活动、一个过程,包括标准的全流程。在标准化的全部活动中,"实施"是关键环节。

### (三)机关事务标准

机关事务标准是指为了实现机关事务管理工作的最佳秩序,由有关机构制定或批准的统一技术要求,包括国家标准、地方标准,还可以拓展到标准类规范性文件、组织内部标准。不过,标准不是标明了"标准"字样的才算标准,只要具有基准作用、样板作用、评判作用、统一作用等的公认对象都是标准。

### (四)机关事务标准化

机关事务标准化是将标准化的理念、原理、原则和方法运用到机关事务保障和管理领域,通过制定标准并付诸实施,达到保障和管理效能全面提升,进而保障党政机关规范高效运行的过程。

(五)标准体系

标准体系是一定范围内的标准按其内在联系形成的科学有机整体。机关事务标准体系包括基础通用标准、机关经费管理标准、资产管理标准、服务管理标准、公共机构节约能源资源标准等内容,具体见图2。

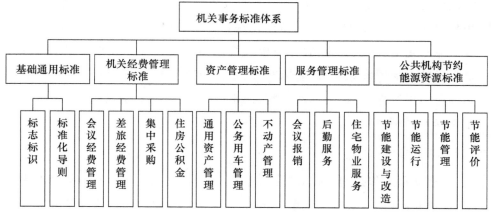

**图2 机关事务标准体系**

(六)标准和规章制度的关系

标准和规章制度既有区别又有联系,要正确理解各自的作用,不能忽视标准作用,也不宜泛化标准化工作,以标准取代规章制度,要统筹推进标准化和规章制度建设,两者协同发挥作用。二者之间的主要联系是:都具有规范性,标准是"软法";标准是规章制度的细化和延伸,是对规章制度要求的具体量化,规章制度可以援引标准;标准要符合规章制度要求,不得违背强制性的规章制度。二者的区别主要体现为:一是制定主体不同,规章制度由党政机关制定,而标准的制定主体广泛。二是制定程序和体例不同,各自有特别的程序和体例要求。三是效力不同,规章制度是强制性的,有的标准具有强制性,有的标准则具有参考性。四是内容层次不同,规章制度侧重于规范行政事务,标准注重技术要求。

## 三、推进机关事务标准化的方向

### （一）把握标准化内涵，强化标准意识

标准化工作不能简单化为编制标准，编制标准只是一种手段，更重要的是标准理念、意识的培育、提升，标准原理、方法的运用、操作，从而将标准真正渗透到管理服务保障的全领域、各环节，实现"职能建设有标可循、管理效能有标可量、服务保障有标可依"的工作格局，切实提升机关事务管理工作的质量和效能。

### （二）把握标准内容和形式，提升标准编制质量

标准编制时，要注意把握三个问题：一是把握标准的必要性。只有具备共同使用和重复使用的工作内容，才有必要去编制标准；对于那些适用范围窄、适用次数少的特殊、个别事项，没有必要去耗费精力搞标准化。二是把握标准形式。根据《标准化法》的有关规定，标准有5种形式，机关事务标准既要遵循法律规定，更要立足自身实际，针对机关事务管理工作特殊性，把握标准的多元性。除了法律规定的形式外，机关事务管理工作中长期形成的一些含有标准内容的规范性文件，以及机关事务管理部门制定的经常使用的组织内部标准，也是机关事务标准。三是要把握标准定位。机关事务标准主要是履行职能标准，从需求和监管的角度切入，一些具体标准由相应社会主体制定，避免错位。

### （三）把握推进路径，试点引领建设

推进机关事务标准化不能搞"一刀切""大锅饭"，不能一哄而上，而要因地制宜、因势利导，在精力足、能力强的地区先行先试，然后通过试点建设等方式"先富带动后富"。对于一些较为成熟的标准，不搞重复建设，可以互相分享，共同使用。

### （四）把握工作方法，做好标准实施

标准不是标本，标准的生命力在于实施。标准不能成为"花架子"，只"上墙""入柜"，就是不落地，这样既浪费精力，又损伤干部职工对标准化工

作的积极性。只有通过狠抓标准实施,切实通过标准化工作提升机关事务服务保障水平,让干部职工感受到标准化工作前后的显著不同,才能以成果促工作,形成良性循环。

（五）把握标准化信息化关系,统筹二者建设

推进机关事务标准化信息化工作,虽然路径和方法不尽相同,但二者均是支撑高质量发展的重要手段,通过有机结合、相互促进,能够起到"1＋1＞2"的效果和作用。在机关事务管理工作中,要强化、统筹标准化和信息化建设,加强资源整合,推动共同发展。一方面,发挥标准化对信息化的基础作用,通过数据接口、作业流程等标准,推进信息系统建设标准化,做到不同层级的数据互联互通;另一方面,发挥信息化的助力作用,将标准化建设成果中的工作流程、信息标准、过程控制固化,嵌入业务信息系统中,强化标准编制和应用。

## 四、推进机关事务标准化的路径

（一）推进主体

在推进主体上,机关事务管理部门要担起责任。标准化工作需要借助专业机构的技术支撑,但也不能过度依赖,更不能一包了之、撒手不管。要做到内外结合,立足于自身力量编制实施标准,机关事务管理工作一线人员最了解实际情况,知道工作中的痛点、难点,通过编制实施标准,既可以解决问题推动工作,还可以提升能力锻炼队伍。

（二）推进路径

1. 由上到下:强化顶层设计

从推动机关事务高质量发展的全局视角对标准实施进行总体设计,明确工作目标,逐级分解任务,责任落实到位,推动工作开展。

2. 由下到上:发动全员参与

标准化工作要充分调动一线职工的积极性和创造性,让习惯成为标准,让标准成为习惯,打通标准化工作的"最后一公里"。

### 3. 由点到面

从宏观层面讲，基础好、能力强的地区先行先试，为兄弟部门提供经验借鉴。从微观层面讲，从单位内部比较容易的领域着手，摸索出一套适合本单位的经验做法，再推广到其他业务领域。

### 4. 由内到外

标准化工作首先在本单位内部开展，然后上升到地方标准，再通过标准文件的制定、宣传和实施，最终实现本地区机关事务管理的标准化。

## （三）工作机制

具体而言，一是强化组织领导，重视机关事务标准化工作，成立标准化工作领导机构，明确专门机构和专人负责，确保标准化工作的稳定性和延续性。二是做好统筹协调，抓好制度设计，统筹推进机关事务标准化工作，确保分工更明确、协调更有序、运作更高效。而且，标准化工作机构要主动与有关职能部门沟通联系，在政策、资金、技术等方面争取支持，集聚各方智慧、力量和资源，营造良好氛围。三是开展理论研究，摸清摸透机关事务保障需求，广泛征求保障对象和相关单位意见建议，为科学合理设计标准体系提供可行性方案和参考依据。标准化工作机构要积极与各类标准化研究机构进行合作，开展机关事务标准化理论、方法、政策方面的研究。

## （四）重点任务

### 1. 采标

机关事务管理工作具有集合性的特点，涉及工程建设、财务资产、服务等众多领域，很多业务在社会中已有相应的国家标准、行业标准和地方标准，可以直接采用，没有必要单独制定数量巨大、种类庞杂的标准文件；只有在没有相应标准或有特殊需要时，才有必要另行制定。具体开展标准化工作时，需要认真梳理业务流程，聚焦本地区、本单位的业务职能，收集并采用适合的现行国家标准、行业标准和地方标准等，从而避免重复建设，节约人力、物力、财力。

### 2. 制定标准

地方标准的制定有严格的程序，一般包括立项、起草、征求意见、送审、审查、报批、发布等环节。制定地方标准时需要依据的法律、法规和标准主要有《标准化法》《标准化法实施条例》《地方标准管理办法》、GB/T 1.1《标准化工作导则标准的结构和编写》等。制定出的标准在内容上要做到条款内容合法合规,指标设计科学合理,文字表述准确简洁;在形式上要符合标准文本格式。制定标准时,通过一线职工参与和引进专业力量,不断强化标准编制的质量,提升标准编制的科学性、实用性和可操作性水平。

3. 实施标准

在提升标准意识、培育工作习惯、实施过程记录、加强监督考核等方面加强标准实施工作,确保标准落地。具体而言,一是制订标准实施计划。明确工作方向和方法,为标准实施工作提供有效依据和准则,高效地组织、协调起管理人员和工作人员。制订计划时,主要考虑为什么实施这些标准、想要达到什么目标、在何处执行、由谁负责完成、什么时间完成、如何完成、如何评价等问题。二是构建科学奖惩机制。实现定性分析和定量考核相结合,针对标准掌握情况、标准执行过程、标准运用程度等直接对标准实施效果进行评价,或者通过工作效率、工作效果、工作成本等因素间接考察,并通过适当的奖惩,提升工作人员的积极性和责任感。三是借助信息化手段。将工作流程、信息标准、过程控制固化,嵌入业务信息系统中,强化标准编制和应用,特别是运用大数据、人工智能等技术加强对标准实施过程的记录和分析。四是发挥市场作用。在采购相关服务时,将标准纳入招标文件和合同,让标准成为购买服务的"门槛"和评价服务的"标尺",筛选出那些善于运用标准化理念的公司提供服务,实现专业的力量做专业的事情。

4. 改进标准

一项标准的发布实施,并不意味着标准化工作的结束,要根据监督和评价的情况,随着外部环境的改变,及时改进标准,使标准能够更好地应用于业务工作。

5. 开展宣传培训

培训是提升干部职工思想认识、学好标准并用好标准的重要手段。培训要有针对性,即针对管理人员,重点围绕标准化基本知识、有关法律和法规、标准制定和实施原则等开展;针对一线员工,不必要搞"大而全"的培训,而要结合具体岗位,围绕需要执行的标准、操作规范、考核指标等内容,开展诸如岗前培训、专题培训、一对一培训等多种形式的宣传教育活动。同时,要创新方式方法,比如开展现场实景教学,避免单纯用空泛的语言讲解;分岗位制作专门的口袋书,方便工作人员查看;用图片或视频将标准语言可视化,快速知晓具体要求等。

（五）常见误区

开展标准化工作有如下误区,应当注意避免:一是追求"大而全"。目前省、市、县三级机关都在投入很大精力去申请国家标准、地方标准,贪大求全、盲目铺摊子反而扰乱了正常业务工作。二是重数量、轻质量。有些部门梳理出上百项标准需求,构建了一个涉及方方面面、事无巨细的标准体系,并且不分先后、全面推开各类标准制定和修订。三是重制定、轻实施。有些部门只注重推动标准出台,对标准的实施、改进重视不够,导致出台的标准"上墙""入柜",成为无用的"僵尸标准"、过时的"垃圾标准"。

## 第四节　机关事务信息化建设

在信息化时代,互联网、云计算、大数据等现代信息技术已广泛运用到各行各业,与人们的工作和生活息息相关,密不可分。在现代信息技术迅猛发展的今天,实现机关事务管理的现代化转型发展,离不开现代科技的进步和信息化运用,新时代机关事务的信息化建设是国家治理体系与治理能力现代化建设的迫切需要。因此,信息化建设是新时代机关事务管理工作绕不开的话题。

新时代的信息化建设更是习近平总书记治国理政思想的重要组成部分。习近平总书记多次强调,要运用大数据提升国家治理现代化水平。自2015年9月国务院下发《促进大数据发展行动纲要》（国发〔2015〕50号）以来,2016年7月,《国家信息化发展战略纲要》进一步提出要构建统一规范、互联互通、安全可控的国家数据开放体系,加强互联网政务信息数据服务平台和便民服务平台建设,加强信息资源开发利用的顶层设计和系统规划,完善制度体系,构筑国家信息优势,这些都使得互联网和各行业的深度融合成为各行各业发展的重要内容。

互联网技术为机关事务信息化建设创造了条件,为机关事务管理工作的创新发展提供了有力的技术支撑。借助先进的现代信息科技手段,建立集中统一的机关事务管理信息平台,对机关事务涉及的人、财、物实行精细的、规范的、统一的、高效率的科学管理将是新时代机关事务信息化建设的新任务。

## 一、信息化建设是推进机关事务现代化转型的需要

为贯彻习近平总书记有关国家治理体系和治理能力现代化的指示精神,国务院副秘书长、国家机关事务管理局局长李宝荣在全国机关事务工作座谈会上指出:"要把机关事务工作提升到国家治理体系和治理能力现代化的高度去认识、去定位。"李宝荣局长提出,推进机关事务治理体系和治理能力现代化,是贯彻落实习近平总书记治国理政新理念新思想新战略、推进全面深化改革战略布局在机关事务领域落地生根的切实举措,是机关事务管理在历史传承和国内外先进经验不断积累的基础上内生演化、渐进发展的必然要求,机关事务管理特别是职能化建设应当更加主动与国家治理体系和治理能力现代化理念相衔接、相协调、相融合、相促进。

国家机关事务管理局印发的《机关事务工作"十三五"规划》也明确要求:要推进"互联网+机关事务"建设,利用信息技术及互联网平台,促进互联网与机关事务管理工作深度融合,建设电子政务云;统筹规划机关事务管理信息系统建设,有计划、分步骤推进机关财务、资产、房地产、公务用车、公共机构节能等业务信息系统建设,推动形成统一的业务协同管理、信息资源共享平台;推进大数据在机关事务管理工作中的应用,建设统一的机关事务数据中心,建立数据资源目录,强化信息系统分级保护和等级保护的保密安全防护措施,提升信息安全管控和运行管理水平,确保网络、应用系统和数据安全。《机关事务工作"十三五"规划》中的信息化建设主动与国家治理体系和治理能力现代化理念相契合,充分表明信息化建设是引领管理创新的手段,是提高工作效能的途径,是科学决策的助手,是今后机关事务管理工作的重要目标。

## （一）信息化推动管理手段创新

目前粗放传统的机关事务管理方式难以适应机关治理现代化的需求，在互联网、云计算高速发展的新形势下，迫切需要将各类信息技术与机关事务管理充分融合，这是经济社会和科技发展的必然趋势。信息化技术自问世以来，一直以惊人的速度发展。如今，信息化不仅代表着新的生产力和新的发展方向，而且已成为引领创新和驱动转型的先导力量。在信息化建设的新形势和新要求下，机关事务管理自然也面临着信息化建设的新任务和新机遇。机关事务管理部门负责的经费、资产、房地产、采购等工作，涉及面广、情况复杂、数量多，不靠信息化手段，根本无法适应现实的工作要求。因此，新时代要将信息化建设放到战略性地位来筹划和安排，在信息化过程中要学会借助外力，坚持需求和问题导向，注重统筹规划，要充分认识"互联网＋"、大数据的重要性，着力提升经费资产、公务用车、办公用房等方面的信息化水平，推进系统互联互通，发挥网络技术的乘数效应，将信息化作为现代化管理的重要途径、方法和手段，深入推进机关事务管理创新。

## （二）信息化提高管理保障服务效能

机关事务管理工作任务多、责任大、标准高、要求严，而且事无巨细，内容范围广泛、头绪繁多。信息化建设能够实现工作动态化、即时化、便捷化以及供需双方的及时联系、快速响应、无障碍沟通，能够深刻改进机关事务管理的方式方法和手段措施，实现管理保障服务的有效供给和管控。同时，信息化是以线下工作为基础，再造线上工作空间，具有全程留痕、刚性执行、动态监管等优势，实现过程管理、末端管理，调动工作人员的主动性和积极性，减少甚至杜绝自由裁量和随意性，更好地履职尽责。此外，加强手段信息化，推动智慧后勤建设，利用互联网的扁平化、交互式、快捷性等优势，将工作人员从大量实物、海量信息中解脱出来，从而专心、专注于管理精细化、保障标准化、服务规范化，有助于提高机关事务保障服务的效能。

## （三）信息化实现科学决策和绩效评价

科学决策和有效的绩效评价必然依赖于相关数据信息的支持和实证。

加强手段信息化,推动智慧后勤建设,通过将机关事务管理产品化、服务管理订单化、沟通反馈常态化和意见建议数据化,有助于实现全时空、全要素的管理保障服务大数据积累,经过分析研究相关数据信息,将为管理层进行科学决策、对执行层实施绩效评价提供支持、予以证实,实现"用数据决策""用数据说话"。此外,通过分析研究相关数据信息,能够更清晰地掌握服务对象的需求特征,精准贴合需求,创新产品、整合资源、优化体验,提供更多更好的便利化、个性化服务保障,实现"用数据管理""用数据创新"。

在机关事务管理工作"十三五"规划期间,机关事务管理信息化建设要努力适应国家治理能力现代化的要求,适应建设"智慧中国"的要求,适应电子政务发展的要求,适应节约型机关建设的要求,就必须大力推进"互联网＋机关事务"建设,只有这样才能促进信息技术与履行服务、保障和管理职能的深度融合。要高度重视信息化在推进机关事务服务与管理保障中的重要作用,使机关后勤资源配置更加科学,服务、保障和管理流程更加优化,让服务领导、服务机关、服务基层、服务群众的各项事务变得更加方便、快捷、科学、高效、智能,为实现深化改革、做优服务、做强保障、做实管理的目标插上信息化翅膀。

## 二、建设机关事务信息化管理系统

推进机关事务信息化就是要创建"一云""一平台""一数据中心"的基本架构。这种架构对机关房地产、公务用车、公务接待、公共机构节能等工作以及对内部组织管理、管理保障服务、绩效评价体系等各环节进行信息化、精细化管理,在优化管理流程、降低管理成本、提升系统运营效率的同时,加强监督制约,减少廉政风险,促进政务公开,提高机关事务管理的信息化、科学化水平。

### (一)探索创建"全国机关事务云"平台

"全国机关事务云"平台相比传统的电子政务平台有多方面的优势,不但可以减少财政投入,降低运营和维护费用,促进节能减排,避免重复建设,保障信息安全,而且便于各部门信息资源整合,发挥电子政务的整体效益。

所谓"云",通俗地讲就是集中,云计算就是通过一个超大型机房将分散计算、分散存储实现集中计算、集中存储。自党中央、国务院提出建设信息化强国以来,各地政府积极探索采用云计算来满足电子政务和公共服务需求。例如,洛阳"智慧旅游"平台通过采购公共云服务来满足旺季的弹性需求。据了解,"智慧旅游"平台借助公共云平台的弹性资源服务实现按需租用,从而节省项目硬件采购成本。杭州"电子政务云"平台通过阿里云、华数集团、浙大网新提供的技术解决方案和系统集成服务来建设云平台,用政务云打破信息化系统各自独立建设为主的局面,解决投资浪费问题,逐步形成按需分配地向各委、办、局提供存储资源和计算资源的政务信息化的支撑模式。厦门市政府搭建以云计算为基础,承载公立医院信息系统、区域卫生信息系统、公共卫生信息系统和健康云等相关应用的数据中心,建成全市统一规范、集约安全、开放服务的厦门健康医疗云计算平台。贵州省则开通了"云上贵州"云计算系统平台,为贵州省电子政务云、贵州省工业云、贵州省智能交通云等"7+N"云工程提供云服务。"云上贵州"系统平台上线运行后,除有特殊需求外,贵州省所有省级政务部门将不再自行购买服务器、交换机、存储器等硬件设备,不再自建机房,政府数据统一存储到"云上贵州"系统平台。这为党政机关实现数据互通、共享、开发利用、资源整合提供了平台,提高了资源利用效率。

我国政府向公共服务型政府转型的目标,对电子政务建设提出了更高的要求。2013年3月,工业和信息化部发布了《基于云计算的电子政务公共平台顶层设计指南》,从顶层设计上对使用云计算技术推动电子政务建设进行统筹安排和总体规划。云计算技术以其虚拟化、可扩展、可靠性等优势,在推动电子政务基础设施共建、共享和共用、提高资源利用率、减少重复建设以及节能减排等方面,发挥着越来越重要的作用。云平台的全面应用,是以"大机房"取代无数个小机房,据统计预测,单在节能减排一项上,中央国家机关的机房电耗将可下降80%—90%,从而将使中央国家机关总体电耗降低30%左右,而之前中央国家机关机房电耗占总电耗的41%,机房用电大约占总电耗三分之一。此举将为完成"十三五"节能减排目标奠定坚实基础,推动中央国家机关节能工作迈上新台阶。

经过十多年的努力,我国电子政务应用已经跨过了起步阶段,但在中央国家机关层面上,目前还没有大规模开展组织建设电子政务云平台。虽然有关部门和单位已经开始采购社会云服务,但存在信息安全问题,并且各部门电子政务建设中存在的重复投资、网络分割、信息孤岛、运行维护成本居高不下等问题也不能得到妥善解决。从维护国家信息安全、节能降耗以及建设节约型政府的角度出发,各级机关事务管理部门应倡导、研究、推动"全国机关事务云"的统一建设,以云计算技术进一步推动我国电子政务平台建设。

第一,探索建设统一的"全国机关事务云"平台。工业和信息化部已经发布了《基于云计算的电子政务公共平台顶层设计指南》,并在有关地区开展了基于云计算的电子政务公共平台建设,积累了一些经验。但在中央国家机关层面上,目前还没有开展组织建设电子政务云。中央国家机关信息化建设体量大,需求更为迫切,建议相关信息化主管部门研究中央国家机关电子政务云平台建设规划,采用基于云计算技术的电子政务模式,统一采购软硬件设备,对基础软硬件系统进行统一管理、统一运维。这样不但可以减少财政投入,而且便于各部门信息资源整合,发挥电子政务的整体效益。国家机关电子政务云的建设是"全国机关事务云"平台的基础,可以避免地方单位和各部门电子政务建设中存在的重复投资、网络分割、信息孤岛、运行维护成本居高不下等问题,还可以保障信息安全、节能降耗,是政务信息化建设的重要保证。

第二,完善政务云建设的相关配套制度。云计算综合运用虚拟化技术、分布式存储技术和海量数据管理技术,为电子政务云平台软硬件基础设施的集中部署和信息资源的整合共享提供了技术上的可能,但云计算本身并不足以成为电子政务实现互联互通、信息共享的充分必要条件。

由于现行投资管理制度缺乏对信息化工程统建共用的引导,同时各部门为维护自身利益竞相争夺信息资源,因此,电子政务云不能靠部门自发建设,必须优先加强制度建设,依靠制度法规强制推动。具体而言,一是要调整现行财政预算体制,优化投资建设和购买服务支出结构,引导电子政务项目从自建向购买服务转变,逐步减少硬件增量采购预算直至停止。二是要调整电子政务项目审批制度，对建设项目进行集中投资管理，严格控制电子政务基础设施、业务系统和网站的分散建设和运营维护。如果预算和投资不做出实质性调整，那么，各部门可能会用购买硬件的钱"擅自"去购买服务，采购云计算服务就会成为违反财经纪律之举。三是要完善电子政务建设和管理办法，整合利用现有数据中心软硬件设备存量资源，建立电子政务云平台，强制推动信息资源、业务应用系统等向云平台迁移，逐步减少对社会云资源的依赖。

将分散的投资和运营维护经费集中起来，投资建设"全国机关事务云"成为中央国家机关电子政务云计算的主要载体，并不是对社会云资源的全面排斥，对于非敏感信息、非涉密信息仍然可以由政府采购云服务。对是否构成敏感信息、涉密信息应当放在云计算、大数据的新的技术背景下，有关部门重新分类提出界定依据，明确程序标准和监管主体，避免自我判断、自我裁量，以适应电子政务建设需求，跟上时代发展。

第三，推动国内信息技术创新。推行电子政务云，必须要考虑电子政务云对国内技术和产业发展的推动。在电子政务云平台建设过程中，应优先采用国产软硬件，推动我国信息技术和产品加快实现自主创新。此外，采用自主可控的国产软硬件，不仅有助于带动我国云计算技术和产业发展，从网络和信息安全的角度出发，还可以很大程度降低因国家安全问题而导致信息泄密的可能性。所以，国家应对电子政务云平台建设采用国产软硬件给予一定的政策扶持，加大对自主可控云计算的支持力度，尤其在网络、服务器、存储设备等硬件层面以及操作系统、中间件和云应用软件层面加大支持力度，并从建设信息产业整体生态环境入手，出台相关政策，鼓励软硬件、应用、运营等产业链各环节均衡发展。以云计算为机遇，实现弯道超车，推动国内信息产业跨越式发展。

（二）建设业务协同管理和信息资源共享平台

机关事务信息化管理系统建设重点运用"互联网＋"、大数据、云计算等新技术，推动资金、资产、资源管理线上线下良性运行，积极打造智慧机关事务。以信息化管理平台为依托，再造工作流程，实行跨层级、跨部门、跨业务的协同管理和服务，促进机关事务系统上下联动，合作共治。完善自动办公系统管理，着力梳理设计工作流程，逐步实现办公自动化。推进机关通用资产统一租赁、采购、调配、维护，对机关举办大型活动、会议及组建临时机构的物资设备实行集中租赁、统一调配、集约使用，降低行政成本。建立行政事业单位国有资产大数据库，动态分析资产管理处置工作，提升资产使用效益。分步推进机关财务、资产、房产、公车、节能及会议、餐饮、物业等业务信息系统建设，形成统一的业务协同管理、信息资源共享的机关事务智慧管理平台，从而实现机关事务信息的统一管理。

在业务应用系统设计上，积极利用信息化手段，建立机关事务管理系统大框架体系，即构建一个综合平台，统一一个入口，提供多个业务子平台接口。综合服务平台通过嵌入各业务子平台接口，实现监督管控业务子平台功能，形成全程可控的智能机关事务管理指挥平台。开发门户网站、公共机构能源资源消费统计系统、建筑节能管控云服务平台、公务用车管理平台、办公用房智能管理信息平台、餐饮管理系统等子系统。同时，推进办事材料目录化、标准化、电子化，凡是能在线填报的就在线填报，能在线提交的就在线提交，能在线审查的就在线审查；建立网上预审机制，及时推送预审结果，对需要补正的材料予以一次性告知；涉及机关事务管理部门内部多家单位的事项，实行一口受理、网上运转、并行办理、限时办结，做到"单点登录、全网通办"。

第一，构建资产管理体系。建设"虚拟公物仓"资产管理模式，建立国有资产大数据库，推进机关通用资产统一租赁、采购、调配、维护，动态分析资产管理处置工作，提升资产使用效益。对大型活动、会议及临时机构的物资设备实行集中租赁、统一调配、集约使用，降低行政成本。

第二，在公务用车管理上，推行统一的公车标识管理，建立公车使用管理信息平台，实行公务用车"一张网"管理和内外监督。依托政务云服务建成公务用车智能化管理服务系统，包含公务用车监督管理平台。设置公务用车叫车系统，可通过电子预约、电话确认、短信回复等方式预约公务用车，有效减少纸质预约单使用，方便叫车、派车管理，降低人力成本。今后还应打破地域界限，达到市与市联通，省与省联通，逐步形成全省一张网，全国一张网。

第三，建立节能及会议服务智能化信息系统。如在行政中心安装楼宇设备自控系统，可实现空调定时开关机、温度控制、风量控制等，便于对空调系统集中管理，同时系统温控、定时开关功能也对节约能源有一定作用，既方便管理又经济节能。进行技术升级和改造，设置会议室预订系统，用网络手段将原本独立的各会议室联通，使所在会议室可接收其他任何会议室的音视频，有效避免因参会人数过多、会议室无法容纳的情况发生，进一步提升会议服务质量。

第四，建立办公用房智能管理信息平台及维修管理系统。完善机关办公用房智能管理信息平台，采用"智能图形"模式，以图管房、自动绘图、图数结合，实现办公用房动态化监管。将办公用房维修管理方面的法律、法规信息、使用维护情况、违规处分通知等内容纳入办公楼用房智能管理信息平台系统中，并做到及时公开相关信息。同时，在一定范围内公开信息，实现一键传输、一网统揽的大数据管理。通过改进网络设计、增加服务栏目等方式，使计划申请、资料审核、项目批复、施工监管、竣工验收、单位回访、学习指导等各项工作更加方便、快捷。在实际工作中，要定期做好经过审批并实施的大修改造项目的信息记录，通过信息化管理手段使重复上报、重复维修等系列违规行为得到有效遏制。通过对办公用房的信息化管理，优化资源分配，提高工作效能，使急需维修项目能够及时得到资金支持并维修改造。

第五，建立后勤服务管理系统。建立信息化系统，有助于实现机关食堂的技术防控，提高科学管理水平和监管效能。对餐饮环节操作、加工流程全过程进行监督检查，达到源头可追溯、原因可溯源、责任可追究的监管效果，增强业务科室、食堂工作人员规范操作的自觉性。同时，避免食材浪费，实现节约高效的目标。通过手机微信提前订餐报餐，杜绝食堂浪费，用扫描二维码取餐代替传统的打卡（或刷卡）用餐；用手机端报餐取代传统网页订餐，实现一键批量报餐、每日菜谱发布、菜品评价、订餐人数、菜品统计、准确扣费以及一键生成各类统计报表等服务，控制食堂成本。

（三）建立机关事务数据中心

"数据中心"就是机关事务行业内的大数据中心，它负责存储和管理机关事务信息数据,负责在各级单位之间横向或纵向地进行数据交换。通过对各类资源信息库的挖掘、抽取、分析,产生可供上层应用系统使用的大数据信息。数据资源中心的建设,不仅解决了信息化建设过程中普遍存在的信息孤岛问题,而且可同时实现行业的信息化建设从割裂建设、分散建设向统筹规划、整体建设转变。

机关事务管理工作的主要职责是对国有资产、后勤管理、公务用车、公共机构节能和房地产等进行管理。目前各地机关事务管理部门基本上都已建成政务网、财务管理、资产管理、公务用车管理、公共机构节能管理、人事管理等系统,这些系统积累了大量的数据。随着物联网和移动互联网技术的发展和应用普及,更将产生爆炸式的数据增长,并且各部门的工作互相交叉,给工作人员带来繁重的工作量。但是,目前数据利用率普遍较低,重存储、轻使用的现象较为突出,迫切需要搭建有效利用数据的平台。依托云计算与大数据分析,将人员信息、设备信息等纳入数据库,充分挖掘、分析会议安排及其使用效率、车辆使用、水电使用、餐饮认可度、饮食偏好等管理数据,盘活数据并充分发挥数据在信息服务中的价值,有针对性地对监测系统采集的数据进行科学分析、预测和预警,为领导决策和创新监管方式方法提供依据,优先对反应强烈的问题通过信息化手段予以解决。

数据中心大体上包括 IT 基础设施、信息资源库、安全与维护、业务系统四个方面:(1) IT 基础设施。这主要包括机房环境、服务器平台、网络安全平台、存储平台、数据库平台、备份平台、维护平台等。(2) 信息资源库。随着各级机关事务管理部门信息化建设的不断推进,各种类型的信息资源库不断建立起来,如公务用车、办公用房以及设备管理等资料库。(3) 安全与维护。这主要包括资产安全、网络安全、数据安全、日常运营维护等。资产安全通过门禁、监控等手段予以保证;网络安全通过防火墙、入侵检测等安全手段予以保证;数据安全通过数据备份实现,而日常的运营维护则保证了中心稳定、可靠的运行。(4) 业务系统。业务系统是数据中心建设的核心部分,数据中心的运营维护人员应在一定程度上熟悉业务流程,同时也要熟练掌握系统的使用,这样才能很好地协调业务单位和开发单位的日常工作沟通。

目前,各地数据中心的建设比较多样化,根据地域、信息化程度、财政状况等不同特点,主要采用以下四种建设模式:

第一种是自主建设、自主运维模式。在该模式下,建设单位完全享有数据中心的所有权、使用权,可以由建设单位的人员来进行运营维护和管理,但是自建数据中心也需要花费大量的人力、时间和财力。此模式的好处显而易见:数据中心的升级与扩容不受限制;可以统一规划、统一部署,在建设过程中可随时调整、改进建设方案;安全性高,外界威胁较少;享有数据中心的所有权和使用权。

第二种是共同建设模式。共建通常是由建设单位和第三方企业共同出资建设,建设完成后按照约定的比例共享数据中心的使用权。该模式适合财政不充裕但又想建设数据中心的党政机关。共同建设模式也存在一定的弊端,由于双方甚至多方同时拥有数据中心的所有权和使用权,容易在发生纠纷时难以处理。

第三种是建设—移交模式(也称为BT模式)。BT模式是建设单位与第三方公司签订合同,由该公司筹资并建设数据中心。目前各地多以运营商承建为主,承建公司在约定期限内对数据中心进行运营维护,回收投资进而获取利润。约定期满后,再将数据中心的所有权和使用权移交给政府。

第四种是租赁模式。租赁模式是建设单位租用第三方已建成的数据中心,建设单位业务系统运营所需的服务器、网络、存储、安全、备份等资源,完全由该数据中心提供,单位只需进行业务系统的部署。该模式的好处是建设单位不需要培养专业技术人才,只需将精力放在业务上,减少了部分开支;但缺点是建设单位对运营环境缺少支配、控制能力,业务调整、故障排查都会受到一定的限制,响应时间也会相应增加。当然,该模式最大的好处是减少了大量的开支,同时可以随时撤出而无需担心投资的浪费。

值得一提的是,数据中心的运营维护是一项相当复杂的工程,涉及众多领域的知识,甚至是多部门的协作。而建设部门自身的运营维护人员往往在在专业领域内不够专业,这种情况下考察合适的外包单位进行运营维护将会是比较好的选择。

数据中心的建设终究是为了辅助机关事务管理的科学决策。大数据的核心是预测,对海量异构实时数据进行统计分析并形成预测结果。各业务系统原始数据千差万别,领导决策时也不可能掌握每一个数据项的具体含义,应充分利用现有数据抽取和数据可视化等技术,对机关事务管理工作中积累的大量数据信息进行挖掘和分析。比如对供需矛盾中的主次矛盾、因果关系、约束条件等依次分析、研究,认清问题症结,抓住主要矛盾,为解决问题、定向施策提供支持或参考,提高机关事务管理工作的决策水平。此外,可以通过建立相应的数据分析模型和数据决策模型,开展政策研究和重大决策的预测、推演,实现以数据促业务、以业务抓数据,形成良性循环。

(四)以数据共享推动技术融合和业务融合

《国民经济和社会发展第十三个五年规划纲要》明确要求"制定政府信息资源管理办法,加快推进跨部门数据资源共享共用"。2016年4月19日,习近平总书记在网络安全和信息化工作座谈会上强调要"强化信息资源深度整合","打通信息壁垒,构建全国信息资源共享体系"。李克强总理也多次要求要打破一个个互不相连的"信息孤岛"和"数据烟囱",推动政府数据共享。

经过多年努力,我国政务信息资源建设取得重要进展,党政机关已经成为最大的信息数据生产、收集、使用和发布单位。但因跨部门共享机制不健全、政策制度滞后等原因,"不愿共享""不敢共享""不会共享"问题(简称"三不"问题)突出,影响了数据资源共享应用的整体效能。那么,如何破除"三不"问题?可以从国务院印发的《政务信息资源共享管理暂行办法》(以下简称《政务信息共享办法》)中找到依据,这是国务院推进政务信息资源共享的制度化和规范化的重要文件,也是当前和今后一个时期国家推动政务信息资源共享的规范性和纲领性文件。

首先,《政务信息共享办法》规定了"以共享为原则,不共享为例外。各政务部门形成的政务信息资源原则上应予共享,涉及国家秘密和安全的,按相关法律、法规执行"等内容,明晰了信息共享的权利和义务,界定了信息共享的范围和责任,都将有效解决由于制度缺位带来的不敢共享的问题。

其次,《政务信息共享办法》规定了"国家发展改革委、财政部、国家网信办建立国家政务信息化项目建设投资和运营维护经费协商机制,对政务部门落实政务信息资源共享要求和网络安全要求的情况进行联合考核,凡不符合政务信息资源共享要求的,不予审批建设项目,不予安排运营维护经费"。《政务信息共享办法》强化了对信息共享工作的管理、协调、评价和监督,一方面加强绩效评价,对于信息共享工作突出的部门,采取激励措施,正向引导各部门共享数据;另一方面强化监督问责,对于未按要求开展信息共享工作的部门,采取项目稽查、审计监督等措施,建立问责机制,解决不愿共享的问题。

最后,《政务信息共享办法》明确要求建立信息资源目录制度,"各政务部门按照《政务信息资源目录编制指南》要求编制、维护部门政务信息资源目录""各地方政府按照《政务信息资源目录编制指南》要求编制、维护地方政务信息资源目录,并负责对本级各政务部门政务信息资源目录更新工作的监督考核"。各部门按照统一的标准制定信息资源目录,明确可以共享的信息资源,并通过国家数据共享交换平台进行跨部门共享数据,有效解决环境滞后带来的不会共享的问题。

综上所述,信息化为机关事务管理战略服务,信息化规划则需要在详细分析机关事务核心业务与辅助业务的基础上,将其他部委和地方单位之间、各部门之间、岗位之间的输入、输出关系严谨地表达出来,梳理清楚,形成信息系统架构图。同时,将信息系统之间的输入、输出关系确定,确定哪些数据在哪些系统之间共享,形成数据接口清单,这样才能够在选型或开发时保证后续建设的信息系统不会出现"信息孤岛"问题。

### (五)推进信息化安全与标准化建设

网络安全和信息化是相辅相成的。安全是发展的前提,发展是安全的保障,安全和发展要同步推进。当前,我们在享受信息化技术带来的效益时,也面临网络安全威胁和风险。技术部门要加快构建关键信息基础设施安全保障体系,摸清家底,认清风险,找出漏洞,及时整改。同时,网络安全与机关事务系统的每个人都息息相关,既要提升保密意识,遵守国家有关保密的法律、法规,又要掌握必要的网络安全知识,防患于未然。

信息化标准是国家标准体系的重要组成部分,是增强国家信息化发展能力的重要支撑。近年来,我国信息化标准在制定、修订、应用实施等方面取得积极进展,但整体水平还比较低。例如,国家层面缺乏统筹推进信息化的工作机制,信息化标准不一,不能有效支撑跨层级、跨地域、跨系统、跨部门、跨业务的协同管理和服务等。

为了顺应全球新一代信息通信技术发展趋势,结合我国发展实际,必须加强顶层设计和统筹规划,建立完善的信息化标准体系,充分体现技术先进、应用广泛、系统完整的要求,满足信息化创新发展的需要。贯彻落实习近平总书记在网络安全和信息化工作座谈会上的重要讲话精神,围绕《国家信息化发展战略纲要》和《"十三五"国家信息化规划》的滚动实施,坚持统一谋划、统一部署、统一推进、统一实施,加强信息化各类各层级标准协调发展,推进信息化领域技术研发、产业发展、网络安全、政策规划等与标准体系的统筹衔接,增强标准制定、实施与监督的系统性和协调性。

### 三、创新机关事务信息化建设

为适应新时代关于机关事务管理工作的新要求,创新机关事务信息化建设是必由之路。在机关事务管理部门不断发展的过程中,原有的基于"小而全"机关事务信息化方式已不能完全适应新时代机关事务管理工作的要求,必须在通过信息化推动机关事务管理变革的同时,不断创新机关事务信息化建设。

(一)机关事务信息化创新的原则

推广机关事务信息化创新,在工作要求上主要遵循三个原则:一是要坚持顶层设计,统一规划、建设和运维。推动信息基础设施和网络安全协调发展,基础硬件、软件协调发展,电子政务内网、外网协调发展。合理运用云计算、大数据等技术,搭建基础平台,夯实信息化基础。二是要坚持应用驱动,统筹安全和发展。以信息化驱动管理现代化为主线,以建设机关事务大数据为目标,着力增强机关事务信息化发展能力,提高应用水平,使信息化在机关事务管理和政务服务中发挥更重要作用。三是要坚持需求和问题导向,注重统筹规划、融合创新。以信息化重点项目为依托,对接国家电子政务工程,深化机关事务信息化应用,完善信息化发展环境,努力实现业务信息上下贯通、左右联通和内外融通,推动信息系统全面发展。

(二)成立信息化建设部门和专项资金

信息化建设是近些年才发展起来的新事物,不到十年即得到高速发展,如银行、工商、税务、房地产、卫生、教育等系统基本上都开发了相应的信息系统。信息化建设的成功除去其本身具有的无可替代的特点和优势外,还必须要有正确的信息化建设思路。

1. 建立行之有效的信息化制度

信息化建设是一项创新工作,是与以往的工作思维方式大不相同的变革。在推行的过程中,势必遇到各种各样的阻力,这时就需要主要领导的决心和强力支持,否则信息化建设将遭遇失败,不了了之。因此,在信息化建设之初,需要专门成立机关事务信息化建设工作领导小组,细化工作职责,形成由工作小组牵头实施、相关职能科室密切配合的组织推进机制。

与以往建网站、发邮件、开电视会议性质的网络化形式不同,新时代的信息化建设实际上是一个行业、一个单位工作创新开拓精神和思路的体现,信息化建设的核心是要将各项业务工作细化成各种数据存入数据库,根据各种工作业务的逻辑关系进行联网操作,通过信息系统进行二次处理并输出结果供使用。当然,任何工作创新都离不开制度的保障。信息化建设也必须依靠制度来顺利实施,计算机系统是不具备思维的事物,其运转只能根据人的需求进行运算,而人的工作又得根据有关制度的安排进行,归根结底,信息化建设过程就是将工作制度化、制度程序化、程序机械化。因此,制度建设非常重要,需要将工作业务形成标准的操作流程固定下来,形成大家必须遵守的制度,而不能随人的主观因素对标准工作业务流程进行随意变更;否则,信息化建设将不能满足实际的工作需求。

2. 信息化建设具体实施需要有专业人士担纲

信息化建设是一个系统建设,是计算机技术与网络、数据库技术的高度整合,专业性较强;需要由专业人士对工作业务进行系统分析,形成逻辑工作流,最终分解成计算机能识别的程序代码;程序代码完成后还需要指导各部门的工作人员应用,使得信息化覆盖每一个员工,达到系统全员参与的目标。机关事务管理的范围比较广,各单位人员精力、专业技能也有限,因此,需要有专业的技术人员对机关事务管理部门的业务工作进行详细的需求分析调研,并了解其他部门的运作方式进行相对应的资源整合,以建成最适合管理需要的信息系统。

3. 信息化建设需要有资金支持

俗话说:"巧妇难为无米之炊。"信息化建设是一项"烧钱"的工作,任何一项小程序、小软件的开发和维护都要花费很多资金。因此,机关事务的信息化建设必须要有专项资金的大力支持。

(三) 推进多平台信息化服务

利用物联网和移动互联网技术开发机关事务管理专门的手机APP,将机关事务管理工作转化为可定制的服务产品,将提供服务的过程转变为处理订单的过程,以服务管理订单化、沟通反馈常态化以及服务评价数据化来优化服务保障体验,创新服务保障模式。而手机APP包括"智慧后勤"的全部应用,能够实现"指尖上的管理"。在系统建设中,还可以考虑将局域网与使用者手机APP一并纳入建设。手机APP可以实现网站的全部功能,成为移动端的机关事务管理门户。

1. 微信小程序创新服务模式

为了持续推进"互联网+机关事务"建设,在管理保障服务中积极运用信息化前沿技术,助推开放、共享的工作理念,努力实现"管理"向"治理"的跨越转变,大力推动各种软件和小程序的开发,能够为新型服务提供便捷平台。

作为以微信为支撑的超级流量入口,微信小程序成本低廉,能做到免安装服务,即开即得,运行流畅。基于这些优点,可以开发微信服务产品。例如,在食堂和保修服务中,有的单位着力打造这种触手可及的小程序服务,实现触手可及的参与,面向机关办公区内的职工开发微信"食堂外卖"和"报修"服务。职工在食堂用餐时,可扫描餐桌上的二维码进入小程序,即时订购当日食堂售卖的餐食,享受方便、快捷的订餐体验。"报修"服务旨在为职工提供多渠道的求助体验,同时也能够激励职工群众参与大楼的安全运行和管理。如职工在某一楼层发现漏水、停电、设备损坏等情况,可随即用手机扫码楼层张贴的二维码,进入"报修"功能,通过拍摄照片和文字描述,发送故障信息。值班室工作人员通过小程序的反馈消息,即可立即定位楼层,并直观地了解问题情况。据公开资料显示,微信已经占到手机用户在线时间的三成以上,作为不同于微信的应用服务,小程序以二维码为服务扫描端口,将满足更多的线上服务与线下场景相结合的需求。这些无处不在又随时可用的小程序,可以作为提高机关后勤服务体验的重要方式。

2. 开发手机 APP 实现机关事务移动管理

开发专门的机关事务管理手机 APP,实现机关事务"指尖上的管理",是智慧后勤的特殊体现,目前有些单位已经进行了成功的尝试。在浙江省杭州市机关事务管理局开发的服务信息平台上,包含三个终端:门户网站突出功能性,微信公众号体现便利性,服务热线增强互动性。三种方式相互补充,目前主要功能包括会场预定、维修服务、服务信箱、全景导航、实时状态查看、一卡通服务、餐饮服务、失物招领等。其中,单位用户通过网络预定会议厅,平台自动筛选符合需求的会议厅,解决资源信息不对称、会务需求传递繁琐的问题;服务信箱的启用改变了传统纸面、电话的交流模式,通过平台实现交流、沟通"零距离";全景导航以平面地图结合虚拟场景展示市民中心,并支持导航功能,方便用户前往目的地。

浙江省温州市机关事务管理局依托温州打造"智慧城市"的总体规划,充分融合机关事务与"互联网+",以市行政中心为核心,着力打造"智慧大院"APP 项目。"智慧大院"APP 作为建设"智慧大院"的核心内容和标志性项目,集合"智慧大院"各子系统,将成为机关大院各部门加强彼此联系的信息库、机关大院干部职工办理后勤事项的服务站、机关大院干部职工监督机关事务的"紧箍咒",全面助力后勤服务水平的提升。现已先后建成了智能一卡通、阳光厨房、智慧节能等子项目,为后勤服务、保障、管理注入"智慧元素",显著提升了市行政中心后勤服务保障的智能化水平,在浙江省乃至全国机关事务管理系统中产生了较大的影响。一卡通项目的竣工和APP上线运行,是降低机关运行成本、提高后勤管理效率和实现机关事务管理工作转型升级的务实举措。

3. 建设整合式终端

推进智慧后勤建设是一项长期的系统工程。开发微信公众号平台、小程序和政务服务终端的初衷是简化办理流程、优化政府服务。一个政务软件的开发和运营费用都很昂贵,也并不是数量越多越好,每个部门单独开发一个APP的方式,只会让工作变得纷繁复杂,甚至引起混乱。因此,手机APP的开发一定要是各项资源整合式的。

群众少跑腿,数据多跑路,发展电子政务的本质是要求政府改变工作方式,简政放权,变管理为服务;不从根本上改变原本的服务方式,只是一心想赶"互联网+"的时髦,为政绩增亮添色,这样的应用终端最终只能是个形象工程,和智慧政务、智慧后勤无关。在智慧后勤的建设中,既不能热衷于政务软件的数量,也不过分强调浏览量、下载量,相比于华丽的使用数据,更应该看重用户的使用效果。开发整合式终端就是要紧紧围绕机关事务管理工作的现实需要,以需求和应用为导向,突出重点,注重实用,解决工作中的实际问题,信息化、数字化、智能化意识不断增强,让机关事务管理工作运行更加顺畅,进而提升机关事务管理的能力。

▶▶▶【扩展阅读】

[1] 刘玉斌、陈园琴、韩培尧、黄文明:《政府机关事务处理及综合信息处理系统——桂林科委OA示范系统》,载《桂林电子工业学院学报》1985年第3期。

[2] 刘育刚:《机关事务数据处理系统的设计与实现》,载《哈尔滨船舶工程学院学报》1986第S1期。

[3] 陈伟:《学习上海先进经验,加强深圳机关财务管理的思考》,载《特区经济》1999年第11期。

[4] 赵谛:《运用信息化手段促进机关事务管理工作》,载《信息化建设》2005年第1期。

[5] 林静:《信息化条件下后勤管理改革之路》,载《中国高新技术企

业》2007 年第 8 期。

［6］周飞：《"互联网十"风起"云"涌机关事务工作如何对接？》，载《中国机关后勤》2016 年第 4 期。

［7］杜昌斯、刘伟：《智慧机关事务管理的探讨》，载《智库时代》2017 年第 15 期。

［8］陈建良：《机关智慧后勤建设需要着重解决的几个问题》，载《中国机关后勤》2018 年第 11 期。

［9］云南省机关事务管理局：《以推进集中统一管理为抓手 开创新时代云南机关事务工作新局面》，载《中国机关后勤》2018 年第 10 期。

［10］陈庆修：《立足实际 推进机关事务集中统一管理》，载《秘书工作》2018 年第 5 期。

## 第五节 机关事务法治化建设

机关事务法治化建设的总体目标是协调推进"四个全面"战略布局和国家治理体系和治理能力现代化建设，按照围绕中心、服务大局、突出重点、协同推进原则，以习近平总书记关于全面依法治国新理念、新思想、新战略的论断为指引，以机关运行保障管理立法为统领，持续健全完善机关事务法治体系，统筹抓好《党政机关厉行节约反对浪费条例》《机关事务管理条例》和《公共机构节能条例》等法规的贯彻实施，深入推进依法行政，切实加强法治能力建设，坚持运用法治思维和法治方式推进机关事务改革创新发展，实现依法管理、依法保障、依法服务，为规范机关运行方式、降低机关运行成本、提高机关运行效率、提升政府施政效能提供法治保障。

### 一、机关事务法治化建设的重要意义

（一）落实全面依法治国战略部署、建设法治政府的必然要求

党的十九大将坚持全面依法治国确立为新时代坚持和发展中国特色社会主义的基本方略之一。习近平新时代中国特色社会主义思想，明确全面推进依法治国的总目标是建设中国特色社会主义法治体系、建设社会主

义法治国家。机关事务管理工作是党和国家工作的重要一环,推进机关事务法治化建设,持续提升机关事务管理工作的法治化、规范化水平,是深入贯彻落实全面依法治国战略部署、加快建设法治政府的重要内容和必然要求。

（二）推进国家治理体系和治理能力现代化的重要保障

法治是国家治理体系和治理能力的重要依托,是实现国家治理体系和治理能力现代化最根本、最稳定和最长远的手段。机关事务法治化建设是国家治理体系的一个重要分支和有机组成部分,要从国家治理体系和治理能力现代化的大局出发,深入推进机关事务法治化建设,夯实机关事务治理体系和治理能力现代化的法治基础。

（三）提升机关事务管理和保障效能的根本支撑

机关事务工作涉及对专项经费、公务接待、国有资产、公务用车、办公用房用地等服务保障资源的统筹调配和使用管理。机关事务管理工作通过多年的实践,积累了丰富的管理经验和机关事务管理方针、政策,有必要将这些行之有效的经验和政策加以制度化、法治化。通过法治手段明确机关事务管理工作的职责定位,实现机关事务管理职能的法定化,构建更加科学的管理体制、更加高效的保障机制、更加完善的制度体系,是提升管理和保障效能的根本支撑。

**二、健全机关事务法治体系,全面夯实法治基础**

（一）持续推进机关事务法规制度建设

近年来,随着全面依法治国的深入推进,机关事务领域逐步加强建章立制,相继出台了一系列的法规、制度文件。在中央层面,2008年出台了第一部节能管理行政法规《公共机构节能条例》,为公共机构加强能源节约、发挥示范引领作用提供了立法依据。2012年出台了第一部综合性法规《机关事务管理条例》,对经费、资产、服务等管理进行了统一规范。随后,又陆续出台了《党政机关厉行节约反对浪费条例》《党政机关国内公务接待管理规定》《党政机关办公用房管理办法》《党政机关公务用车管理办法》等党内法规,进一步明确和规范了机关事务关键业务的主要职责和管理机制。在地方层面,截至2019年6月,22个省(自治区、直辖市)出台了机关事务管理规章或实施意见,还有多个省(自治区、直辖市)出台了公共机构节能、厉行节约反对浪费、办公用房管理、公务用车管理等方面的配套制度。这些法规、制度文件为机关事务法治化建设奠定了坚实的工作基础。

**(二)积极推进机关运行保障管理立法**

习近平总书记关于全面依法治国新理念、新思想、新战略的论断,强调要更好地发挥法治固根本、稳预期、利长远的保障作用。目前,我国机关事务管理法治体系还不完备,法规、制度建设存在位阶低、效力弱、分布散等问题,有必要加强机关事务管理法规、制度整合,制定一部统一的法律予以规范,推动机关事务法治化建设取得新的重大突破。

2018年,"机关运行"方面的立法项目正式列入第十三届全国人大常委会立法规划。具体而言,积极推进机关运行保障管理立法,聚焦机关运行保障管理职责,围绕机关运行保障管理的机构、职能、标准、程序、责任等,科学设计法律规则,构建集中统一、权责明晰、保障有力、顺畅高效的机关运行保障管理体制。

### 三、加强法治能力建设,深入推进依法行政

**(一)规范决策和监督机制,依法履行职责**

坚持法定职责必须为、法无授权不可为,梳理机关事务管理职能和工作责任,在重点领域推行权力和责任清单管理。健全决策机制,坚持依法决策、科学决策,进一步完善和规范重要改革政策出台、重大工程项目立项、大额资金使用等重大决策程序。强化权力运行监督,推进管理创新,实施流程再造,推行决策权、执行权、监督权既相互制约又相互协调,实现用制度管人、管事、管权、管钱。

**(二)坚持法治与改革相协调,依法深化改革**

贯彻落实国务院关于简政放权、放管结合、优化服务改革的决策部署,

持续规范审批流程,强化事中事后监管效果,提升为民服务水平。坚持在法治轨道上推进公务用车、公务接待、后勤服务社会化等各项改革任务,及时将改革举措提炼上升为法规、制度。推动机关事务集中统一管理,统筹配置服务保障资源,统一服务保障标准,坚持依法保障,杜绝超范围、超标准保障。

(三)加强法治队伍建设,提升法治能力

落实国家普法规划,加大机关事务法治宣传力度,大力培育机关事务法治文化。充分发挥法律顾问和公职律师作用,推动法律顾问、公职律师在重大行政决策、制度标准制定、法律咨询、法律事务处理、法律风险防范等工作中发挥积极作用。坚持领导干部带头遵法、学法、守法、用法,完善法律学习制度和法制培训机制,提高干部职工的法治意识和依法办事能力。

# 第三章 经费管理

## 第一节 机关运行经费管理

机关运行经费是保障机关运行的重要基础。2012年,《机关事务管理条例》对加强机关运行经费管理做出专门规定。近年来,各地区、各部门认真贯彻党中央关于过"紧日子"的精神要求,严格落实"约法三章",深入实施《机关事务管理条例》,推进机关运行经费集中统一管理,严格控制"三公"经费支出,压减一般性支出,不断提升机关运行经费管理标准化、规范化、绩效化水平。

### 一、机关运行经费的内涵

（一）机关运行经费的定义

加强机关运行经费管理,严格控制机关运行经费预算特别是"三公"经费支出,既是贯彻落实党中央、国务院关于厉行节约、反对奢侈浪费要求的重要举措,也是降低机关运行成本、建设节约型机关的有效途径。

机关运行经费是指党政机关为保障机关运行,用于购买货物(含工程)和服务的各项资金。支出目的是保障机关自身运转,为机关履行职能提供基础和支撑;保障对象是党政机关在保障机关自身运行过程中日常发生、普遍存在、具有管理共性的公务活动;受益对象是机关自身及机关工作人员。但是,这里所称的机关运行经费不包括人员经费。

从支出目的和受益对象的角度看,政府机关的全部经费可以划分为两大类:机关运行经费和公共服务经费。公共服务经费是指机关履行公共管理和服务职能,向社会提供公共产品和公共服务所需的各项资金;支出目的是满足社会发展和社会公众的需要,受益对象是社会公众。机关运行经费与公共服务经费是两类性质和使用目的不同的经费。准确理解和把握机关运行经费的内涵,要注意以下两点:

一是依照国际政府采购通行规则和《政府采购协定》的规定,政府采购分为货物和服务采购两类,工程类涵盖在货物和服务之中。

二是机关运行经费中购买货物和服务的各项资金,包括为保障机关运行用于购建工程的各项资金。办公用房等机关运行工程类支出具有金额大、周期长的特点,在机关运行经费中占有较大比重,决定和影响着办公用房的物业管理和维修维护支出,是机关运行经费支出的重要组成部分。

(二)机关运行经费概念的形成

2005年10月,国管局在财政部《关于征求〈政府收支分类改革方案〉(征求意见稿)意见的函》(财办预〔2005〕10号)的回复意见中,提出在政府收支科目中专门设置"行政运行和机关事务"款级科目,用于反映各级各类机关用于行政运行和机关服务等经费支出,首次阐释了机关运行经费的内涵与范畴。

2007年2月,国管局与专业研究机构合作,组织启动中央政府机构运行经费管理专项课题研究,经过理论研究和对中央部委、地方政府部门实地考察、问卷调研,于当年形成了《关于加强中央政府机构运行经费管理的研究报告》,首次提出了"中央政府机构运行经费"概念,对加强和改进中央政府机构运行经费管理的分析提出了政策性意见和建议。

2008年,国管局在制定"三定"方案时曾使用"行政运行经费"概念,后来在对《中华人民共和国预算法(修订草案)》《政府收支分类改革方案(征求意见稿)》的修改反馈意见中逐步统一为"机关运行经费"概念。

2009年5月,在国管局印发的《中央国家机关贯彻落实中共中央办公厅 国务院办公厅〈关于党政机关厉行节约若干问题的通知〉的措施》中,明确提出了"建立机关运行经费支出统计报告制度"的要求。按照这一文件要求,2009年下半年,国管局组织10家有代表性的中央国家机关部委,首次开展机关运行经费统计试填报工作。2010年起,在中央国家机关范围内正式开展机关运行经费统计工作。这是机关运行经费概念首次应用于实际工作中。

2009年11月,时任中共中央政治局常委、国务院总理温家宝在人民大会堂接见全国机关事务工作协会第四次会员代表大会暨建设节约型机关经验交流会代表,时任国务委员兼国务院秘书长马凯在大会上的讲话中四次提及"机关运行经费"概念,这是国务院领导首次在公开场合提及"机关运行经费"概念。

2012年6月,国务院以第621号国务院令的形式,正式公布《机关事务管理条例》,自2012年10月1日起施行。《机关事务管理条例》对机关运行经费给予了正式定义:"是指为保障机关运行用于购买货物和服务的各项资金",对机关运行经费管理做出专门规定。这是"机关运行经费"首次在行政法规中体现。

2014年8月,第十二届全国人民代表大会常务委员会第十次会议表决通过了《全国人大常委会关于修改〈预算法〉的决定》。修改后的《预算法》在第14条、第37条两次体现"机关运行经费"概念。这是"机关运行经费"首次在国家法律中体现。

(三)机关运行经费的特点

机关运行经费具有以下几个特点:一是机关运行经费支出属于通用性支出,各部门机关运转都要发生。二是机关运行经费支出属于持续性支出(工程性支出除外),年复一年、日复一日都在发生。三是机关运行经费支出以消耗性支出为主,大部分支出没有形成实物资产。四是机关运行经费支出是集体消费行为,每个职工都会参与。五是受益对象是机关自身及机关工作人员,与部门利益、工作人员个人利益息息相关。

(四)机关运行经费的范畴

按照现行政府支出功能分类科目,机关运行经费包括在行政运行、事业运行、离退休人员管理机构等科目中列支的、用于保障机关运行的基本支出以及在一般行政管理事务、机关服务等科目中列支的、用于保障机关运行的项目支出。

按照现行政府支出经济分类科目,机关运行经费包括用于保障机关运行的差旅费、会议费、因公出国(境)费、公务接待费、公务用车购置费、公务用车运行维护费、其他交通工具购置费、其他交通费用（含出租车费用）、水费、电费、办公用房购建费、办公用房大中修费、办公用房物业管理费、办公用房取暖费、办公设备和家具购置费、维修（护）费、租赁费、办公费、邮电费、印刷费、劳务费、咨询费、手续费等。

## 二、机关运行经费的实物定额和服务标准管理

（一）机关运行经费的实物定额和服务标准的含义

机关运行经费支出的结果是形成实物或者取得服务。对机关运行经费实行标准化、规范化管理，关键要制定机关运行实物定额和服务标准，并据此制定机关运行经费预算支出定额标准和有关开支标准。

机关运行实物定额是指保障机关运行所需的有形物品（包括动产和不动产）的数量标准，同时也涵盖质量、技术等标准。机关运行实物定额主要包括办公用房、公务用车、办公设备、办公家具等保障机关运行所需实物的数量、质量、技术等标准。如办公用房的面积、办公设备和办公家具的数量与技术参数等。

机关运行服务标准是指保障机关运行所需服务的内容和等级标准。机关运行服务标准主要包括会议、差旅、培训、物业服务等保障机关运行所需服务的内容和等级标准。如机关工作人员出差乘坐的飞机机舱等级、火车软硬席、轮船舱位等标准，都属于服务标准。

机关运行经费预算支出定额标准是指编制机关运行经费预算使用的具体金额标准，通常表现为某类实物或服务的"价格"。

机关运行经费开支标准是指机关运行经费开支的具体金额标准上限，类似于某类实物或服务可以接受的最高价格。如会议费开支标准是会议费支出每人每天的最高限额。

（二）机关事务主管部门与财政部门职责分工

县级以上人民政府机关事务主管部门是制定机关运行实物定额和服务标准的责任主体。机关事务主管部门的职责是保障机关正常运行，掌握各机关运行的实际情况，由其作为制定机关运行实物定额和服务标准的责

任主体,既是现实需要,也是客观必然。

县级以上人民政府财政部门是制定机关运行经费预算支出定额标准和有关开支标准的责任主体。财政部门是财政经费预算的主管部门,应当由财政部门会同机关事务主管部门等,组织制定机关运行经费预算支出定额标准和有关开支标准。县级以上人民政府财政部门应当根据预算支出定额标准,结合本级政府各部门的工作职责、性质和特点,按照总额控制、从严从紧的原则,采取定员定额方式编制机关运行经费预算。

(三)制定定额和标准的具体要求

机关运行实物定额和服务标准、机关运行经费预算支出定额标准和开支标准的制定,具有严格的先后顺序关系。机关运行实物定额和服务标准是制定机关运行经费预算支出定额标准和有关开支标准的前提和依据。财政部门应当根据机关事务主管部门制定的机关运行实物定额和服务标准,参考机关运行所需实物和服务的市场价格,组织制定机关运行经费预算支出定额标准和有关开支标准,作为编制机关运行经费预算的重要依据,以此保证预算编制的科学性和可操作性。如现行中央国家机关和事业单位的差旅费预算支出定额标准和经费开支标准,就是根据差旅服务标准的内容和等级,参考服务项目的市场价格,由国管局会同财政部,按照中等偏低的要求测算并制定的。

制定机关运行实物定额和服务标准、机关运行经费预算支出定额标准和有关开支标准,要注意以下几个方面:一是遵守国家有关规定,结合当地经济社会发展水平和服务价格,制定实物定额、服务标准和预算支出定额标准等。二是根据机关运行的基本需求,在保障公务的前提下,按照务实、节约、适度的原则制定定额和标准,不能贪大求洋,铺张浪费。三是根据机关运行所涉及的项目,分层次、分系统地制定定额和标准,形成完整的定额和标准体系。四是参照机关运行所需货物和服务的质量技术、市场价格变动等情况,调整和修订定额和标准,实行动态管理,确保定额和标准的科学性和可操作性。

### 三、机关运行经费预算编制

在 2000 年部门预算改革之前,政府机关运行的经费预算主要在"行政管理费"功能预算中编列,能在一定程度上反映政府机关运行支出的整体情况。部门预算改革后,实行"一个部门一本预算",机关运行经费分散在各个部门预算的诸多科目中,甚至一些项目支出也可以列支机关运行经费,导致难以完整、清晰地掌握一个部门的机关运行经费支出总额、具体结构和支出效果,也无法反映机关运行经费支出的总额和结构。因此,编制专门的机关运行经费预算,完整、清晰地反映一个地区、一级政府及其部门的机关运行经费支出总体情况,具有现实必要性和紧迫性。

按照现行预算管理体制,财政部门是财政经费预算的主管部门。因此,财政部门是机关运行经费预算的编制主体。考虑到经费预算编制的区域统一性和协调性,结合"乡财县管"改革的实际情况,应由县级以上人民政府财政部门负责组织编制机关运行经费预算,机关运行经费预算的编制应当以机关运行经费预算支出定额标准为依据。

为了保证机关运行经费预算的科学性和针对性,编制各部门机关运行经费预算,要根据总额控制、从严从紧的原则,充分考虑工作职责、性质和特点,采取定员定额的方式;要对各部门进行合理分类,不能搞平均主义和"一刀切"。例如,根据工作职责的不同,可以将政府部门大致划分为决策部门、执行部门和监督部门。决策部门的会议费、培训费等调查研究性质的机关运行经费预算相对较多,执行部门的交通费、差旅费等贯彻落实性质的机关运行经费预算相对较多,而监督检查部门的差旅费、邮电费、印刷费等联系检查性质的机关运行经费预算则相对较多。需要注意的是,定员定额方式主要适用于机关运行经费预算中的基本支出预算,不适用于由机关事务主管部门统一组织实施的机关运行的项目支出预算。

### 四、"三公"经费及中央和国家机关会议费管理

#### (一)"三公"经费的概念和口径

严格控制中央部门"三公"经费支出,是贯彻落实中央"八项规定"和上

届政府的"约法三章"要求,促进党政机关厉行节约工作的一项重要举措。

纳入中央财政预决算管理的"三公"经费是指中央部门用财政拨款安排的因公出国(境)费、公务用车购置及运行费和公务接待费,是党政机关维持运转或完成特定工作任务所开支的相关支出,是政府行政开支的一部分。其中,主要支出的具体情况如下:

(1) 因公出国(境)费反映单位出国(境)的国际旅费、国外城市间交通费、住宿费、伙食费、培训费、公杂费等支出。

(2) 公务用车购置及运行费反映单位公务用车车辆购置支出(含车辆购置税)、燃料费、维修费、过桥过路费、保险费、安全奖励费用支出。

(3) 公务接待费反映单位按规定开支的各类公务接待(含外宾接待)支出。

从单位范围看,编报"三公"经费财政拨款决算的单位包括向财政部编报部门预算的中央部门本级及其所属的行政单位、事业单位(含参照公务员法管理的事业单位)、社会团体、企业等。从支出类别看,"三公"经费预决算既包括通过基本支出公用经费安排的支出,也包括通过项目支出安排的支出。

(二)"三公"经费的预算管理

县级以上人民政府应当将公务接待费、公务用车购置和运行费、因公出国(境)费纳入预算管理,严格控制公务接待费、公务用车购置和运行费、因公出国(境)费在机关运行经费预算总额中的规模和比例。政府各部门应当根据工作需要和机关运行经费预算制定公务接待费、公务用车购置和运行费、因公出国(境)费支出计划,不得挪用其他预算资金用于公务接待、公务用车购置和运行或者因公出国(境)。

从编报 2010 年部门预算开始,中央部门需从基层单位逐级汇总编报"三公"经费预算,逐步细化"三公"经费预算编制,规范编报口径,提高了"三公"经费预算编报的准确性。加强"三公"经费执行管理,各部门用财政拨款安排的"三公"经费支出不得超过预算规模。对部门申请追加预算事项中涉及"三公"经费预算的,要求报请国务院同意后方可追加。从 2017 年起,教学科研人员因公临时出国开展学术交流合作经费实行区别管理,不再纳入中央部门"三公"经费预算进行额度控制。

2010—2018年部门预算编制按照零增长原则对中央部门"三公"经费预算进行严格控制。其中,2011年按照国务院的要求,按2%的比例进一步压缩了相关部门公务用车购置和运行费预算。2013年,在中央部门"三公"经费预算零增长的基础上,对公务接待费预算又按照4.3%的比例做了进一步压缩。2014年和2015年,结合部门上一年度"三公"经费执行情况以及公务用车改革等,对"三公"经费预算做了进一步压缩。通过近几年的努力,中央本级"三公"经费预算规模连年下降,支出得到有效控制。2018年,中央本级"三公"经费预算为58.8亿元,比2017年预算同口径减少2.24亿元,同比下降3.7%。其中,因公出国(境)费为19.49亿元,同比增加0.7亿元;公务用车购置及运行费为33.03亿元,同比减少1.8亿元;公务接待费为6.28亿元,同比减少1.14亿元。

(三) 中央和国家机关会议费的管理[①]

中央和国家机关会议费是公务支出的重要组成部分。近年来,随着会议费的不断攀升,精简会议,改进会风,提高会议效率和质量,节约会议经费开支,成为节约机关运行经费的一个重要举措。中央和国家机关会议费的管理措施主要有:

一是实行分类管理、分级审批。中央和国家机关会议一共分为四类:一类会议,是以党中央和国务院名义召开的,要求省、自治区、直辖市、计划单列市或中央部门负责同志参加的会议。二类会议,是党中央和国务院各部委和各直属机构、最高人民法院、最高人民检察院、各人民团体召开的,要求省、自治区、直辖市、计划单列市有关厅(局)或本系统、直属机构负责同志参加的会议。三类会议,是党中央和国务院各部委和各直属机构、最高人民法院、最高人民检察院、各人民团体及其所属内设机构召开的,要求省、自治区、直辖市、计划单列市有关厅(局)或本系统机构有关人员参加的会议。四类会议,是指除上述一、二、三类会议以外的其他业务性会议,包括小型研讨会、座谈会、评审会等。

---

① 参见《中央和国家机关会议费管理办法》(财行〔2016〕214号)的相关规定。

中央和国家机关会议审批程序和要求为：一类会议应当由主办单位报经党中央和国务院批准。会议总务、经费预算及费用结算等工作分别由中直管理局和国管局负责。二类会议应当由党中央、国务院各部委和各直属机构、各人民团体于每年12月底前，将下一年度会议计划（包括会议名称、召开的理由、主要内容、时间地点、代表人数、工作人员数、所需经费及列支渠道等）送财政部审核会签，按程序经中共中央办公厅、国务院办公厅审核后报批。各单位召开二类会议原则上每年不超过1次。三类会议应当由各单位建立会议计划编报和审批制度，年度会议计划（包括会议数量、会议名称、召开的理由、主要内容、时间地点、代表人数、工作人员数、所需经费及列支渠道等）经单位领导办公会或党组（党委）会审批后执行。四类会议由单位分管领导审核后列入单位年度会议计划。

另外，年度会议计划一经批准，原则上不得调整。对党中央、国务院交办的确需临时增加的会议，按规定程序报批。

二是严格控制会议天数和参会人数。一类会议会期按照批准文件，根据工作需要从严控制；二、三、四类会议会期均不得超过2天；传达、布置类会议会期不得超过1天。关于会议报到和离开时间，一、二、三类会议合计不得超过2天，四类会议合计不得超过1天。

各单位应当严格控制会议规模。一类会议参会人员按照批准文件，根据会议性质和主要内容确定，严格限定会议代表和工作人员数量。二类会议参会人员不得超过300人，其中，工作人员控制在会议代表人数的15%以内；不邀请省、自治区、直辖市和中央部门主要负责同志、分管负责同志出席。三类会议参会人员不得超过150人，其中，工作人员控制在会议代表人数的10%以内。四类会议参会人员视内容而定，一般不得超过50人。

三是加强会议地点和会议召开方式管理。各单位召开会议应当改进会议形式，充分运用电视电话、网络视频等现代信息技术手段，降低会议成本，提高会议效率。传达、布置类会议优先采取电视电话、网络视频会议方式召开。电视电话、网络视频会议的主会场和分会场应当控制规模，节约费用支出。不能够采用电视电话、网络视频召开的会议实行定点管理。各单位会议应当到定点会议场所召开,按照协议价格结算费用。未纳入定点范围的会议场所,价格低于会议综合定额标准的单位内部会议室、礼堂、宾馆、招待所、培训中心,可优先作为本单位或本系统会议场所。

另外,无外地代表且会议规模能够在单位内部会议室安排的会议,原则上在单位内部会议室召开,不安排住宿。参会人员以在京单位为主的会议不得到京外召开。各单位不能到党中央、国务院明令禁止的风景名胜区召开会议。

**五、机关运行经费的公开制度**

各级人民政府是机关运行经费公开工作的责任主体,应当依照国家有关政府信息公开的规定建立健全机关运行经费公开制度,明确公开的原则、程序、内容、方式、时限等事项,定期公布公务接待费、公务用车购置和运行费、因公出国(境)费等机关运行经费的预算和决算情况。各级人民政府要进一步细化机关运行经费公开科目的内容,加强数据分析,完善解释说明,提高公开质量;同时,要充分发挥政府网站信息公开第一平台的作用,方便公众查询和监督。

自《中华人民共和国政府信息公开条例》实施以来,各级政府及其部门按照要求,稳步推进财政预决算和机关运行经费公开工作。2009年,经全国人大审查批准的中央财政收入、中央财政支出、中央本级支出、中央对地方税收返还和转移支付等4张中央财政预算表向社会公开。2010年,经全国人大审查批准的中央财政预算12张表全部公开,75个中央部门公开了部门预算;17个省(自治区、直辖市)公开了本地区公共财政预算和政府性基金预算。2011年,经全国人大审查批准的中央财政预算表及预算编制说明全部向社会公开,92个中央部门公开了部门预算,98个中央部门公开了"三公"经费的年度预算和决算支出;27个省(自治区、直辖市)公开了本地区公共财政预算和政府性基金预算,其中20个省(自治区、直辖市)公开了省直部门的部门预算,部分地区还向社会专项公开了"三公"经费的预决算情况。2012年7月19日,90多家中央部门集中在本部门官方网站公开了2011年部门决算及"三公"经费使用情况,首次公开了机关运行经费使用情况,细化了"三公"经费的解释说明,公开了车辆购置数量及保有量、因公出国(境)团组数量以及人数、公务接待等情况。同时,各省(自治区、直辖市)政府也在制定"三公"经费公开时间表,逐步实现省级政府全面公开"三公"经费,指导督促省级以下政府及其部门加快"三公"经费公开的步伐。

### 六、机关运行经费的集中统一管理

改革开放以来,特别是近年来随着经济社会的发展,各地政府及其部门呈现集中办公的发展趋势,集中办公区内的机关事务管理工作也呈现由机关事务主管部门统一组织、实施的发展趋势。比如在中央国家机关,机关用地、办公用房建设和维修、公务用车配备更新以及国务院重要会议、国家重大活动的总务保障等事宜,均由国管局统一管理和组织实施。在地方政府,山西、辽宁、吉林、上海、山东、安徽、四川、重庆等省级机关的办公用房建设和维修、公务用车配备更新、公共机构节约能源资源等工作由省级机关事务主管部门统一组织、实施。特别是对于实行集中办公的地方政府,如山东省泰安市、江西省南昌市,集中办公区内的所有机关事务均由本级机关事务主管部门统一负责组织、实施,取得了明显的成效。

在工作实践中,中央和部分地方政府机关事务主管部门承担了统一组织、实施的机关事务的经费管理工作。在中央国家机关,国管局承担了中央国家机关各部门办公用房建设、办公用房大中修和专项维修、公务用车配备更新等专项经费及国务院重要会议、国家重大活动等经费的管理工作。在地方政府,一些地区推动了机关运行经费的集中统一管理,只是在管理程度、具体覆盖的事项方面有所不同。天津市机关事务管理局承担了市直机关有关行政、事业经费的管理工作;河北省机关事务管理局承担了省直统管住房和省直办公用房修缮经费、省直单位集中供热建设项目经费、省直公务用车购置经费的管理工作;黑龙江省机关事务管理局负责省直机关单位行政办公用房预算内相关经费和省直机关单位有关专项经费的管理工作;江苏省机关事务管理局承担省级机关办公用房大中修经费、公务用车购置和更新经费、住房维修经费等专项经费的管理工作等。一些地区的集中办公区实现了物业费的集中统一管理,比如在辽宁省盘锦市政府集中办公区,物业费预算列入了市机关事务管理局部门预算,实现了由"一家单位一本预算"统一管理。

机关事务集中统一管理水平与机关运行经费管理的科学化、绩效化水平紧密相关,也就是"事权"与"财权"的高度匹配,可以说,二者成正相关关系。从近几年的调查统计数据来看,机关事务集中统一管理地区的机关运行经费的人均支出要低于未集中统一管理的地区。

## 七、深化机关运行经费管理改革[①]

### (一)深化机关运行经费管理改革的意义

新修订的《中华人民共和国预算法》《党政机关厉行节约反对浪费条例》《机关事务管理条例》《国务院关于深化预算管理制度改革的决定》等法律、法规,对加强和改进机关运行经费管理提出了明确要求,各地区、各部门不断完善机关运行经费管理体制机制,大力规范机关运行活动,控制和降低机关运行成本,取得了积极成效。

深化机关运行经费管理改革是推动政府内部治理能力现代化的重要措施。推进国家治理体系和治理能力现代化,既要大力推动简政放权、放管结合、优化服务等外部治理体系建设,也要推动政府内部治理,全面提升部门工作效率、依法办理自身事务、有效降低行政成本。机关运行经费管理改革涉及政府自身消费的方方面面。深化机关运行经费管理改革,对政府保障自身运转的各项公务活动和支出,统一明确谁来管、怎么管,什么钱可以花、能花多少钱,如何运转更有效率、怎么花钱更有效益等问题。建立集中、统一、规范、有序的管理框架,为政府自身运转支出提供科学管理工具,为依法开展政府内部事务管理提供数据支撑,进而为推进内部治理体系和治理能力现代化提供有力支持。

深化机关运行经费管理改革是检验厉行节约成效的重要标尺。厉行节约成效好不好,关键看有没有少花钱、多办事、办好事。作为测评用于购

---

① 《中国机关后勤》编辑部:《着力做好机关运行经费管理改革这篇大文章》,载《中国机关后勤》2016年第12期。

买货物、工程和服务所花费资金的权威标准,机关运行经费支出的效率效益是衡量各地区各部门厉行节约工作成效的最直观、最有效的指标。深化机关运行经费管理改革,建立保障政府自身运转各项支出的统计分析、绩效评价机制,将花钱和办事有效衔接起来,深刻揭示钱有没有花到点子上、能不能花得更节省等问题,能够为各地区各部门节约开支提供内在动力,为丰富厉行节约的工作方式、方法提供评价机制并产生有力的促进作用。

深化机关运行经费管理改革是贯穿机关事务管理工作全过程的主干线,而保障机关运行是机关事务管理工作的本质属性。机关事务工作点多面广、专业性、差异性强,把经费支出管住了、管好了,就抓住了机关事务管理工作的生命主线,起到牵一发而动全身的功效。深化机关运行经费管理改革,建立统筹设计、分类管理、标准明确、支出可控的管理体系,在明确机关事务各类业务活动要求的基础上,统筹控制预算总额、规范支出行为、加强经费管控、开展绩效评价,能够统筹体制、机制、制度、标准等各类事项,能够丰富机关事务管理工作方式、方法,能够拓宽机关事务工作内涵、外延,进而为机关事务管理工作的科学发展提供有力保障。

(二)机关运行经费管理改革须坚持的原则[①]

一是必须坚持相互制衡、相互监督的原则。过去我国受计划经济的影响,行政结构不合理、职能交叉重叠的问题仍或多或少的存在。管理改革的首要任务即是厘清各个管理部门和执行部门的权责,将执行中的决策权与制度设计、实物定额和服务标准、预算和开支标准等管理权责分开,建立管理部门之间、管理部门和执行部门之间相互监督制衡的管理体制。

二是必须坚持依法治理的原则。不仅政府面向社会的行政活动要有法律依据,政府自身治理也要做到依法行政。尤其是机关运行经费与单位利益、个人利益息息相关,天然具有扩大支出的冲动。比如公车改革前,个别地方部门科级干部也都配备专车,造成很大浪费。这就需要将政府内部

---

① 汪玉凯:《浅谈机关运行经费管理改革》,载《中国机关后勤》2016年第12期。

制度规范做细做实,提前规定哪些钱能花、哪些不能花、按照什么标准花,为具体执行设立明确、细化、务实可行的依据。

三是必须坚持节约高效的原则。建设服务型、节约型政府,要求机关运行经费管理改革必须树立既保障机关高效运转又节省财政资金的双重目标。为此,必须改变传统的机关运行经费管理只重支出不重绩效的管理模式,建立追踪问效机制,推动机关运行经费管理由支出控制型向结果导向型转化。

四是必须坚持公开透明的原则。政府信息公开是一种强有力的外部约束,在政府自身治理体系设计中,如果缺乏公开机制,其他管理机制的约束力就会大打折扣。坚持公开透明原则也是密切联系群众的必然要求,在加大惩治腐败宣传的同时,也要让社会看到反对奢侈浪费的具体举措和制度标准,赢得老百姓的长期信任。

(三)推进机关运行经费管理改革的具体举措

一是深入推进机关运行经费集中统一管理。目前,尚有一些地区未实现机关运行事务和机关运行经费集中统一管理,或是实现程度不够高,要完全实现需有一个过程。机关运行经费集中统一管理的重点在于由一个部门组织编制同级各个政府部门的运行经费预算,列入一个部门预算,由一个部门统一标准、统一核算、统一支付。

二是推进机关运行经费标准化管理。目前,有关会议、培训、差旅、办公家具和设备、物业服务等机关运行事项都制定了定额标准,尚有一些事项未制定定额标准。要贯彻落实党中央关于过"紧日子"精神要求,进一步健全机关运行经费定额标准体系,加快制定租赁、信息网络和软件购置更新、咨询等事项的定额标准,明确机关运行经费支出总规模和总的定额标准。各部门依据总的定额标准,控制机关运行保障和服务支出。

三是持续做好机关运行经费统计工作。建立健全机关运行经费统计核算工作,逐步扩展统计范围到中央国家机关和全国各省、市、县,为政策制定和实证研究提供"大数据"支撑。建立"逐级布置、逐级组织、逐级审核、交叉会审、结果通报"的统计工作闭环运行机制,确保数据报送的真实性和严谨性。

四是探索构建机关运行经费相关会计核算制度。以政府会计改革为契机,加强机关运行经费相关核算体系研究,设立机关运行经费相关专属会计科目,建立机关运行经费相关会计核算制度,将核算、统计指标通过会计科目固化,使数据采集通过日常核算完成,打好机关运行经费相关数据的来源基础。

五是加强机关运行经费的绩效管理。认真落实《机关事务管理条例》,加强机关运行经费的统计、分析、绩效评价工作,建立健全机关运行经费的统计评价机制。建立地区间、部门间机关运行经费绩效比较分析机制,总结机关运行经费绩效管理的好经验和好做法。建立机关运行经费绩效评价、考核指标体系,推动将机关运行经费绩效考核作为政府绩效考核指标之一。推动机关运行经费绩效水平公开机制,让社会监督机关运行经费规范管理和高效使用。

六是加强机关运行经费统计研究工作能力建设。结合相关会计、统计制度推广情况,选聘多领域理论和实践专家,建立咨询专家库。依托各级机关事务管理部门,建立统计联络员库。选拔培养统计骨干人才,引领、带动、培养核心统计人员,全面提升统计工作整体水平。

### 【参考文献】

[1]国务院机关事务管理局、国务院法制办公室编著:《机关事务管理条例释义》,中国法制出版社2012年版。

[2]财政部预算司编:《中央部门预算编制指南(2020年)》,中国财政经济出版社2019年版。

## 第二节 机关财务管理

**一、行政事业单位财务管理概述**

(一)行政事业单位财务管理的含义与特征

1. 行政事业单位财务管理的含义

行政事业单位财务管理是指对行政事业单位预算资金及其他资金的

筹集、分配和使用过程进行计划、组织、调度和监督等工作的总称。管理的主体是上级和本单位财务部门，客体是资金运动，即资金的收入、支出和运用的效果；依据是社会主义市场经济规律以及国家制定的各项方针、政策、法令和规章制度；目的是以较少的人力、物力和财力的消耗取得最大的经济效益和社会效益，从而保证行政任务和事业计划的完成。

2. 行政事业单位财务管理的特征

行政事业单位是国家为满足社会共同需要而设立的组织机构，行政事业单位一般没有社会生产职能，主要从事各种非营利性的业务活动。因此，行政事业单位在开展业务工作过程中的资金耗费，不可能像企业那样通过生产经营成果的销售，实现价值补偿并取得利润，进而实现简单再生产和扩大再生产。虽然有些行政事业单位按照国家政策规定依法组织了一部分收入，但绝大多数行政事业单位或者自身基本没有收入，或者自身组织的收入难以抵补支出耗费而需要国家财政拨付经费，以保证行政事业单位完成工作任务和开展业务活动所需的资金。行政事业单位及其资金运用的性质，决定了行政事业单位财务管理具有如下特点：

（1）预算管理的主导性。预算管理是行政事业单位财务管理的中心工作。从财政部门同行政事业单位的关系上看，财政部门通过预算向行政事业单位分配财政资金；同时，财政部门通过对单位预算的管理，将单位取得的包括财政拨款在内的各项财务收支全部纳入单位预算，予以统一核算、统一管理。行政事业单位的财务收支主要是通过预算进行管理。年初单位需要编制年度预算，单位预算按照一定程序报经批准后，作为年度各项财务活动的重要依据，各项财务收支管理都要按照预算执行；年终对年度预算执行情况进行总结和分配。可以说，单位的各项财务管理工作主要是围绕单位预算而展开的。所以，预算管理是行政事业财务管理的中心，在行政事业财务管理中起着主导作用。

（2）涉及范围的广泛性。行政事业单位遍布全国城乡多地，点多面广。行政单位涵盖国家权力机关、国家行政机关、国家审判机关、国家检察机关和党派、人民团体，事业单位则涵盖科教文卫单位、社会优托单位、农林水气单位、工交商贸单位等。这些单位从事的业务工作，既涉及国家政权建设和经济发展,又涉及社会进步,与广大人民群众的物质文化生活紧密相连。行政事业财务管理是为行政事业单位完成工作任务和开展业务活动服务的,其涉及范围也就十分广泛。

(3)管理办法的多样性。行政事业单位种类很多,业务特点各异,财务收支状况也不尽相同。为了适应行政事业单位这一特点,国家对不同类型的单位实行了不同的财务管理办法。行政事业单位在严格执行国家统一制定的财务制度的前提下,还要根据各自财务管理的需要,制定单位内部财务管理办法。

(二)行政事业单位财务管理的目标、任务和原则

1. 行政事业单位财务管理的目标

行政事业单位财务管理的目标应当是规范和加强行政事业单位财务和会计工作,加强廉政风险防控机制建设,提高内部财务管理水平。

2. 行政事业单位财务管理的任务

(1)建立健全财务制度,规范单位财务行为。财务制度是行政事业单位财务管理的基本依据和行为规范,主要包括预算和决算制度、收支管理制度、开支标准制度、资金管理制度、财产物资管理制度以及财务分析和财务监督制度等。

(2)加强单位预算管理,保证事业计划和工作任务的完成。预算管理是单位完成各项事业计划和工作任务的保证,是单位财务管理工作的重点。科学、合理地编制单位预算,并严格按照批准的预算执行,是行政事业财务管理的中心工作,只有做好预算编制、执行工作,才能保证行政工作和事业计划顺利完成。做好预算管理工作,还要处理好以下四方面关系:一是正确处理预算内资金与预算外资金的关系。保证各项资金全部纳入单位预算,促进预算内外资金结合使用。二是正确处理行政性支出与业务性支出的关系。对于行政管理方面的支出应尽量予以保证。三是正确处理维持性支出和发展性支出的关系。对于现有行政事业单位有效运转的维持性支出应首先予以保证,然后再根据业务工作需要和财力,适当地安排发展性支出。四是正确处理重点性支出和一般性支出的关系。对各项支出的安排,应当按照轻重缓急、主次先后的原则处理,既要保证重点,又要

兼顾一般,充分发挥资金的效能。

(3)加强收支管理,提高资金使用效率。收支管理是财务管理中十分重要的工作,是单位预算顺利完成的重要保证。行政事业单位收入管理主要是对收入项目、标准以及收入进度等进行的管理。行政事业单位收入包括财政预算拨款和单位自身组织的收入。由于各行政事业单位及其开展的业务工作的性质不同,其收入的取得方式、途径和管理要求也不一样。但是都必须认真贯彻执行国家的有关规定,努力拓宽收入来源渠道,处理好社会效益和经济效益的关系,实行分类管理。支出管理主要是对支出项目、范围、标准所进行的管理。要严格执行财务制度,按照财务制度规定,正确进行支出分类,要优化支出结构,要及时掌握支出预算执行情况,保证各项支出按预算进度执行。

(4)加强国有资产管理,防止国有资产流失。国有资产是行政事业单位开展业务活动和完成行政工作任务的物质基础,加强国有资产管理是财务管理的重要内容。关于国有资产管理,一是要防止和克服重钱轻物的现象,既要加强货币资金管理,又要加强各项实物资产的管理,把管钱和管物结合起来;二是要按照国家有关规定办理产权登记,明确国家对行政事业单位的国有资产依法享有所有权,明确单位占有或使用国有资产所应享有的权利;三是科学、合理地配置各项资产,提高资产利用效率;四是认真执行国家关于国有资产处置的有关规定,加强固定资产的报废、报损、出售、转让等的管理;五是加强非经营性资产转经营性资产的管理;六是加强资产日常管理工作。

(5)加强财务分析和财务监督,如实反映单位财务状况。财务分析和财务监督是行政事业单位财务管理的一项重要内容。财务分析的内容主要包括预算执行情况分析、资金运用情况分析、财产物资的使用、管理情况分析等。行政事业单位必须建立符合单位特点的财务分析体系,运用对比分析、因素分析、动态分析等多种方法,提高财务分析的质量。财务监督主要包括监督检查国家有关方针、政策和财务制度的执行情况;监督检查单位财务收支计划的安排和执行情况,监督检查资金收付的合法性、合理性、真实性;监督检查财务资料的完整性、及时性、准确性以及对国有资产管理所进行的监督检查等。

3. 行政事业单位财务管理的原则

财务管理的原则是行政事业单位开展财务活动、处理财务关系的准则。行政事业单位财务管理的基本原则与企业财务管理的基本原则不同，这主要是由行政事业单位的性质决定的。行政事业单位财务管理的原则包括以下方面：

（1）执行国家有关法律、法规和财务规章制度，依法理财。依法理财是行政事业财务管理应遵循的最基本的原则。财经法律、法规是社会主义法制的组成部分，行政事业单位的各项财务制度和规定以及统一的财经纪律，都是财经法律、法规的具体内容。行政事业单位财务管理的各种规章制度，都是按照国家的方针、政策和客观实际情况的需要制定的。它们是财务工作的具体依据，各单位在具体的财务管理中，既要认真贯彻、执行各项财务制度，做到有法必依，又要加强财务制度执行情况的监督检查，做到执法必严，违法必究。

（2）坚持量入为出，勤俭节约。勤俭节约是行政事业单位财务管理必须长期遵循的基本原则。行政事业单位开展业务工作的资金主要是来自国家财政，其资金耗费基本上是一种消费性支出，这些收支都是通过单位预算安排的，没有资金来源便谈不上资金使用。所以，必须贯彻量入为出的原则，厉行节约，勤俭办事。

（3）坚持社会效益和经济效益相统一。讲究经济效益是指在本单位、本部门范围内，如何运用尽可能少的费用取得尽可能大的成果；讲究社会效益是指各单位、各部门的工作是否对发展社会生产、改善人民生活水平有利，是否有利于社会主义整体利益的需要。一般情况下，社会效益和经济效益是一致的，但不排除两者也有不一致的时候。经济效益要服从社会效益，不然就会违背行政事业单位工作的宗旨，背离社会主义方向；社会效益要以经济效益为基础，只讲社会效益而脱离了经济效益，社会效益也会失去进一步发展的依托和动力，社会效益和经济效益是相辅相成的。

行政单位要将社会效益放在第一位，依法行使国家权力，维护社会秩序，正确履行工作职责，完成行政任务，为社会再生产和人民生活创造良好的环境。事业单位以生产精神产品和从事社会公益活动为主,它的一切活动都必须将社会效益放在第一位。行政事业单位在处理社会效益和经济效益关系的时候,既要反对片面强调社会效益而忽视经济效益的行为,又要反对单纯追求经济效益而忽视社会效益的做法,将社会效益和经济效益有机结合起来,互相补充,互相促进。

(4)正确处理国家、单位和个人三者利益关系。行政事业单位财务管理中的资金运用所体现的经济关系,实质上是一种物质利益关系,这种利益关系体现为国家、单位和个人三个方面。因此,行政事业单位财务管理要正确处理好国家、单位和个人三者利益关系;在实际工作中,对三者利益都必须充分考虑、相互兼顾,防止片面性。但是,当单位利益、个人利益与国家利益发生矛盾时,单位利益和个人利益要服从国家利益。具体而言,处理好国家和单位之间的利益关系,关键在于确定正确的财务管理体制,将国家与单位之间的利益关系制度化、规范化。而且,还应处理好国家和个人之间的利益关系。行政事业单位的收支活动几乎都涉及国家和人民群众的利益关系,必须对国家利益予以保证,但对个人的合法利益也必须兼顾,这样才能充分调动群众的生产积极性。最后,还要处理好单位和个人之间的利益关系。在完成行政任务和事业计划的前提下,调动群众增收节支的积极性,对于增加财务工作的透明度,加强行政事业单位的财务管理具有十分重要的意义。

(三)行政事业单位财务管理的内容

行政事业单位财务管理的内容包括:(1)预算管理;(2)收入与支出管理;(3)成本管理;(4)债务管理;(5)资产管理。

(四)行政事业单位财务管理的方法

行政事业单位财务管理的方法主要有法律方法、行政方法和经济方法。

1. 法律方法

行政事业单位财务管理的法律方法是指通过制定、实施有关法律、法规和财务制度,对各项财务活动及相关的经济活动进行组织、协调、控制和监督的方法。行政事业单位运用法律方法进行财务管理,主要是通过制定、执行国家有关法律、法规和规章制度来实行的。法律方法具有权威性、稳定性、规范性和强制性的特点。

行政事业单位作为国家职能的承担者，它的各项活动都围绕贯彻政府方针、政策来进行，具有极强的政策性。所以，各行政事业单位财务管理更应严格执行体现国家意志的各项法律、法规及规章，严格依法办事。我国行政事业单位财务管理所依据的财经方面的法律、法规和规章制度主要包括《中华人民共和国预算法》《中华人民共和国会计法》《政府会计制度》以及其他有关财务管理、资产管理和财务监督方面的法规、规章。各行政事业单位财务管理必须严格遵守执行以上法律、法规及规章制度，正确履行各自的职责，实现财务管理的目标，发展各项社会事业，完成各项工作任务。

2. 行政方法

行政事业单位财务管理的行政方法是指通过依法利用行政权力，按照规定的权限和程序，采取命令、指示、布置任务、指令性计划等形式，对各项财务活动及相关经济活动进行组织、协调、控制和监督的方法。行政方法由于运用了国家权力，所以具有强制性、权威性、速效性和直接性等特点。

行政事业单位财务管理的行政方法具有独特的优越性，主要表现为：直接体现国家意志或上级机关的意志，保证国家统一的方针、政策，统一的规章制度和财经规划得以贯彻实施。特别是在财经活动出现特殊的、紧急的和不正常的情况时，采用行政方法进行管理能收到明显的效果。但是，行政方法也有明显的缺点，即管理过于直接，缺乏灵活性，限制了各单位的自主性及财务工作者主观能动性的发挥，容易造成消极应付工作的局面。因此，各行政事业单位运用行政方法时，要注意以下几点：一是要依法合理运用公共权力。各有关部门运用公共权力，不能与国家法律、法规及规章制度相抵触。二是要尊重客观经济规律。在社会主义市场经济条件下，行政事业单位作为市场主体之一，它的各项活动都不能违背客观规律，否则必将受到惩罚。所以，在运用行政方法时，必须尊重客观规律，按客观规律办事。三是要克服形式主义。行政方法的运用必须符合客观实际，讲求办事效率与效果。四是要加强权力的监督，防止权力的滥用。

3. 经济方法

行政事业单位财务管理的经济方法是指按照客观经济规律的要求,利用经济杠杆调节经济利益关系,对行政事业单位的各项财务活动及相关经济活动进行组织、协调、控制和监督的方法。经济方法具有引导性、自律性和间接性等特点。

当前,我国各类行政事业单位实行的许多财务收支管理办法,如对事业单位实行核定收支、定额或定项补助、超支不补、结余留用的办法,对某些商品和劳务实行统一采购、招标竞价的办法等,运用的都是经济方法。作为一种间接的管理方法,经济方法成为财务管理活动中一种灵活有效的方法,它将有关各方的利益与财务管理挂钩,能充分调动有关各方的积极性和主动性,从而促进工作效率的提高,促进财务管理目标的实现。今后,随着体制改革的进一步深入和社会主义市场经济的进一步完善,经济方法在行政事业单位财务管理工作中的应用必将越来越多,越来越广泛。

法律方法、行政方法、经济方法是行政事业单位财务管理运用的三种基本方法。三种方法的目的是相同的,都是为了促进财务管理目标的实现,但它们的特点、功能和作用不尽相同。法律方法和行政方法侧重于从外部利用国家权威,采取强制的方法来达到目标;而经济方法侧重于从财务管理活动内部,通过利益驱动方式来引导财务管理目标的实现。在实际工作中,应根据各项工作的实际情况和管理要求,分别运用或综合运用这些方法。

## 二、行政事业单位预算管理

(一)行政事业单位预算的含义、意义和原则

1. 预算的含义

行政事业单位预算是行政事业单位根据其职责和工作任务编制的年度财务收支计划,是对单位一定时期的财务收支规模、结构、资金来源和去向所进行的预计。

2. 预算编制的原则

行政事业单位预算是财政总预算的基础,是党和国家方针、政策和社

会发展战略在行政事业单位预算中的体现,是行政事业单位正常开展业务活动的重要经济保证。因此,为保证预算编制的质量,在编制预算中,要遵循下列原则:

(1) 合法性原则。预算编制要符合《预算法》和国家其他相关法律、法规,要体现党和国家的重大方针、政策,要在法定的职权范围内编制。具体而言,一是要做到收入合法,特别是行政事业单位的预算外资金收入和其他收入要按照国家规定的收费项目和标准收费。二是要做到支出合法,支出安排要符合国家法律、法规、规章和有关开支标准,遵守现行的财务制度。在支出测算中,要结合本单位所承担的职责任务和发展规划,与国民经济和社会发展计划相一致,与经济增长速度相配合,要体现勤俭节约精神。三是要做到对依法批准具有法律效力的预算,必须认真执行。

(2) 完整性原则。行政事业单位预算是反映单位的经济活动全貌的年度财务计划,因此,在编制预算时,要遵循完整性原则。具体而言,一是要将所有的收入与支出全部纳入预算管理,编制综合预算;二是要严格按照财政部门统一布置的预算报表格式和口径填报项目、计算数据、报送程序编报;三是要编写文字说明,主要对行政事业单位预算的编制范围、特殊收入、支出项目的依据和测算方法以及重大不确定性事项的提示等予以说明,全面反映单位的预算情况,为财政总预算的编制提供完整、可靠的数据和资料。

(3) 真实性原则。行政事业单位预算收支的数据测算必须遵循真实性原则。特别在支出数据的测算上,必须以规定时点的实际人员、车辆等基本数据及必须开展的项目为依据,按规定的定额标准和市场价格测算,不得"打埋伏"、造"假人头"和虚设项目,编制虚假支出预算,骗取财政资金。

(4) 稳妥性原则。行政事业单位预算作为政府预算的组成部分,编制时应以社会经济发展和本单位的职能需要为依据,确定积极、合理的预算收支指标,尽可能地使预算确定的目标稳妥可靠,符合客观实际。具体而言,一是收入预算要做实并留有余地,对没有把握的收入不能列入预算;二是支出预算要做足,先要保证人员经费、离退休经费、日常办公经费等基本经费的足额,然后视财政情况区分轻重缓急合理安排项目支出,做到量力而行,统筹安排,积极稳妥。

(5)合作性原则。行政事业单位预算编制涉及行政事业单位内部有经济业务关系的各个部门、各种业务。这就需要单位领导、部门负责人、预算编制人员紧密配合,共同完成预算的编制工作,特别是我国推行预算改革的零基预算编制方法,没有部门负责人等参与,预算编制人员是无法编制出切实可行的年度预算的。

(6)绩效性原则。行政事业单位在编制预算时,特别对项目预算的编制要遵循绩效性原则。在编制预算时,要对项目的投资进行可行性评估,根据成本—效益的考核标准,衡量项目的可行性,决定方案取舍,发挥预算资金支出效益的最大化作用,避免浪费或损失的发生。

(二)预算编制方法

1. 收入预算

行政事业单位收入预算是指预算年度内取得的各项收入以及用于各项支出的情况,包括财政预算拨款收入、预算外资金收入和其他收入等内容。行政事业单位在编制预算时,应按规定合理划分不同类型的收入,将应列入预算的各项收入全部列入预算,不得遗漏,但没有收入数额的项目可以空置。

(1)财政预算拨款收入。财政预算拨款收入反映财政拨给行政单位的经费数额及用途,拨付的专项经费要在财政预算拨款收入项下单列反映;根据机构编制主管部门核定的单位编制和财政部门核定的定额,结合工作任务需要和财力,逐项计算编列。

(2)预算外资金收入。预算外资金收入是指财政部门按规定从财政专户核拨给行政事业单位的预算外资金收入和财政部门核准由单位留用的预算外资金收入的合计数,反映了本预算年度可由单位支配使用的预算外资金收入金额数,是"可用"预算外资金收入。预算外资金收入一般根据预计缴入财政专户数和按规定留用不缴财政专户的预算外资金数额确定。按规定应上缴财政预算的罚没款和行政性收费(包括基金),应及时足额上缴,不得列入单位收入预算,用于各项支出。按规定暂未纳入财政预算管理的行政收费等预算外资金,应按规定进行处理,除经批准由单位留用的外,应及时足额上缴财政专户,实行收支两条线管理。缴入财政专户的预算外资金不能作为单位收入直接列入收入预算,但可用预算外资金收入应作为单位收入列入收入预算。

(3) 其他收入。其他收入反映非独立核算后勤机构取得的各项收入以及其他服务性收入等,包括固定资产有偿转让收入、出租出借收入、报损残值变价收入、利息收入、非独立核算单位的刊物发行收入、服务收入等。其他收入应列入单位收入预算,用于本单位的支出。有收费标准的项目,应当按照标准计算编列;没有收费标准的项目,则要根据上年执行情况,结合预算年度的相关因素编列。行政事业单位编制预算时,应按规定合理划分不同类型收入,将应列预算的各项收入全部列入,不得遗漏,非独立核算后勤机构取得的各项收入以及其他服务性收入等其他收入也应列入单位收入预算。将除财政预算拨款收入以外的可用预算外资金收入和其他收入,连同财政预算拨款收入一起纳入单位收入预算,并不意味着国家鼓励行政事业单位组织创收,也不改变财政预算拨款是行政事业单位资金来源主渠道的资金供给方式。

2. 支出预算

行政事业单位支出预算包括经常性支出(含预算外资金支出)、专项支出(含预算外资金支出)和自筹基本建设支出等项内容。支出预算要在合理分类的基础上根据要求分别编列。

(1) 经常性支出。这是维持单位日常基本运转所需要的支出,编制时应按其用途列入相应的预算科目。其中,人员经费支出项目应按编制人数和规定标准计算编列;公用经费支出项目应按支出定额计算,没有支出定额的,应按上年实际支出数并考虑本年度增减变化因素编列。

(2) 专项支出。专项支出主要包括大型设备购置费、大型修缮费、大型会议费和专项业务费,可按照支出用途分别编列到有关项目,或按专项工作任务分项编列,并参考有关开支水平和定额标准编列。专项支出应当有详细的说明。

(3) 自筹基本建设支出。自筹基本建设支出是行政单位经批准用财政预算拨款收入以外的资金安排自筹基本建设时发生的支出。自筹资金安排基本建设应先落实资金来源,并按审批权限报经有关部门列入基本建设计划,按照有关部门批准的投资规模和单位筹资能力计算编列。自筹基本建设支出应严格控制,在保证正常工作支出需要和预算收支平衡的基础上统筹安排,报主管部门和财政部门审批。经审核批准的自筹基本建设资金纳入基本建设财务管理,并在年度预算中单独反映。行政事业单位对预算收支各部分计算的结果进行综合后,就形成了行政事业单位预算。行政事业单位预算的编制要坚持收支平衡的原则,并按统筹兼顾、确保重点的原则安排各项支出。财政预算拨款收入应根据管理要求用于经常性支出和专项支出,尤其要优先安排用于保证人员基本工资和开展公务活动所必需的开支,在此前提下,统筹安排其他各项支出。用于职工待遇方面的支出,必须符合国家规定的范围和标准。

### 三、内部控制

(一) 内部控制概述

1. 内部控制的概念

内部控制是指单位为实现控制目标,通过制定制度、实施措施和执行程序,对经济活动的风险进行防范和管控。

2. 内部控制的目标

单位内部控制的目标主要包括合理保证单位经济活动合法合规、资产安全和使用有效、财务信息真实完整、有效防范舞弊和预防腐败以及提高公共服务的效率和效果。

3. 内部控制的原则

(1) 全面性原则。内部控制应当贯穿单位经济活动的决策、执行和监督全过程,实现对经济活动的全面控制。

(2) 重要性原则。在全面控制的基础上,内部控制应当关注单位重要经济活动和经济活动的重大风险。

(3) 制衡性原则。内部控制应当在单位内部的部门管理、职责分工、业务流程等方面相互制约和相互监督。

（4）适应性原则。内部控制应当符合国家有关规定和单位的实际情况，并随着外部环境的变化、单位经济活动的调整和管理要求的提高，不断修订和完善。

4. 内部控制的责任主体

单位应当依法建立适合本单位实际情况的内部控制体系，并组织实施。具体工作包括梳理单位各类经济活动的业务流程、明确业务环节、系统分析经济活动风险、确定风险点、选择风险应对策略，并在此基础上根据国家有关规定，建立健全单位各项内部管理制度并督促相关工作人员认真执行。单位负责人对本单位内部控制的建立健全和有效实施负责。

5. 内部控制的评价和监督

单位应当建立健全内部监督制度，明确各相关部门或岗位在内部监督中的职责权限，规定内部监督的程序和要求，对内部控制建立与实施情况进行内部监督检查和自我评价。内部监督应当与内部控制的建立和实施保持相对独立。内部审计部门或岗位应当定期或不定期检查单位内部管理制度和机制的建立与执行情况，以及内部控制关键岗位及人员的设置情况等，及时发现内部控制存在的问题并提出改进建议。

单位应当根据本单位实际情况确定内部监督检查的方法、范围和频率。单位负责人应当指定专门部门或专人负责对单位内部控制的有效性进行评价并出具单位内部控制自我评价报告。

（二）风险评估和控制方法

1. 风险评估机制

单位应当建立经济活动风险定期评估机制，对经济活动存在的风险进行全面、系统和客观评估。经济活动风险评估至少每年进行一次；外部环境、经济活动或管理要求等发生重大变化的，应及时对经济活动风险进行重估。

2. 风险评估方法

单位开展经济活动风险评估应当成立风险评估工作小组，由单位领导担任组长。经济活动风险评估结果应当形成书面报告并及时提交单位领导班子，作为完善内部控制的依据。

单位进行单位层面的风险评估时，应当重点关注以下方面：

（1）内部控制工作的组织情况。主要包括：是否确定内部控制职能部门或牵头部门；是否建立单位各部门在内部控制中的沟通协调和联动机制。

（2）内部控制机制的建设情况。主要包括：经济活动的决策、执行、监督是否实现有效分离；权责是否对等；是否建立健全议事决策机制、岗位责任制、内部监督等机制。

（3）内部管理制度的完善情况。主要包括：内部管理制度是否健全；执行是否有效。

（4）内部控制关键岗位工作人员的管理情况。主要包括：是否建立工作人员的培训、评价、轮岗等机制；工作人员是否具备相应的资格和能力。

（5）财务信息的编报情况。主要包括：是否按照国家统一的会计制度对经济业务事项进行账务处理；是否按照国家统一的会计制度编制财务会计报告。

（6）其他情况。

单位进行经济活动业务层面的风险评估时，应当重点关注以下方面：

（1）预算管理情况。主要包括：在预算编制过程中，单位内部各部门间沟通协调是否充分，预算编制与资产配置是否相结合，与具体工作是否相对应；是否按照批复的额度和开支范围执行预算，进度是否合理，是否存在无预算、超预算支出等问题；决算编报是否真实、完整、准确、及时。

（2）收支管理情况。主要包括：收入是否实现归口管理，是否按照规定及时向财务部门提供收入的有关凭据，是否按照规定保管和使用印章和票据等；发生支出事项时，是否按照规定审核各类凭据的真实性、合法性，是否存在使用虚假票据套取资金的情形。

（3）政府采购管理情况。主要包括：是否按照预算和计划组织政府采购业务；是否按照规定组织政府采购活动和执行验收程序；是否按照规定保存政府采购业务相关档案。

（4）资产管理情况。主要包括：是否实现资产归口管理并明确使用责任；是否定期对资产进行清查盘点，对账实不符的情况及时进行处理；是否按照规定处置资产。

(5) 建设项目管理情况。主要包括：是否按照概算投资；是否严格履行审核审批程序；是否建立有效的招投标控制机制；是否存在截留、挤占、挪用、套取建设项目资金的情形；是否按照规定保存建设项目相关档案并及时办理移交手续。

(6) 合同管理情况。主要包括：是否实现合同归口管理；是否明确应签订合同的经济活动范围和条件；是否有效监控合同履行情况；是否建立合同纠纷协调机制。

(7) 其他情况。

3. 内部控制方法

(1) 不相容岗位相互分离。合理设置内部控制关键岗位，明确划分职责权限，实施相应的分离措施，形成相互制约、相互监督的工作机制。

(2) 内部授权审批控制。明确各岗位办理业务和事项的权限范围、审批程序和相关责任，建立重大事项集体决策和会签制度。相关工作人员应当在授权范围内行使职权、办理业务。

(3) 归口管理。根据本单位实际情况，按照权责对等的原则，采取成立联合工作小组并确定牵头部门或牵头人员等方式，对有关经济活动实行统一管理。

(4) 预算控制。强化对经济活动的预算约束，使预算管理贯穿于单位经济活动的全过程。

(5) 财产保护控制。建立资产日常管理制度和定期清查机制，采取资产记录、实物保管、定期盘点、账实核对等措施，确保资产安全、完整。

(6) 会计控制。建立健全本单位财会管理制度，加强会计机构建设，提高会计人员业务水平，强化会计人员岗位责任制，规范会计基础工作，加强会计档案管理，明确会计凭证、会计账簿和财务会计报告处理程序。

(7) 单据控制。要求单位根据国家有关规定和单位的经济活动业务流程，在内部管理制度中明确界定各项经济活动所涉及的表单和票据，要求相关工作人员按照规定填制、审核、归档、保管单据。

(8) 信息内部公开。建立健全经济活动相关信息内部公开制度，根据国家有关规定和单位的实际情况，确定信息内部公开的内容、范围、方式和程序。

## （三）单位层面内部控制

1. 单位层面内部控制的组织

单位应当单独设置内部控制职能部门或者确定内部控制牵头部门，负责组织协调内部控制工作。同时，应当充分发挥财会、内部审计、纪检监察、政府采购、基建、资产管理等部门或岗位在内部控制中的作用。

2. 单位层面内部控制的基本要求

单位经济活动的决策、执行和监督应当相互分离，应当建立健全集体研究、专家论证和技术咨询相结合的议事决策机制。

重大经济事项的内部决策，应当由单位领导班子集体研究决定。重大经济事项的认定标准应当根据有关规定和本单位实际情况确定，一经确定，不得随意变更。

3. 单位层面内部控制的方法

单位应当建立健全内部控制关键岗位责任制，明确岗位职责及分工，确保不相容岗位相互分离、相互制约和相互监督。单位应当实行内部控制关键岗位工作人员的轮岗制度，明确轮岗周期。不具备轮岗条件的单位应当采取专项审计等控制措施。内部控制关键岗位主要包括预算业务管理、收支业务管理、政府采购业务管理、资产管理、建设项目管理、合同管理以及内部监督等经济活动的关键岗位。

内部控制关键岗位的工作人员应当具备与其工作岗位相适应的资格和能力。单位应当加强内部控制关键岗位工作人员业务培训和职业道德教育，不断提升其业务水平和综合素质。

单位应当根据《中华人民共和国会计法》的规定建立会计机构，配备具有相应资格和能力的会计人员。单位应当根据实际发生的经济业务事项按照国家统一的会计制度及时进行账务处理、编制财务会计报告，确保财务信息真实、完整。

单位应当充分运用现代科学技术手段加强内部控制。对信息系统建设实施归口管理，将经济活动及其内部控制流程嵌入单位信息系统中，减少或消除人为操纵因素，保护信息安全。

（四）业务层面内部控制

1. 预算业务内部控制

单位应当建立健全预算编制、审批、执行、决算与评价等预算内部管理制度，应当合理设置岗位，明确相关岗位的职责权限，确保预算编制、审批、执行、评价等不相容岗位相互分离。

单位的预算编制应当做到程序规范、方法科学、编制及时、内容完整、项目细化、数据准确。

（1）单位应当正确把握预算编制有关政策，确保预算编制相关人员及时全面掌握相关规定。

（2）单位应当建立内部预算编制、预算执行、资产管理、基建管理、人事管理等部门或岗位的沟通协调机制，按照规定进行项目评审，确保预算编制部门及时取得和有效运用与预算编制相关的信息，根据工作计划细化预算编制，提高预算编制的科学性。

单位应当根据内设部门的职责和分工，对按照法定程序批复的预算在单位内部进行指标分解、审批下达，规范内部预算追加调整程序，发挥预算对经济活动的管控作用。

单位应当根据批复的预算安排各项收支，确保预算得到严格有效执行。

单位应当建立预算执行分析机制，定期通报各部门预算执行情况，召开预算执行分析会议，研究解决预算执行中存在的问题，提出改进措施，提高预算执行的有效性。

单位应当加强决算管理，确保决算真实、完整、准确、及时，加强决算分析工作，强化决算分析结果运用，建立健全单位预算与决算相互反映、相互促进的机制。

单位应当加强预算绩效管理，建立"预算编制有目标、预算执行有监控、预算完成有评价、评价结果有反馈、反馈结果有应用"的全过程预算绩效管理机制。

2. 收支业务内部控制

单位应当建立健全收入内部管理制度，应当合理设置岗位，明确相关岗位的职责权限,确保收款、会计核算等不相容岗位相互分离。

单位的各项收入应当由财会部门归口管理并进行会计核算,严禁设立账外账。业务部门应当在涉及收入的合同协议签订后及时将合同等有关材料提交财会部门作为账务处理依据,确保各项收入应收尽收,及时入账。财会部门应当定期检查收入金额是否与合同约定相符;对应收未收项目应当查明情况,明确责任主体,落实催收责任。

有政府非税收入收缴职能的单位,应当按照规定项目和标准征收政府非税收入,按照规定开具财政票据,做到收缴分离、票款一致,并及时、足额上缴国库或财政专户,不得以任何形式截留、挪用或者私分。

单位应当建立健全票据管理制度。财政票据、发票等各类票据的申领、启用、核销、销毁均应履行规定手续。单位应当按照规定设置票据专管员,建立票据台账,做好票据的保管和序时登记工作。票据应当按照顺序号使用,不得拆本使用,做好废旧票据管理。负责保管票据的人员要配置单独的保险柜等保管设备,并做到人走柜锁。单位不得违反规定转让、出借、代开、买卖财政票据、发票等票据,不得擅自扩大票据适用范围。

单位应当建立健全支出内部管理制度,确定单位经济活动的各项支出标准,明确支出报销流程,按照规定办理支出事项。单位应当合理设置岗位,明确相关岗位的职责权限,确保支出申请和内部审批、付款审批和付款执行、业务经办和会计核算等不相容岗位相互分离。

单位应当按照支出业务的类型,明确内部审批、审核、支付、核算和归档等支出各关键岗位的职责权限。实行国库集中支付的,应当严格按照财政国库管理制度有关规定执行。具体包括以下方面:

(1) 加强支出审批控制。明确支出的内部审批权限、程序、责任和相关控制措施。审批人应当在授权范围内审批,不得越权审批。

(2) 加强支出审核控制。全面审核各类单据。重点审核单据来源是否合法,内容是否真实、完整,使用是否准确,是否符合预算,审批手续是否齐全。

支出凭证应当附反映支出明细内容的原始单据,并由经办人员签字或盖章,超出规定标准的支出事项应由经办人员说明原因并附审批依据,确保与经济业务事项相符。

（3）加强支付控制。明确报销业务流程，按照规定办理资金支付手续。签发的支付凭证应当进行登记。使用公务卡结算的，应当按照公务卡使用和管理有关规定办理业务。

（4）加强支出的核算和归档控制。由财会部门根据支出凭证及时准确登记账簿；与支出业务相关的合同等材料应当提交财会部门作为账务处理的依据。

根据国家规定可以举借债务的单位应当建立健全债务内部管理制度，明确债务管理岗位的职责权限，不得由一人办理债务业务的全过程。大额债务的举借和偿还属于重大经济事项，应当进行充分论证，并由单位领导班子集体研究决定。

单位应当做好债务的会计核算和档案保管工作。加强债务的对账和检查控制，定期与债权人核对债务余额，进行债务清理，防范和控制财务风险。

3. 政府采购业务内部控制

单位应当建立健全政府采购预算与计划管理、政府采购活动管理、验收管理等政府采购内部管理制度，应当明确相关岗位的职责权限，确保政府采购需求制定与内部审批、招标文件准备与复核、合同签订与验收、验收与保管等不相容岗位相互分离。

单位应当加强对政府采购业务预算与计划的管理。建立预算编制、政府采购和资产管理等部门或岗位之间的沟通协调机制。根据本单位实际需求和相关标准编制政府采购预算，按照已批复的预算安排政府采购计划。

单位应当加强对政府采购活动的管理。对政府采购活动实施归口管理，在政府采购活动中建立政府采购、资产管理、财会、内部审计、纪检监察等部门或岗位相互协调、相互制约的机制。

单位应当加强对政府采购申请的内部审核，按照规定选择政府采购方式、发布政府采购信息。对政府采购进口产品、变更政府采购方式等事项应当加强内部审核，严格履行审批手续。

单位应当加强对政府采购项目验收的管理。根据规定的验收制度和政府采购文件,由指定部门或专人对所购物品的品种、规格、数量、质量和其他相关内容进行验收,并出具验收证明。

单位应当加强对政府采购业务质疑投诉答复的管理。指定牵头部门负责、相关部门参加,按照国家有关规定做好政府采购业务质疑投诉答复工作。

单位应当加强对政府采购业务的记录控制。妥善保管政府采购预算与计划、各类批复文件、招标文件、投标文件、评标文件、合同文本、验收证明等政府采购业务相关资料。定期对政府采购业务信息进行分类统计,并在内部进行通报。

单位应当加强对涉密政府采购项目安全保密的管理。对于涉密政府采购项目,单位应当与相关供应商或采购中介机构签订保密协议或者在合同中设定保密条款。

4. 资产项目内部控制

单位应当对资产实行分类管理,建立健全资产内部管理制度。应当合理设置岗位,明确相关岗位的职责权限,确保资产安全和有效使用。

单位应当建立健全货币资金管理岗位责任制,合理设置岗位,不得由一人办理货币资金业务的全过程,确保不相容岗位相互分离。具体包括以下方面:

(1) 出纳不得兼管稽核、会计档案保管以及收入、支出、债权、债务账目的登记工作。

(2) 严禁一人保管收付款项所需的全部印章。财务专用章应当由专人保管,个人名章应当由本人或其授权人员保管。负责保管印章的人员要配置单独的保管设备,并做到人走柜锁。

(3) 按照规定应当由有关负责人签字或盖章的,应当严格履行签字或盖章手续。

单位应当加强对银行账户的管理,严格按照规定的审批权限和程序开立、变更和撤销银行账户。

单位应当加强货币资金的核查控制。指定不办理货币资金业务的会计人员定期和不定期抽查盘点库存现金,核对银行存款余额,抽查银行对账单、银行日记账及银行存款余额调节表,核对是否账实相符、账账相符。对调节不符、可能存在重大问题的未达账项应当及时查明原因,并按照相关规定处理。

单位应当加强对实物资产和无形资产的管理,明确相关部门和岗位的职责权限,强化对配置、使用和处置等关键环节的管控。具体包括以下方面:

(1) 对资产实施归口管理。明确资产使用和保管责任人,落实资产使用人在资产管理中的责任。贵重资产、危险资产、有保密等特殊要求的资产,应当指定专人保管、专人使用,并规定严格的接触限制条件和审批程序。

(2) 按照国有资产管理的相关规定,明确资产的调剂、租借、对外投资、处置的程序、审批权限和责任。

(3) 建立资产台账,加强资产的实物管理。单位应当定期清查盘点资产,确保账实相符。财会、资产管理、资产使用等部门或岗位应当定期对账,发现不符的,应当及时查明原因,并按照相关规定处理。

(4) 建立资产信息管理系统,做好资产的统计、报告、分析工作,实现对资产的动态管理。

单位应当根据国家的有关规定加强对对外投资的管理,具体包括以下方面:

(1) 合理设置岗位,明确相关岗位的职责权限,确保对外投资的可行性研究与评估、对外投资决策与执行、对外投资处置的审批与执行等不相容岗位相互分离。

(2) 单位对外投资,应当由单位领导班子集体研究决定。

(3) 加强对投资项目的追踪管理,及时、全面、准确地记录对外投资的价值变动和投资收益情况。

(4) 建立责任追究制度。对在对外投资中出现重大决策失误、未履行集体决策程序和不按规定执行对外投资业务的部门及人员,应当追究相应的责任。

5. 建设项目内部控制

单位应当建立健全建设项目内部管理制度。应当合理设置岗位,明确内部相关部门和岗位的职责权限,确保项目建议和可行性研究与项目决策、概预算编制与审核、项目实施与价款支付、竣工决算与竣工审计等不相容岗位相互分离。

单位应当建立与建设项目相关的议事决策机制,严禁任何个人单独决策或者擅自改变集体决策意见。决策过程及各方面意见应当形成书面文件,与相关资料一同妥善归档保管。

单位应当建立与建设项目相关的审核机制。项目建议书、可行性研究报告、概预算、竣工决算报告等应当由单位内部的规划、技术、财会、法律等相关工作人员或者根据国家有关规定委托具有相应资质的中介机构进行审核,出具评审意见。

单位应当依据国家有关规定组织建设项目招标工作,并接受有关部门的监督。

单位应当采取签订保密协议、限制接触等必要措施,确保标底编制、评标等工作在严格保密的情况下进行。

单位应当按照审批单位下达的投资计划和预算对建设项目资金实行专款专用,严禁截留、挪用和超批复内容使用资金。财会部门应当加强与建设项目承建单位的沟通,准确掌握建设进度,加强价款支付审核,按照规定办理价款结算。实行国库集中支付的建设项目,单位应当按照财政国库管理制度相关规定支付资金。

单位应当加强对建设项目档案的管理。做好相关文件、材料的收集、整理、归档和保管工作。

经批准的投资概算是工程投资的最高限额,如有调整,应当按照国家有关规定报经批准。单位建设项目工程洽商和设计变更应当按照有关规定履行相应的审批程序。

建设项目竣工后,单位应当按照规定的时限及时办理竣工决算,组织竣工决算审计,并根据批复的竣工决算和有关规定办理建设项目档案和资产移交等工作。建设项目已实际投入使用但超时限未办理竣工决算的,单位应当根据对建设项目的实际投资暂估入账,转作相关资产管理。

6. 合同项目内部控制

单位应当建立健全合同内部管理制度。应当合理设置岗位,明确合同的授权审批和签署权限,妥善保管和使用合同专用章,严禁未经授权擅自以单位名义对外签订合同,严禁违规签订担保、投资和借贷合同。

单位应当对合同实施归口管理,建立财会部门与合同归口管理部门的沟通协调机制,实现合同管理与预算管理、收支管理相结合。

单位应当加强对合同订立的管理,明确合同订立的范围和条件。对于影响重大、涉及较高专业技术或法律关系复杂的合同,应当组织法律、技术、财会等工作人员参与谈判,必要时可聘请外部专家参与相关工作。谈判过程中的重要事项和参与谈判人员的主要意见,应当予以记录并妥善保管。

单位应当对合同履行情况实施有效监控。合同履行过程中,因对方或单位自身原因导致可能无法按时履行的,应当及时采取应对措施。

单位应当建立合同履行监督审查制度。对合同履行中签订补充合同,或变更、解除合同等应当按照国家有关规定进行审查。

财会部门应当根据合同履行情况办理价款结算和进行账务处理。未按照合同条款履约的,财会部门应当在付款之前向单位有关负责人报告。

合同归口管理部门应当加强对合同登记的管理,定期对合同进行统计、分类和归档,详细登记合同的订立、履行和变更情况,实行对合同的全过程管理。与单位经济活动相关的合同应当同时提交财会部门作为账务处理的依据。

单位应当加强合同信息安全保密工作,未经批准,不得以任何形式泄露合同订立与履行过程中涉及的国家秘密、工作秘密或商业秘密。

单位应当加强对合同纠纷的管理。合同发生纠纷的,单位应当在规定时效内与对方协商谈判。合同纠纷协商一致的,双方应当签订书面协议;合同纠纷经协商无法解决的,经办人员应向单位有关负责人报告,并根据合同约定选择仲裁或诉讼方式解决。

## 四、政府部门财务报告

**（一）政府部门财务报告编制要求**

政府部门财务报告以权责发生制为基础，主要反映本部门财务状况、运行情况等，为加强政府部门资产负债管理、预算管理、绩效管理等提供信息支撑。政府部门财务报告主要包括财务报表和财务分析。

政府部门财务报告由本部门所属单位逐级编制，政府各单位应当严格按照相关财务管理制度以及会计制度的规定，全面清查、核实单位的资产负债情况，做到账实相符、账证相符、账账相符、账表相符。对代表政府管理的资产，各单位应全面清查、核实，完善基础资料，全面、准确、真实、完整地反映。

会计账簿相关数据不符合权责发生制原则的，应当提取数据后按照相关报告标准进行调整，数据调整应当符合重要性原则，并编制调整分录。

各部门对所属各单位财务报表合并编制本部门财务报表。合并编制财务报表时，对部门所属各单位之间发生的经济业务或事项应当经过确认后抵销，并编制抵销分录，在此基础上分项合并财务报表项目。

政府部门财务报表之间、财务报表各项目之间，凡有对应关系的数字，应当相互一致；报表中本期与上期有关的数字应当衔接。各部门使用的会计政策一经确定，不得随意变更；因特殊情形发生较大变更的，应当报同级财政部门备案，并陈述相关理由。

**（二）政府部门财务报告主要内容**

政府部门财务报告应当包括会计报表、报表附注、财务分析等。

会计报表主要包括资产负债表、收入费用表及当期盈余与预算结余差异表等。

资产负债表重点反映政府部门年末财务状况。资产负债表应当按照资产、负债和净资产分类分项列示。其中，资产应当按照流动性分类分项列示，包括流动资产、非流动资产等；负债应当按照流动性分类分项列示，包括流动负债、非流动负债等。

收入费用表重点反映政府部门年度运行情况。收入费用表应当按照收入、费用和盈余分类分项列示。

当期盈余与预算结余差异表重点反映政府部门权责发生制基础当期盈余与现行会计制度下当期预算结余之间的差异。

报表附注重点对财务报表作进一步解释说明，一般应当按照下列顺序披露：(1)报表的编制基础、遵循政府会计准则和会计制度的声明；(2)报表涵盖的主体范围；(3)重要的会计政策和会计估计；(4)报表中重要项目的明细资料和进一步说明；(5)承诺事项、资产负债表日后重大事项的说明；(6)部门及所属单位代表政府管理的有关经济业务或事项的说明，包括政府储备资产、公共基础设施、保障性住房等；(7)需要说明的其他事项。

### 五、政府部门财务分析

政府部门财务分析应当基于财务报表所反映的信息，并紧密结合政府部门职能履行、预算管理、资产负债管理和绩效管理等要求。政府财政经济分析应当基于财务报表所反映的信息，结合经济形势状况和趋势以及财政管理政策措施，对政府整体财务情况进行综合性分析。

(一)政府部门财务分析的内容构成

政府部门财务分析主要包括以下内容：

1. 政府部门基本情况介绍

政府部门基本情况主要包括部门基本职能、机构设置、年度工作目标计划及执行情况、绩效目标及完成情况等。

2. 政府部门资产负债状况分析

(1)结合政府部门职能、工作任务、相关政策要求等，对货币资金、固定资产、政府储备资产、公共基础设施等重要资产项目的结构特点和变化情况进行分析，并评估对政府部门提供公共服务的能力的影响。

(2)结合短期借款、长期借款等重点负债项目的增减变化情况，分析政府部门债务规模和债务结构等。

(3)运用资产负债率、现金比率、流动比率等指标，分析评估政府部门当期及未来中长期财务风险及可控程度,需要采取的措施等。

3. 政府部门运行情况分析

（1）分析政府部门的收入规模、结构及来源分布、重点收入项目的比重和变化趋势,以及经济形势、相关财政政策等对政府部门收入变动的影响等。

（2）分析政府部门费用规模、构成及变化情况,特别是政府部门控制行政成本的政策、投融资情况及对费用变动的影响等。

（3）运用政府部门的收入费用率等指标,分析政府部门收入用于支付费用的比例情况。

4. 政府部门财务管理情况

从部门预算管理、内控管理、资产管理、绩效管理、人才队伍建设等方面,全面反映部门加强财务管理的主要措施和取得成效。

（二）政府部门财务分析的方法和指标

政府部门可采取比率分析法、比较分析法、结构分析法、趋势分析法等方法进行财务分析,具体可参考使用表 2 所示的指标。

表 2　分析指标表

| 序号 | 指标名称 | 公式 | 指标说明 |
| --- | --- | --- | --- |
| 1 | 资产负债率 | 负债总额/资产总额 | 反映政府部门偿付全部债务本息能力的基本指标。 |
| 2 | 现金比率 | （货币资金＋财政应返还额度）/流动负债 | 反映政府部门利用现金及现金等价物偿还短期债务的能力。 |
| 3 | 流动比率 | 流动资产/流动负债 | 反映政府部门流动资产用于偿还流动负债的能力。 |
| 4 | 固定资产成新率 | 固定资产净值/固定资产原值 | 反映政府部门固定资产的持续服务能力。 |
| 5 | 公共基础设施成新率 | 公共基础设施净值/公共基础设施原值 | 反映公共基础设施的持续服务能力。 |
| 6 | 收入费用率 | 年度总费用/年度总收入 | 反映政府部门收入用于支付费用的比例情况。 |

## 第三节　机关会计管理

### 一、会计机构和会计人员

（一）会计机构设置和会计人员配备

1. 各单位应当根据会计业务的需要设置会计机构；不具备单独设置会计机构条件的，应当在有关机构中配备人员。

事业行政单位会计机构的设置和会计人员的配备，应当符合国家统一事业行政单位会计制度的规定。设置会计机构的，应当配备会计机构负责人；在有关机构中配备专职会计人员的，应当在专职会计人员中指定会计主管人员。会计机构负责人、会计主管人员的任免，应当符合《中华人民共和国会计法》和有关法律的规定。

2. 会计机构负责人、会计主管人员应当具备下列基本条件：坚持原则，廉洁奉公；具有会计专业技术资格；主管一个单位或者单位内一个重要方面的财务会计工作时间不少于 2 年；熟悉国家财经法律、法规、规章和方针、政策，掌握本行业业务管理的有关知识；有较强的组织能力；身体状况能够适应本职工作的要求。

3. 事业单位应当根据法律和国家有关规定设置总会计师。

总会计师由具有会计师以上专业技术资格的人员担任。总会计师行使《总会计师条例》规定的职责、权限。总会计师的任命（聘任）、免职（解聘）依照《总会计师条例》和有关法律、法规的规定办理。

4. 各单位应当根据会计业务需要设置会计工作岗位。

会计工作岗位上一般可分为会计机构负责人或者会计主管人员，负责出纳、财产物资核算、工资核算、成本费用核算、财务成果核算、资金核算、往来结算、总账报表、稽核、档案管理等。

5. 会计工作岗位可以一人一岗、一人多岗或者一岗多人，但出纳人员不得兼管稽核、会计档案保管以及收入、费用、债权债务账目的登记工作。

6. 会计人员的工作岗位应当有计划地进行轮换。

7. 会计人员应当具备必要的专业知识和专业技能,熟悉国家有关法律、法规、规章和国家统一会计制度,遵守职业道德。会计人员应当按照国家有关规定参加会计业务的培训。各单位应当合理安排会计人员的培训,保证会计人员每年有一定时间用于学习和参加培训。

8. 各单位领导应当支持会计机构、会计人员依法行使职权;对忠于职守、坚持原则、做出显著成绩的会计机构、会计人员,应当给予精神和物质的奖励。

9. 国家机关、事业单位聘用会计人员,应当实行回避制度。单位领导人的直系亲属不得担任本单位的会计机构负责人、会计主管人员。会计机构负责人、会计主管人员的直系亲属不得在本单位会计机构中担任出纳工作。需要回避的直系亲属包括夫妻关系、直系血亲关系、三代以内旁系血亲以及配偶亲关系。

(二) 会计人员的职业道德

1. 会计人员在会计工作中应当遵守职业道德,树立良好的职业品质、严谨的工作作风,严守工作纪律,努力提高工作效率和工作质量。

2. 会计人员应当热爱本职工作,努力钻研业务,使自己的知识和技能适应所从事工作的要求。

3. 会计人员应当熟悉财经法律、法规、规章和国家统一会计制度,并结合会计工作进行广泛宣传。

4. 会计人员应当按照会计法律、法规和国家统一会计制度规定的程序和要求开展会计工作,保证所提供的会计信息合法、真实、准确、及时、完整。

5. 会计人员办理会计事务,应当坚持实事求是、客观公正。

6. 会计人员应当熟悉本单位的业务情况,运用掌握的会计信息和会计方法,改善单位内部管理、提高效益服务。

7. 会计人员应当保守本单位的秘密。除法律、法规规定和单位领导同意外,不能私自向外界提供或者泄露单位的会计信息。

8. 财政部门、业务主管部门和各单位应当定期检查会计人员遵守职业道德的情况,并作为会计人员晋升、晋级、聘任专业职务、表彰奖励的重要考核依据。会计人员违反职业道德的,由所在单位进行处罚。

(三)会计工作交接

1. 会计人员工作调动或者因故离职,必须将本人所经管的会计工作全部移交给接替人员;没有办清交接手续的,不得调动或者离职。

2. 接替人员应当认真接管移交工作,并继续办理移交的未了事项。

3. 会计人员办理移交手续前,必须及时做好以下工作:

(1)已经受理的经济业务尚未填制会计凭证的,应当填制完毕。

(2)尚未登记的账目,应当登记完毕,并在最后一笔余额后加盖经办人员印章。

(3)整理应该移交的各项资料,对未了事项写出书面材料。

(4)编制移交清册,列明应当移交的会计凭证、会计账簿、会计报表、印章、现金、有价证券、支票簿、发票、文件、其他会计资料和物品等内容;实行会计电算化的单位,从事该项工作的移交人员还应当在移交清册中列明会计软件的登录账号和密码、软件数据及有关资料、实物等内容。

4. 会计人员办理交接手续,必须有监交人负责监交。一般会计人员交接,由单位会计机构负责人、会计主管人员负责监交;会计机构负责人、会计主管人员交接,由单位领导人负责监交,必要时可由上级主管部门派人会同监交。

5. 移交人员在办理移交时,要按移交清册逐项移交;接替人员要按照以下要求逐项核对点收:

(1)现金、有价证券要根据会计账簿有关记录进行点交。库存现金、有价证券必须与会计账簿记录保持一致;不一致时,移交人员必须限期查清。

(2)会计凭证、会计账簿、会计报表和其他会计资料必须完整无缺;如果有短缺,必须查清原因,并在移交清册中注明,由移交人员负责。

(3)银行存款账户余额要与银行对账单核对,如果不一致,应当编制银行存款余额调节表调节相符,各种财产物资和债权债务的明细账户余额要与总账有关账户余额核对相符;必要时,要抽查个别账户的余额,与实物核对相符,或者与往来单位、个人核对清楚。

（4）移交人员经管的票据、印章和其他实物等，必须交接清楚；移交财务核算软件等相关工具的权限时，要对有关电子数据在实际操作状态下进行交接。

6. 会计机构负责人、会计主管人员移交时，还必须将全部财务会计工作、重大财务收支和会计人员的情况等，向接替人员详细介绍。对需要移交的遗留问题，应当写出书面材料。

7. 交接完毕后，交接双方和监交人员要在移交注册上签名或者盖章，并应在移交注册上注明：单位名称、交接日期、交接双方和监交人员的职务和姓名、移交清册页数以及需要说明的问题和意见等。移交清册一般应当填制一式三份，交接双方各执一份，存档一份。

8. 接替人员应当继续使用移交的会计账簿，不得自行另立新账，以保持会计记录的连续性。

9. 会计人员临时离职或者因病不能工作且需要接替或者代理的，会计机构负责人、会计主管人员或者单位领导人必须指定有关人员接替或者代理，并办理交接手续。临时离职或者因病不能工作的会计人员恢复工作的，应当与接替或者代理人员办理交接手续。移交人员因病或者其他特殊原因不能亲自办理移交的，经单位领导人批准，可由移交人员委托他人代办移交。

10. 单位撤销时，必须留有必要的会计人员，会同有关人员办理清算工作，编制决算；未移交前，不得离职。接收单位和移交日期由主管部门确定。单位合并、分立的，其会计工作交接手续比照上述要求办理。

11. 移交人员对所移交的会计凭证、会计账簿、会计报表和其他有关资料的合法性、真实性承担法律责任。

## 二、会计核算

### （一）会计核算的一般要求

各单位应当按照《中华人民共和国会计法》和国家统一会计制度的规定建立会计账册，进行会计核算，及时提供合法、真实、准确、完整的会计信息。

1. 各单位发生的下列事项,应当及时办理会计手续、进行会计核算:(1) 款项和有价证券的收付;(2) 财物的收发、增减和使用;(3) 债权债务的发生和结算;(4) 资本、基金的增减;(5) 收入、支出、费用、成本的计算;(6) 财务成果的计算和处理;(7) 其他需要办理会计手续、进行会计核算的事项。

2. 各单位的会计核算应当以实际发生的经济业务为依据,按照规定的会计处理方法进行,保证会计指标的口径一致、相互可比和会计处理方法的前后各期相一致。

3. 会计年度自公历1月1日起至12月31日止。

4. 会计核算以人民币为记账本位币。收支业务以外国货币为主的单位,也可以选定某种外国货币作为记账本位币,但是编制的会计报表应当折算为人民币反映。境外单位向国内有关部门编报的会计报表,应当折算为人民币反映。

5. 各单位根据国家统一会计制度的要求,在不影响会计核算要求、会计报表指标汇总和对外统一会计报表的前提下,可以根据实际情况自行设置和使用会计科目。行政事业单位会计科目的设置和使用,应当符合国家统一的行政事业单位会计制度的规定。

6. 会计凭证、会计账簿、会计报表和其他会计资料的内容和要求必须符合国家统一会计制度的规定,不得伪造、变造会计凭证和会计账簿,不得设置账外账,不得报送虚假会计报表。

7. 各单位对外报送的会计报表格式由财政部统一规定。

8. 使用财务软件开展会计核算的单位,对使用的会计软件及其生成的会计凭证、会计账簿、会计报表和其他会计资料的要求,应当符合财政部关于会计电算化的有关规定。

9. 各单位的会计凭证、会计账簿、会计报表和其他会计资料,应当建立档案,妥善保管。会计档案建档要求、保管期限、销毁办法等依据《会计档案管理办法》的规定进行。使用财务软件开展会计核算的单位,有关电子数据、会计软件资料等应当作为会计档案进行管理。

10. 会计记录的文字应当使用中文,少数民族自治地区可以同时使用少数民族文字。

(二) 会计凭证管理

1. 原始凭证管理

各单位办理财务报销、资产入账等财务工作时，必须取得或者填制原始凭证，并及时送交会计机构。原始凭证包括审批文件、报销单、资产入库单、发票、收据、火车票、机票行程单、明细表等。

凡填有大写和小写金额的原始凭证，大写与小写金额必须相符。购买实物的原始凭证，必须有验收证明。支付款项的原始凭证，必须有收款单位和收款人的收款证明。经上级有关部门批准的经济业务，应当将批准文件作为原始凭证附件；如果批准文件需要单独归档的，应当在凭证上注明批准机关名称、日期和文件字号。

原始凭证不得涂改、挖补。发现原始凭证有错误的，应当由开出单位重开或者更正，更正处应当加盖开出单位的公章。会计机构、会计人员要根据审核无误的原始凭证填制记账凭证。

原始凭证不得外借，其他单位如因特殊原因需要使用原始凭证时，经本单位会计机构负责人、会计主管人员批准，可以复制。向外单位提供的原始凭证复制件，应当在专设的登记簿上登记，并由提供人员和收取人员共同签名或者盖章。

从外单位取得的原始凭证如有遗失，应当取得原开出单位盖有公章的证明，并注明原来凭证的号码、金额和内容等，由经办单位会计机构负责人、会计主管人员和单位领导人批准后，才能代作原始凭证。如果确实无法取得证明的，如火车、轮船、飞机票等凭证，由当事人写出详细情况，由经办单位会计机构负责人、会计主管人员和单位领导人批准后，代作原始凭证。

2. 记账凭证管理

记账凭证必须具备以下内容：填制凭证的日期、凭证编号、经济业务摘要、会计科目、金额、所附原始凭证张数以及填制凭证人员、稽核人员、记账人员、会计机构负责人、会计主管人员的签章。

填制记账凭证时，应当对记账凭证进行连续编号。除结账和更正错误的记账凭证可以不附原始凭证外,其他记账凭证必须附有原始凭证。如果一张原始凭证涉及几张记账凭证,可以将原始凭证附在一张主要的记账凭证后面,并在其他记账凭证上注明附有该原始凭证的记账凭证的编号或者附原始凭证复印件。一张原始凭证所列支出需要几个单位共同负担的,应当将其他单位负担的部分,开给对方原始凭证分割单,进行结算。如果在填制记账凭证时发生错误,应当重新填制。

使用财务软件开展会计核算的单位,对机制记账凭证要认真审核,做到会计科目使用正确,数字准确无误。

各单位会计凭证的传递程序应当科学、合理,具体办法由各单位根据会计业务需要自行规定。会计机构、会计人员应当妥善保管会计凭证。会计凭证应当及时传递,不得积压;会计凭证登记完毕后,应当按照分类和编号顺序保管,不得散乱丢失;记账凭证应当连同所附的原始凭证或者原始凭证汇总表,按照编号顺序,折叠整齐,按期装订成册,并加具封面,注明单位名称、年度、月份、起讫日期、凭证种类和起讫号码,由装订人在装订线封签外签名或者盖章;对于数量过多的原始凭证,可以单独装订保管,在封面上注明记账凭证日期、编号、种类,同时在记账凭证上注明"附件另订"和原始凭证名称及编号。各种经济合同、存出保证金收据以及涉外文件等重要原始凭证,应当另编目录,单独登记保管,并在有关的记账凭证和原始凭证上相互注明日期和编号。

(三)会计账簿管理

1. 各单位应当按照国家统一会计制度的规定和会计业务的需要设置会计账簿。会计账簿包括总账、明细账、日记账和其他辅助性账簿。

2. 现金日记账和银行存款日记账必须采用订本式账簿,不得用银行对账单或者其他方法代替日记账。

3. 使用财务软件开展会计核算的单位,用计算机打印的会计账簿必须连续编号,经审核无误后装订成册,并由记账人员和会计机构负责人、会计主管人员签字或者盖章。

4. 启用会计账簿时,应当在账簿封面上写明单位名称和账簿名称。在账簿扉页上应当附启用表,内容包括:启用日期、账簿页数、记账人员和会计机构负责人、会计主管人员姓名,并加盖签章和单位公章。记账人员或者会计机构负责人、会计主管人员调动工作时,应当注明交接日期、接办人员或者监交人员姓名,并由交接双方人员签名或者盖章。

启用订本式账簿,应当从第一页到最后一页顺序编定页数,不得跳页、缺号。使用活页式账页,应当按账户顺序编号,并须定期装订成册;装订后再接实际使用的账页顺序编定页码,另加目录,记明每个账户的名称和页次。

5. 会计人员应当根据审核无误的会计凭证登记会计账簿。登记账簿的基本要求如下:

(1) 登记会计账簿时,应当将会计凭证日期、编号、业务内容摘要、金额和其他有关资料逐项记入账内,做到数字准确、摘要清楚、登记及时、字迹工整。

(2) 登记完毕后,要在记账凭证上签名或者盖章,并注明已经登账的符号,表示已经记账。

(3) 各种账簿按页次顺序连续登记,不得跳行、隔页。

(4) 凡需要结出余额的账户,结出余额后,应当在"借或贷"等栏内写明"借"或者"贷"等字样;没有余额的账户,应当在"借或贷"等栏内写"平"字。现金日记账和银行存款日记账必须逐日结出余额。

(5) 每一账页登记完毕结转下页时,应当结出本页合计数及余额,写在本页最后一行和下页第一行有关栏内,并在摘要栏内注明"过次页"和"承前页"字样;也可以将本页合计数及金额只写在下页第一行有关栏内,并在摘要栏内注明"承前页"字样。对需要结计本月发生额的账户,结计"过次页"的本页合计数应当为自本月初起至本页末止的发生额合计数;对需要结计本年累计发生额的账户,结计"过次页"的本页合计数应当为自年初起至本页末止的累计数;对既不需要结计本月发生额也不需要结计本年累计发生额的账户,可以只将每页末的余额结转至次页。

6. 使用财务软件开展会计核算的单位,总账和明细账应当定期打印。发生收款和付款业务的,在输入收款凭证和付款凭证的当天必须打印出现金日记账和银行存款日记账,并与库存现金核对无误。

7. 账簿记录发生错误,不准随意涂改、挖补、刮擦或者用药水消除字迹,不准重新抄写,必须按照规定的方法进行更正。

8. 各单位应当定期对会计账簿记录的有关数字与库存实物、货币资金、有价证券、往来单位或者个人等进行相互核对,保证账证相符、账账相符、账实相符。对账工作每年至少进行一次,包括账证核对、账账核对、账实核对等。

9. 各单位应当按照规定定期结账。

(四)财务报告管理

1. 各单位必须按照国家统一会计制度的规定,定期编制财务报告。

财务报告包括会计报表及其说明,各单位对外报送的财务报告应当根据财政部统一会计制度规定的格式和要求编制,而单位内部使用的财务报告的格式和要求由各单位自行规定。会计报表应当根据登记完整、核对无误的会计账簿记录和其他有关资料编制,做到数字真实、计算准确、内容完整、说明清楚。任何人不得篡改或者授意、指使、强令他人篡改会计报表的有关数字。会计报表之间、会计报表各项目之间,凡有对应关系的数字,应当相互一致。本期会计报表与上期会计报表之间有关的数字应当相互衔接;如果不同会计年度会计报表中各项目的内容和核算方法有变更的,应当在年度会计报表中加以说明。

2. 各单位应当按照国家统一会计制度的规定,认真编写会计报表附注及其说明,做到项目齐全、内容完整。

3. 各单位应当按照国家规定的期限对外报送财务报告。单位领导对财务报告的合法性、真实性负法律责任;如果发现对外报送的财务报告有错误,应当及时办理更正手续。除更正本单位留存的财务报告外,应同时通知接受财务报告的单位更正;错误较多的,应当重新编报。

### 三、会计档案管理

会计档案是指单位在进行会计核算过程中接受或形成的,记录和反映单位经济业务事项的具有保存价值的文字、图表等各种形式的会计资料。会计档案有纸质和电子两种形式,具体包括以下资料:

（1）会计凭证，包括原始凭证、记账凭证。

（2）会计账簿，包括总账、明细账、日记账、固定资产卡片及其他辅助账簿。

（3）财务报告，包括部门决算、部门财务报告以及月份、季度、半年度、年度财务会计报告。

（4）工资类，包括工资清册、工资增减变动通知单、住房公积金申请书、住房公积金登记表、住房公积金汇缴清册、公积金汇（补）缴书等，以及社会保险申报表、社会保险人员信息登记表、社会保险人员增加（减少）表等。

（5）其他会计资料，包括银行存款余额调节表、银行对账单、纳税申报表、会计档案移交清册、会计档案保管清册、会计档案销毁鉴定意见书、会计档案销毁清册及其他具有保存价值的会计资料。

各单位应加强会计档案管理工作，采取可靠的安全防护技术和措施，保证会计资料真实、完整、可用、安全。

（一）会计档案保管

1. 会计档案的保管期限分为永久和定期两类。定期保管期限分为10年和30年。会计档案的保管期限从会计年度终了后第1天算起。

2. 各单位应配备至少1名全职或兼职的会计档案管理人员。各单位当年形成的会计档案在会计年度终了后，应当由本单位财务管理部门保管1年，期满后移交档案管理部门保管；确因工作需要的，财务管理部门可延长会计档案保管期限，最长不超过3年。财务管理部门保管期间，会计档案的保管应当符合国家档案管理的有关规定，且出纳人员不得兼管会计档案。

3. 各单位当年形成的会计档案应当根据本单位会计档案归档范围及保管期限表的要求立卷、归档，并编制《会计档案保管清册》。

4. 各单位对当年形成的会计档案应当按照会计凭证、会计账簿、财务报告、工资类、其他类会计资料分别组卷。有下属机构的单位，应当先按机构分类，然后按上述分类方法组卷。

5. 各类会计档案应当按要求定期整理、立卷、装订成册。会计凭证应当按月整理,按账套、时间和记账凭证顺序编号,将记账凭证连同所附原始凭证、汇总凭证等材料加封面封底装订成册,分别立卷;会计账簿应当在会计年度终了后按照账套和账簿种类装订成册、分别立卷;财务报告应当在会计年度终了后,按照月份、季度、半年度、年度装订成册、分别立卷;工资类会计档案应当根据相关要求,按照月份、年度装订成册、分别立卷;其他类会计资料应当按照保管期限装订成册、分别立卷。

6. 单位内部形成的属于归档范围的电子会计资料以电子形式保存,形成电子会计档案,电子会计档案存储应当具备下列条件:

(1) 电子会计资料来源应真实有效,由计算机等电子设备形成和传输。

(2) 会计核算系统应能够准确、完整、有效地接收和读取电子会计资料,能够输出符合国家标准归档格式的会计凭证、会计账簿、财务会计报表等会计资料,设定经办、审核、审批等必要的审签程序。

(3) 电子档案管理系统应能够有效接收、管理、利用电子会计档案,符合电子档案的长期保管要求,并建立电子会计档案与相关联的其他纸质会计档案的检索关系。

(4) 采取有效措施,防止电子档案被篡改。

(5) 建立电子会计档案备份制度,能够有效防范自然灾害、意外事故和人为破坏的影响。

7. 会计档案立卷后,应当按照本单位会计档案装订技术规范的要求装订,编制案卷目录。

8. 纸质会计档案应当在专用档案柜存放,做好防盗、防火、防水、防霉、防鼠、防蛀等工作。纸质会计档案应当保持原有封装状态,不得随意拆封和颠倒顺序。

电子会计档案应当与内容相同的纸质会计档案同时保存,由档案管理部门、财务管理部门和信息管理部门各存一份。管理部门每年检查一次,做好防磁、防潮、防尘等工作,防止因存储介质损坏而造成数据丢失。

9. 各单位保管和使用涉密会计档案,应当严格执行国家有关保密的法律、法规及政策规定。涉密会计档案的密级确定、变更或者解密,应当由财务管理部门提出具体意见,报保密管理部门核准。

(二)会计档案移交

1. 各单位移交会计档案,应当编制《会计档案移交清册》,交接双方按照移交清册的内容逐项核对,双方主要负责人到场监交,经办人和监交人共同在移交清册上签章。移交清册一式三份,交接双方各存一份,一份随同会计档案保管。纸质会计档案移交时应当保持原卷的封装。电子会计档案移交时应当将电子档案及其元数据一并移交,且文件格式应当符合国家档案管理的有关规定,特殊格式的电子会计档案应当与其读取平台一并移交。

2. 单位撤销的,被撤销单位在办理注销登记手续前形成的会计档案,应当移交档案管理部门或业务主管部门。

单位分立的,分立后原单位仍然存续的,则其会计档案应当由分立后存续方统一保管;分立后原单位撤销的,其会计档案应当由一方管理或移交档案管理部门。分立时未结清的会计账目所涉及的原始凭证,应当由业务相关方保存,并按规定办理交接手续。

单位合并的,合并后原各单位撤销或一方存续其他方撤销的,原各单位的会计档案由合并后的单位统一保管;合并后原各单位仍存续的,其会计档案由原各单位保管。

单位因业务移交其他单位办理所涉及的会计档案,应当由原单位保管,承接业务单位可查阅、复制与业务相关的会计档案。对其中未结清的会计事项所涉及的会计凭证,应当单独抽出,由业务承接单位保存,并按规定办理交接手续。

(三)会计档案查阅

1. 纪检监察、司法等机关查阅或者复制纸质会计档案,经办人员应当持执法证、检查通知书等有效证件,按照有关规定办理查阅或者复制手续。

审计、税务、财政等部门查阅或者复制会计档案,经办人员应当持审计(或检查)通知书,按照有关规定办理查阅或者复制手续。

会计档案一般不得外借,上述查阅单位因特殊情况需将纸质会计档案从保管场所移至被审查单位办公区域内其他场所时,应经主要负责人批准,并填写《会计档案查阅复制登记簿》办理外借手续。收回会计档案时,应当按照查阅复制登记簿逐项核对会计档案,确认全部收回后在查阅复制登记簿的备注栏内备注并签章。

2. 本单位人员查阅或者复制纸质会计档案,应当经财务负责人批准,并填写《会计档案查阅复制登记簿》。外单位人员查阅或者复制纸质会计档案,应当经主要负责人批准,并填写《会计档案查阅复制登记簿》。

纸质会计档案的查阅或者复制应当由会计档案管理人员负责办理。严禁在会计档案上涂改和做任何标记,严禁拆封和抽换档案。

3. 电子会计档案一般不得以任何形式复制后带出被查单位。纪检监察、司法机关或审计、税务、财政等部门因特殊情况确需复制且携带外出的,应当经主要负责人批准,填写《会计档案查阅复制登记簿》。电子会计档案的查阅或者复制应当由会计档案管理人员负责办理,并在备注栏内注明复制情况。

会计档案查阅过程中一般不得进行拍照或摄像,确因工作需要的,应履行与纸质会计档案相同的查阅或复制手续,并在备注栏内注明查阅方式。

4. 非经原定密单位或者其上级单位批准,不得查阅、复制或者摘抄涉密会计档案。

（四）会计档案销毁

1. 各单位档案管理部门应当定期组织单位会计、审计等部门对已到保管期限的会计档案进行鉴定,并编制《会计档案销毁鉴定意见书》《会计档案销毁清册》,经相关部门负责人及经办人签字,报主要负责人审批同意后销毁。

2. 经鉴定需要销毁的纸质会计档案,应当由档案管理部门负责组织销毁,本单位财务管理部门共同监督。电子档案的销毁还应当符合国家有关电子档案的规定,由档案管理部门、财务管理部门和信息管理部门共同监销。

3. 保管期满但未结清债权、债务的会计凭证和涉及其他未了事项的会计凭证,纸质会计档案单独立卷,电子会计档案单独转存,应当在会计档案鉴定意见书、会计档案销毁清册、会计档案保管清册中列明。

### 四、会计监督

1. 各单位的会计机构、会计人员对本单位的经济活动进行会计监督。会计机构、会计人员进行会计监督的依据是：财经法律、法规、规章；会计法律、法规和国家统一会计制度；各省、自治区、直辖市财政厅（局）和国务院业务主管部门根据《中华人民共和国会计法》和国家统一会计制度制定的具体实施办法或者补充规定；各单位根据《中华人民共和国会计法》和国家统一会计制度制定的单位内部会计管理制度；各单位内部的预算、财务计划、经济计划、业务计划。

2. 会计机构、会计人员应当对原始凭证进行审核和监督。对不真实、不合法的原始凭证，不予受理；对弄虚作假、严重违法的原始凭证，在不予受理的同时，应当予以扣留，并及时向单位领导人报告，请求查明原因，追究当事人的责任。对记载不明确、不完整的原始凭证，予以退回，要求经办人员更正、补充。

3. 会计机构、会计人员对伪造、变造、故意毁灭会计账簿或者账外设账行为，应当制止和纠正；制止和纠正无效的，应当向上级主管单位报告，请求作出处理。

4. 会计机构、会计人员应当对实物、款项进行监督，督促建立并严格执行财产清查制度。发现账簿记录与实物、款项不符时，应当按照国家有关规定进行处理。超出会计机构、会计人员职权范围的，应当立即向本单位领导报告，请求查明原因，做出处理。

5. 会计机构、会计人员对指使、强令编造、篡改财务报告的行为，应当制止和纠正；制止和纠正无效的，应当向上级主管单位报告，请求处理。

6. 会计机构、会计人员应当从以下方面对财务收支进行监督：

（1）对审批手续不全的财务收支，应当退回，要求补充、更正。

（2）对违反规定不纳入单位统一会计核算的财务收支，应当制止和纠正。

（3）对违反国家统一的财政、财务、会计制度规定的财务收支，不予办理。

(4) 对认为是违反国家统一的财政、财务、会计制度规定的财务收支，应当制止和纠正；制止和纠正无效的，应当向单位领导提出书面意见，请求处理。单位领导应当在接到书面意见后及时做出书面决定，并对决定承担责任。

(5) 对违反国家统一的财政、财务、会计制度规定的财务收支，不予制止和纠正，又不向单位领导提出书面意见的，也应当承担责任。

(6) 对严重违反国家利益和社会公众利益的财务收支，应当向主管单位或者财政、审计、税务机关报告。

7. 会计机构、会计人员对违反单位内部会计管理制度的经济活动，应当制止和纠正；制止和纠正无效的，向单位领导报告，请求处理。

8. 会计机构、会计人员应当对单位制定的预算、财务计划、经济计划、业务计划的执行情况进行监督。

9. 各单位必须依照法律和国家有关规定接受财政、审计、税务等机关的监督，如实提供会计凭证、会计账簿、会计报表和其他会计资料以及有关情况，不得拒绝、隐匿、谎报。

10. 按照法律规定应当委托注册会计师进行审计的单位，应当委托注册会计师进行审计，并配合注册会计师的工作，如实提供会计凭证、会计账簿、会计报表和其他会计资料以及有关情况，不得拒绝、隐匿、谎报，不得示意注册会计师出具不当的审计报告。

### 五、内部会计管理制度

各单位应当根据《中华人民共和国会计法》和国家统一会计制度的规定，结合单位类型和内容管理的需要，建立健全相应的内部会计管理制度。

各单位制定内部会计管理制度应当执行法律、法规和国家统一的财务会计制度，体现本单位的业务管理的特点和要求；全面规范本单位的各项会计工作，建立健全会计基础，保证会计工作的有序进行；定期检查执行情况；根据管理需要和执行中的问题不断完善。

内部会计管理制度应科学、合理，便于操作和执行；各单位可根据自身

业务特点进行设立健全的内部会计管理制度,可参照的制度建设体系如下:

1. 内部会计管理体系

内部会计管理体系主要包括:单位领导、总会计师对会计工作的领导职责;会计部门及其会计机构负责人、会计主管人员的职责、权限;会计部门与其他职能部门的关系;会计核算的组织形式等。

2. 会计人员岗位责任制度

会计人员岗位责任制度主要包括:会计人员的工作岗位设置;配备会计工作岗位的职责和标准;各会计工作岗位的人员和具体分工;会计工作岗位轮换办法;对各会计工作岗位的考核办法。

3. 账务处理程序制度

账务处理程序制度主要包括:会计科目及其明细科目的设置和使用;会计凭证的格式、审核要求和传递程序;会计核算方法;会计账簿的设置;编制会计报表的种类和要求;单位会计指标体系。

4. 内部牵制制度

内部牵制制度主要包括:内部牵制制度的原则;组织分工;出纳岗位的职责和限制条件;有关岗位的职责和权限。

5. 稽核制度

稽核制度主要包括:稽核工作的组织形式和具体分工;稽核工作的职责、权限;审核会计凭证和复核会计账簿、会计报表的方法。

6. 原始记录管理制度

原始记录管理制度主要包括:原始记录的内容和填制方法;原始记录的格式;原始记录的审核;原始记录填制人的责任;原始记录签署;传递、汇集要求。

7. 定额管理制度

定额管理制度主要包括:定额管理的范围;制定和修订定额的依据、程序和方法;定额的执行;定额考核和奖惩办法等。

8. 计量验收制度

计量验收制度主要包括:计量检测手段和方法;计量验收管理的要求;

计量验收人员的责任和奖惩办法。

9. 财产清查制度

财产清查制度主要内容包括:财产清查的范围;财产清查的组织;财产清查的期限和方法;对财产清查中发现问题的处理办法;对财产管理人员的奖惩办法。

10. 财务收支审批制度

财务收支审批制度主要包括:财务收支审批人员和审批权限;财务收支审批程序;财务收支审批人员的责任。

11. 财务会计分析制度

财务会计分析制度主要包括:财务会计分析的主要内容;财务会计分析的基本要求和组织程序;财务会计分析的具体方法;财务会计分析报告的编写要求等。

## 第四节 成本与绩效管理

### 一、成本与绩效管理概述

（一）成本、费用、支出的概念

会计学里的成本是指为了达到特定目的所耗费的各种资源或所承担的债务的货币价值。成本是对象化的费用,它与一定种类和数量的产品或服务相联系。费用是指在一个导致政府会计主体净资产减少的、含有服务潜力或经济利益的经济资源的基础。支出是指为获得一项资产或清偿债务而发生的现金流出,只是在涉及收益性支出和资本性支出等现金流出时才使用支出概念。伴随现金支出增加的项目可能是费用,也可能是资产。如果支出形成了资产（如办公楼的预付租金,或者是建成一栋办公楼）,那么当资产被耗费掉时（如办公楼租期已满,或者自有办公楼计提折旧）,它就变成了费用,也成为该单位成本的一部分。

（二）政府成本、政府行政成本、机关运行成本的概念

何翔舟在《政府成本论——政府成本管控的策略与路径》中提出了政

府成本的定义。政府成本是指政府及其行政决策、行政管理、行政服务过程中政府自身和对社会所发生的各种直接或间接费用,以及由其所引发出的当前和未来一段时间的间接性负能量或社会负担。这些直接的或间接的费用、开支和负担是可以通过优化决策和优化行政行为加以适当控制的。

中国财政科学研究院刘玉廷教授等学者认为,应区别政府成本和政府行政成本。政府成本除包括政府履职所耗费的人、财、物及各种社会资源外,还包括由政府履职引发的当前和未来一段时期的政府和社会间接性负担的总和。而政府行政成本是一级政府(部门)在一段期间内处理内部管理事务和履行职能活动所应该发生的人、财、物的总和。与政府成本相比,政府行政成本所涵盖的范围较小。

鉴于目前对于政府行政成本的分类莫衷一是,可以参考《机关事务管理条例释义》中关于机关运行经费的定义。从支出目的和受益对象的角度看,政府机关的全部经费可以划分为两大类:机关运行经费和公共服务经费。如前所述,机关运行经费与公共服务经费是两类性质和使用目的不同的经费。据此,可以将政府行政成本分为行政运行成本和公共服务成本,其中,行政运行成本可细分为机关运行成本和人力资源成本。这种分类与财政部《权责发生制政府综合财务报告制度改革方案》提出的"条件成熟时,推行政府成本会计,规定政府运行成本归集和分摊方法等,反映政府向社会提供公共服务支出和机关运行成本等财务信息"的要求,也是一致的。机关事务管理工作研究的重点,同时也是本节内容论述的焦点,是机关运行成本。

(三)绩效与政府绩效

"绩效",单从字面意思来看,是指"成绩"和"成效",是两者的综合体;"成绩"意味着强调对结果的客观定量,"成效"则意味着强调对结果的主观评价。绩效(performance)一词最早来源于人力资源管理、公共部门管理、工商管理和社会经济管理领域。在人力资源管理和公共部门管理中,绩效是指一个组织、群体和个体在一定环境中表现出来的成绩和贡献。绩效是一个多层次、多维度的复合系统,其内容包含了效率、效益、效果等几个概念的综合含义。绩效一般包含三个变量：行为、产出和成果（附加价值或影响）。绩效的内涵较为广泛，包含了产品与服务的数量和质量、成本节约效率、受益对象的满意度以及社会效益等。

政府绩效不同于企业绩效，由于政府是公共部门，相对于私人企业等非公共部门，政府部门围绕实现社会公共利益提供广泛的公共服务，以满足公共需求。因此，政府绩效不仅具有非营利性，同时具有广泛性，面对的群体是全体公民，涉及公众生活的方方面面，包括政治、经济、文化、社会生活等各个方面。政府绩效是政府在为公民提供社会管理服务过程中体现出来的工作效率、工作效果以及工作成果等行政表现，是政府管理和服务能力的体现。

（四）机关运行成本绩效

机关运行成本绩效是指对政府机关正常运转中实际发生的各种耗费按照一定的标准进行评价，以反映机关运行效率、运行经费使用效益和机关服务效果，是政府内部管理和服务保障能力的体现。它是以机关运行经费支出结果为导向，着重强调评价机关运行经费的产出和效果，是衡量、监测和评价机关事务运行经济性、效率性和有效性的重要手段。通过运用科学的机关运行成本绩效管理，达到提高机关运行支出效率、提升行政运行效能的目的。

## 二、西方国家政府运行成本绩效管理介绍及借鉴

降低政府运行成本是西方国家20世纪80年代开始推行的一项重要的政府公共支出财政改革措施，目的就是要通过改革形成一种新的、面向结果的管理理念，建立一套政府运行成本支出与公共部门业绩相配比的机制，以提高政府管理效率、资金使用效益和公共服务水平。在这个过程中，英、美两国将政府财政改革的注意力逐步聚焦到有利于提高行政运行支出绩效方面，形成了较为完善的政府运行成本绩效管理体系和方法，其实践活动具有典型性。对这方面的经验进行总结，可为有效降低我国政府运行成本提供重要借鉴。

（一）西方国家政府运行成本绩效管理

1. 英国政府运行成本绩效管理

英国控制政府运行成本的方式是以设定部门运行经费上限的方法，采用专业化的经济制衡方式，运用完善的政府会计制度，作为有效控制政府运行成本的基础。英国政府运行成本绩效管理有以下特点：(1)实行滚动预算，以加强政府战略规划与预算之间的联系，三年期滚动预算保持预算的连续性与完整性，以便政府从动态的预算中把握总体规划和近期目标。(2)实行分权化管理，增强部门的灵活性和自主权，是提高部门运行效率、支出效果的重要手段。(3)建立绩效指标体系，以全面测量行政支出效果。政府建立了成果指标、产出指标、效率指标、投入指标四类绩效指标体系，考评部门运行绩效的实现情况，并与下一年度预算相结合。(4)实行管用分离支出制度，加强财政支出管理，控制和管理财政收支。(5)实行政府采购制度，提高预算支出效率，在财政部内设立政府采购办公室，用于制定有关政府采购的政策和法规，提供采购信息，实施监督和检查，政府各部门对自己的采购负责。(6)采用权责发生制会计，准确计量政府活动的成本，反映政府在一个时期内所耗费的真实成本，更好地将预算成本与预期的绩效成果进行对比。(7)建立政府财务信息披露制度，增强预算执行透明度并加强对预算活动的监督，政府财务报告要公开披露以下信息：守法和管理信息、财政状况信息、业绩信息、经济影响信息等。

2. 美国政府运行成本绩效管理

美国政府运行成本绩效管理的发展历程从单纯注重部门效率、行政投入、行政产出，到关注绩效预算、实行成本控制，再到关注政府整体效率、结果、有效性，从投入控制到产出控制，再到预算结果评定，注重政府整体的再造与绩效管理的完善。

美国政府运行成本绩效管理具有以下特点：(1)提出缩小政府规模目标。(2)通过《政府绩效与结果法案》，使得绩效评估逐步制度化与法制化，并朝着科学化和规范化迈进。(3)在联邦政府层面，所有的部门都建立自己的预算绩效管理评估制度体系。(4)推出项目评估比率工具，预算决策建立在运行支出项目的绩效信息上，提供透明度高、连续性强、系统性强的绩效评估手段。(5)政府各个部门的物资采购有预算控制,各个部门内设专人负责采购工作。(6)联邦政府资产如办公用房的新建、修缮、日常管理等预算费用,由美国联邦总务署统一向财政部和总统预算管理办公室申请;房产以外的其他政府资产如计算机、汽车等预算费用体现在使用部门自身预算中,由各部门分别申请。(7)美国联邦总务署公共建筑服务中心对联邦政府的房产绩效进行监管。该机构对房产管理绩效的目标设置和考核工作制定了多项评价指标,如每平方英尺的营运成本、营运盈余资金、无收益面积、客户满意度调查、租赁成本与私营公司成本比较等,考核结果与下一年度预算安排直接挂钩。

(二)我国对国外发展经验的借鉴

1. 加强法律法规制度建设

完善有效的法律、法规制度是西方发达国家顺利实施运行成本绩效管理的重要基础。具体而言,一是注重加强法制建设,建立和完善机关运行成本绩效管理法律体系,确立牢固的法理基础;二是重视系统性制度建设,完善和整合现有的规章制度,着手制定中长期规划,明确机关运行成本绩效管理改革发展方向;三是细化机关运行成本绩效管理的具体实施细则,明确责任主体,增强实用性和可操作性。

2. 不断完善绩效评价体系

西方发达国家政府运行成本绩效管理的核心是建立了较为完善的绩效评价体系,有一套完整的、系统的绩效管理模式。我国应建立定性与定量相结合、统一性指标与专业性指标相结合的多层次机关运行成本绩效评价体系。具体而言,一是按照全面性、准确性和兼容性的原则,合理设定绩效目标;二是明确评价重点,将工作重心更多地放在对结果的关注上;三是科学选定绩效评价指标,建立行之有效的绩效评价机制;四是加强评价结果反馈应用,及时有效反馈评价结果,充分利用评价结果,完善机关运行成本绩效管理方式,提高政府绩效管理水平。

3. 实现政府决策、执行、监督职能的优化协同

西方发达国家的行政职能更多体现为以执行为目标、以协调各个方面的执行性为方式的职能,而一些重大决策权和监督权则分属于代议机构和

专门的司法机构。我国应建立机关运行经费的决策、执行、监督职能的协同管控机制,真正实现科学决策、严格执行、有效监督,将执行、监督职能从决策等部门剥离出来,明确部门的职责分工,发挥部门的专业化优势,实现决策、执行、监督三者的统一和适度分离。

**三、国家机关事务管理局的管理实践**

(一)机关运行成本统计方面

2009年下半年,国家机关事务管理局组织10家有代表性的中央国家机关部委,首次开展机关运行经费统计试填报工作。2010年起,在中央国家机关范围内正式开展机关运行经费统计工作。2016年,会同国家统计局正式建立机关运行成本调查统计制度,明确统计工作一年开展一次。各地区、各部门高度重视此项工作,配备专业力量,开展专题培训,认真抓好落实,确保统计工作取得预期效果。通过统计,各地区、各部门摸清了自身的运行成本总量、规模和结构,把握了成本增减变化的主要规律,明确了管控目标和主要内容,增强了成本和节约意识,推进了成本的降低,提升了机关运行效能。

1. 统计范围

统计范围包括中央国家机关各部门本级、各省(自治区、直辖市)和新疆生产建设兵团所属行政单位、参照公务员法管理的单位本级及其附属的机关后勤服务事业单位。2017年起,统计范围扩展到辽宁、四川两省设区的市。今后将逐步扩展到全国所有市、县。

2. 统计内容

统计内容一般包括单位基本信息和统计年度机关运行成本、向社会购买机关运行服务支出以及固定资产、办公用房、公务用车等情况。具体包括单位人数、财政拨款总额、机关运行成本总额、机关运行成本功能分类科目支出(行政运行、一般行政管理事务等科目支出)、机关运行成本经济分类科目支出[办公费、劳务费、水电费、取暖费、物业管理费、印刷费、邮寄费、电话通讯费、交通费、差旅费、维修费、租赁费、会议费、培训费、因公出国(境)费、办公设备购置费、房屋构建费、专用设备购置费、交通工具购置费等]、向社会购买机关运行服务支出以及固定资产、办公用房、公务用车占有使用等情况。

3. 组织实施

机关运行成本调查统计工作实行统一管理、分级负责、逐级统计。国家机关事务管理局负责组织实施全国政府机关运行成本调查统计工作,纳入统计范围内的各级政府机关事务主管部门负责组织、实施本地区所属政府机关运行成本调查统计工作。各级政府统计部门对机关运行成本调查统计工作进行业务指导,协助和指导机关事务主管部门,做好工作推进、业务培训、监督检查等工作,提高统计工作的质量和效率。

(二)绩效评价方面

当前,对于部门整体的机关运行成本的绩效评价较少,但是随着节约型机关建设不断深入,一些地区和部门对涉及机关运行的某项职能开展了绩效评价工作,进行了有益的探索,积累了一定的经验。比如,国家机关事务管理局对中央行政事业单位开展了资产管理绩效评价,从配置计划执行率、资产调剂利用率、固定资产增长率等10个方面设置30多个考核点,重点对各部门资产管理水平进行评价。又如2014年,湖南省首次将公务用车和办公用房管理纳入省政府绩效评价,评价中设定了B类指标(达标性指标)和C类指标(限制性指标),对各市(州)、各省直单位的公务用车制度改革、日常使用和办公用房实际面积、清理腾退等情况进行打分。

(三)存在的困难

1. 机关运行管理体制分散

当前我国机关运行管理体制较为分散,"小而全"的分散保障格局造成资源重复建设,财力统管和调配效力不足,制约了机关事务整体运行效能的发挥,也给机关事务管理带来了较大难度。政府各部门资产占用苦乐不均,部门间的资产信息无法及时共享,闲置资产无法调剂使用;各地、各系统分别制定资产配置、机关服务、生活保障等方面的标准,制度标准不一,无形损失和制度损耗较为严重。这种分散化的管理体制不仅增加了政府机关内部治理成本,也影响和制约了机关事务工作的健康持续发展。

### 2. 机关运行成本难以科学计量

一直以来,行政事业单位会计核算均采用收付实现制,主要以提供反映预算收支执行情况的决算报告为目的,无法准确、完整反映政府资产负债"家底",以及政府的运行成本等情况,不同部门、不同单位的会计信息可比性不高。2019年1月1日我国开始施行政府会计改革,将政府会计分为预算会计和财务会计。其中,财务会计采用权责发生制,更能够体现经济业务或者事项的本质以及权责义务,更能够全面反映单位的运行效率和可持续发展能力。不过,由于我国尚未建立政府成本会计制度,财务会计制度的具体执行仍有待完善,因此,机关运行成本的统计主要基于现行预算会计制度下相关支出调整计算得出。

### 3. 基于成本效益的绩效管理体制尚未建立

2018年9月,中共中央、国务院发布的《关于全面实施预算绩效管理的意见》明确要求构建全方位预算绩效管理格局,建立全过程预算绩效管理链条,完善全覆盖预算绩效管理体系,健全预算绩效管理制度和硬化预算绩效管理约束。这是首次在全国以中共中央和国务院的名义发布绩效评价要求,足见绩效评价的重要性。该《意见》多次提到要对"成本"进行考量,强调对成本效益的分析。但目前来看,我国现有的绩效预算管理模式以支出为基础进行评价,所以从技术层面上看,我国当前绩效改革面临的最大问题是如何实现从支出到成本的转变。在执行层面,当前各地各部门采用的绩效管理和评估活动多数都处于自发状态,全国层面没有建立起一套科学合理、全面系统的机关运行绩效评价体系。具体而言,缺乏整体的战略规划和具体的政策性指导,绩效考评往往是"规定动作"造成的结果,绩效管理活动难以在政府部门全面系统地推进;机关运行过程中缺乏有效的执行指标体系进行监管问责,机关运行成本绩效考核体系还未建立,绩效评价结果运用不够充分,造成机关运行经费使用效益不高。

### 4. 第三方绩效评价机构发挥作用有限

随着我国各项事业的快速发展,预算项目所涵盖的领域在不断拓宽,对各个专业领域的专业需求不断增加。绩效评价体系应该既包含内部考核,也应包括外部评价,虽然现有绩效评价模式引进了第三方评价机构以体现评价工作的客观性和公正性,但评价工作仍以财政部门及其内设职能机构为主导,第三方评价机构的作用仅针对项目问题出具参考意见,还没能为政府机关整体的运行绩效管理提供全方位的专业性决策支持。

**四、未来展望**

(一)建立机关运行经费协同管控机制

明确机关运行经费管理不同责任主体的职责定位,建立机关运行经费协同管控机制。财政部门会同机关事务管理部门,制定机关运行经费预算支出的定额标准和有关开支标准;负责审定、批复各部门的机关运行经费预算,监督各部门的机关运行经费预算管理有关工作。机关事务主管部门负责机关运行经费预决算草案的汇总编制,组织开展机关运行成本统计、分析、绩效评价等工作,建立动态反馈机制。审计部门负责依法对机关运行经费预算、决算执行的合规性、合法性、绩效性等方面实行审计监督。

(二)开展政府成本会计研究

2019年1月1日起实施的《政府会计制度——行政事业单位会计科目和报表》较为全面地引入了权责发生制,为行政事业单位全面开展成本会计管理提供了可行条件和基础。因此,可以分步骤地会同财政部研究出台机关运行成本核算相关制度,为统计数据的标准化和准确度奠定基础。

(三)完善机关运行成本统计体系

健全统计标准,实现指标涵义、计算方法、分类目录、调查表式和统计编码标准化。完善统计指标体系,全面反映人员成本、资产负债、物业服务等方面情况。完善统计手段,建立获取直接、手段先进、操作便捷、运行安全的统计数据采集与处理系统,加快统计软件开发,推进机关运行成本统计信息搜集、处理、传输、共享、存储技术和数据库建设现代化。

(四)构建科学合理的机关运行成本绩效考核体系

明确机关运行成本绩效考核目标,规范机关运行成本绩效管理,着力于机关事务管理的效能提升,建立科学合理的机关运行成本绩效考核体系。考核体系应该包含两个方面:一是对各部门的机关运行成本开展绩效考核。考核内容包括:各部门机关运行经费预算使用情况、政府资产负债情况、运行经费支出效率、运行成本节约率、运行经费制度建设情况、定额标准完善与否、机关运行效能情况、职工对后勤的满意度等。二是对机关事务管理部门的运行成本开展绩效考核。考核内容主要是对机关事务管理部门集中管理的职能事项进行成本绩效考核,如对公务用车的购置成本、运行维护成本与行业水平进行对标考核,对采购的成本节约率进行指标考核,对办公用房的闲置率、修缮成本进行对标考核,对集中办公区的后勤服务成本与行业水平进行对标考核等。

与此同时,通过开展各地区、各部门机关运行成本统计数据的深度比较分析,研究建立机关运行成本绩效评价指标体系,为各地区各部门开展政府运行绩效考核提供参考。

## 第五节 政府采购管理

政府采购,在国际上又称为公共采购。英国是最早开展政府采购活动的国家之一,英国政府于1782年设立了国家文具公用局,负责政府部门办公用品的采购;该局后来发展为物资供应部,专门负责政府各职能部门所需物资的采购。美国也是世界上实行政府采购制度较早的国家之一,美国宣布独立之后,在国防部门开始实施政府采购,之后逐步建立了与政府采购相关的法律体系,将政府采购的范围扩展到国防之外的多个领域,在节约资金、扶持国货等方面发挥了重要作用。

我国的政府采购最早可以追溯至1980年国务院发布的《国务院关于开展和保护社会主义竞争的暂行规定》,首次提出"对一些适宜于承包的生产建设项目和经营项目,可以试行招标、投标的办法"。1996年,国家开始在上海、深圳等地区进行政府采购制度改革试点,积累经验。2003年1月1日,《中华人民共和国政府采购法》(以下简称《政府采购法》)正式实施,标志着我国的政府采购发展进入法制化阶段;2015年3月1日,《中华人民共和国政府采购法实施条例》(以下简称《政府采购法实施条例》)实施,使我国的政府采购制度体系更加完备。截止到2018年,全国政府采购规模高达35861.4亿元,占全国财政支出和GDP的比重分别达到10.5%和4%,对社会经济发展起着举足轻重的作用。

中央国家机关层面的政府采购工作起步于1999年,国管局组织在京中央国家机关进行政府采购制度改革试点。《政府采购法》颁布后,2003年1月10日,中央国家机关政府采购中心成立,成为中央国家机关政府集中采购的执行机构。从2003年到2005年,政府采购制度的实施范围从中央一级预算单位逐步扩展到二级预算单位、全国范围的中央预算单位,并明确政府集中采购目录中的项目都要统一交由中央国家机关政府采购中心组织实施。

### 一、政府采购的概念

《政府采购法》第2条规定,政府采购是指各级国家机关、事业单位和团体组织,使用财政性资金采购依法制定的集中采购目录以内或采购限额标准以上的货物、工程和服务的行为。从《政府采购法》的规定可以看出,界定政府采购的范围有三个重要因素:采购主体、资金来源、采购标的。采购主体包括三类:国家机关、事业单位和团体组织。《政府采购法》将资金来源界定为"财政性资金",《实施条例》对资金来源予以进一步解释,即指"纳入预算管理的资金",将采购管理与预算管理相衔接。关于采购标的,《政府采购法》则明确为货物、工程和服务。货物是指各种形态和种类的物品,包括原材料、燃料、设备、产品等。工程是指建设工程,包括建筑物和构筑物的新建、改建、扩建、装修、拆除、修缮等。服务是指除货物和工程以外的其他政府采购对象,主要包括政府自身需要的服务(物业管理、系统维护、法律咨询)和政府向社会公众提供的公共服务(以物为对象的公共服务,如公共设施管理服务、环境服务、专业技术服务等;以人为对象的公共服务,如教育、医疗卫生和社会服务等)。

总的来说,政府采购是政府管理的一种有效制度安排,它的内涵包括预算管理、供应商管理、专家管理、合同管理、供应商质疑投诉、采购方式管理等多个环节和一系列制度。

## 二、政府采购的作用

政府采购对于单个采购实体而言,是一种微观经济行为;将政府作为整体而言,政府采购就成为一种宏观调控手段,通过政府采购,政府可以将宏观调控和微观经济行为结合起来,以实现政府的重大政策目标。具体而言,政府采购主要在三个层面发挥着重要作用。

### (一)政治层面

一方面,政府采购为国家施政提供保障,有效维护了国家机关的日常办公运转,及时供给必要的办公物资;通过政府采购建设大型民生项目,购置救灾物资、灾备物资,对于维系社会稳定、保障民生发挥着重要作用。另一方面,政府采购通过严谨的程序规定,约束采购人行为,有效降低寻租空间,保证采购各方按照相关法律、法规履行义务、行使权力,维护采购秩序,同时又加强了对财政支出的监督管理,有力地支撑了廉政建设,在预防腐败方面发挥了积极作用。

### (二)经济层面

一方面,通过政府采购,政府机关等公共部门能够以最有利的价格等条件及时采购到履行职能、开展工作所需要的货物、工程或服务,充分发挥市场作用,保障采购项目的充分竞争,有效节约成本,提高财政资金使用效益。另一方面,在市场经济条件下实行政府采购,可以在一定程度上弥补市场本身的缺陷,提供社会公共服务和公共产品。通过带有政策性倾向的政府采购,可以对需要鼓励发展的行业进行资助;对于需要进行产业结构调整的行业,弥补市场失效的不足;对于区域性的经济发展不平衡,可以在财政支出上通过政府采购给予必要的支持。

### (三)政策功能层面

通过法律、法规和政策引导,鼓励采购环保节能产品和高新技术产品,推动节能环保政策实施和技术创新升级;扶持不发达地区的经济发展,保护民族工业,优先采购中小企业产品,保障经济均衡快速发展;同时,政府采购还对促进就业、加强国有资产管理等有着重要的调节作用。

### 三、政府采购的原则

为了保证政府采购高效、有序地运转,同时实现上述的作用与功能,必须明确政府采购遵循的主要原则,并将其在日常的采购实践中予以贯彻。政府采购应当遵循公开透明原则、公平竞争原则、公正原则和诚实信用原则。

#### (一)公开透明原则

公开透明是指涉及政府采购的法律、法规、政策、程序和采购活动都要公开,并接受公众的监督。在政府采购中,公开透明原则要贯穿整个采购过程,主要包括:有关采购的法律和程序要公之于众,使公众能够及时获得,采购项目和合同的条件要公开发布公告;资格预审和评价招标的标准要公布,并严格按照确定的标准执行;采购活动要有真实、详细的记录,以备公众和监督机构的审查和监督。

#### (二)公平竞争原则

政府采购要通过在最大范围内实现公平竞争来获得竞争价格、竞争质量的优势,通过竞争授予合同,每个参加政府采购的当事人都有同样的机会,地位一律平等。政府采购的目标主要是通过促进供应商之间最大程度的竞争来实现的。通过竞争,政府采购可以形成一种买方市场,从而形成对买方市场有利的竞争局面。竞争可以促使投标人提供更好的商品和技术,并设法降低产品和投标报价,从而使采购方可以以较低价格采购到物美价廉的商品,实现政府采购物有所值的目标。

#### (三)公正原则

政府对参加采购活动的任何供应商都应一视同仁,不得对任何一方进行歧视。公正原则是建立在公开和公平基础之上的,只有保证公开和公平,才可能达到公正的结果。公正原则主要依靠政府采购方(包括采购管理部门、采购单位和采购代理机构)实现,作为政府采购一方,必须在满足需求制定、招标文件编制、项目组织等过程中不偏不倚地执行政府采购政策、法规、规则。具体而言,对各供应商提出相同的供货标准和采购信息,对物品的验收要做到实事求是、客观公正,严格执行合同标准,不得对供应商提出合同以外的条件;开标、评标、定标要坚持客观、科学的标准。

### (四)诚实信用原则

市场经济既是法治经济,也是信用经济,需要以当事人的诚实信用作为市场有序运行的基础。诚实信用原则约束的是采购活动中的各方当事人,采购单位在项目公布、信息传达、开标、评标等过程中要保证真实;供应商所提供的采购物品、服务要达到投标时所做出的承诺。参加政府采购的当事人都应诚实守信、遵守已承诺合同的约定,不得弄虚作假。

## 四、政府采购法律制度体系

经过将近20多年的发展,我国目前已经初步建立了一套较为完备的政府采购法律制度体系,充分保障了政府采购的规范运行。

### (一)法律

我国与政府采购密切相关的法律主要包括:《政府采购法》《招标投标法》《合同法》《预算法》等。

### (二)行政法规

我国与政府采购密切相关的行政法规主要包括:《政府采购法实施条例》《招标投标法实施条例》《机关事务管理条例》《党政机关厉行节约反对浪费条例》等。

### (三)部门规章

我国与政府采购密切相关的部门规章主要包括:《政府采购货物和服务招标投标管理办法》(财政部令第87号)、《政府采购非招标采购方式管理办法》(财政部令第74号)、《政府采购信息公告管理办法》(财政部令第19号)、《政府采购质疑和投诉办法》(财政部令第94号)等。

## （四）其他规范性文件

我国与政府采购密切相关的其他规范性文件主要包括：中央及各地政府集中采购目录及标准、《评审专家管理办法》《政府采购竞争性磋商采购方式管理暂行办法》以及扶持中小企业、优先购买节能产品、环境标志产品、自主创新产品等通知。

### 五、政府采购的基本模式

政府采购的基本模式分为集中采购和分散采购。集中采购与分散采购都属于政府采购，都要按照《政府采购法》的规定执行。

1. 集中采购是采购单位将纳入集中采购目录的政府采购项目委托集中采购机构进行代理采购，或者进行部门集中采购的行为。其中，属于政府集中采购目录的，必须委托集中采购机构执行；属于部门集中采购目录的，可以委托集中采购机构，也可由各部门统一组织采购。

集中采购是将纳入集中采购目录的采购单位所使用的一切物资或服务都集中于所设立的特定机构进行采购的一种采购方式。确立和形成集中采购制度是由政府采购的经济性和有效性目标决定的，由于集中采购可以集中各使用单位的采购需求，使采购数量增多，可以发挥规模效益，降低采购价格，便于采购程序标准化，减少分散采购的重复和浪费，从而降低采购成本。

2. 分散采购是采购单位对未纳入集中采购目录的政府采购项目自行组织的采购。

实行分散采购意味着对于特定品目范围，每一个部门都有权自行进行采购，既可以自行组织采购活动，也可以委托集中采购机构或社会代理机构在委托的范围内代理采购。分散采购的优点是易于沟通，采购反应迅速，具有较大的灵活性。

### 六、政府采购当事人

政府采购当事人是指在政府采购活动中享有权利和承担义务的各类

主体,主要包括采购人、供应商和采购代理机构、评审专家。

### (一)采购人

根据《政府采购法》的相关规定,采购人是指使用财政性资金采购符合本法规定的货物、工程、服务的各级国家机关、事业单位和团体组织。这将使用财政性资金办理政府采购的各级国家机关、实行预算管理的事业单位和团体组织都纳入采购人范围。

### (二)供应商

供应商是指向采购人提供货物、工程或者服务的法人、其他组织或者自然人。同时,供应商参加政府采购活动还应当具备以下条件:具有独立承担民事责任的能力;具有良好的商业信誉和健全的财务会计制度;具有履行合同所必需的设备和专业技术能力;有依法缴纳税收和社会保障资金的良好记录;参加政府采购活动前3年内,在经营活动中没有重大违法记录。

### (三)采购代理机构

采购代理机构是指依法取得资格认定、接受项目委托、在委托范围内办理政府采购事宜的机构。采购代理机构分为集中采购机构和宴席会代理机构,前者是政府采购的主要执行机构。根据《政府采购法》的有关规定,设区的市、自治州以上人民政府根据本级政府采购项目组织集中采购的需要设立集中采购机构。

### (四)评审专家

评审专家是指经省级以上人民政府财政部门选聘,以独立身份参加政府采购评审,纳入评审专家库管理的人员。广义的评审专家是指参与政府采购评审活动、依据采购文件及相关评审规定对响应人的响应文件做出独立客观判断的人员。

## 七、政府采购方式

政府采购采用以下方式:公开招标;邀请招标;竞争性谈判和竞争性磋

商;单一来源采购;询价;国务院政府采购监督管理部门认定的其他采购方式等。

### (一)公开招标

公开招标是指采购人依法以招标公告的方式邀请非特定的供应商参加投标的采购方式。公开招标是政府采购的主要采购方式。

公开招标流程大致为:(1)确定采购需求;(2)编制采购文件;(3)发布招标公告;(4)开标;(5)评标;(6)定标;(7)发布中标公告;(8)签订采购合同;(9)履约验收。

### (二)邀请招标

邀请招标是指采购人依法从符合相应资格条件的供应商中随机抽取3家以上供应商,并以投标邀请书的方式邀请其参加投标的采购方式。

### (三)竞争性谈判

在竞争性谈判中,谈判小组与符合资格条件的供应商就采购货物、工程和服务事宜进行谈判,供应商按照谈判文件的要求提交响应文件和最后报价,采购人从谈判小组提出的成交候选人中确定成交供应商。

### (四)单一来源采购

单一来源采购是指采购人从某一特定供应商处采购货物、工程和服务的采购方式。

### (五)询价

在询价中,询价小组向符合资格条件的供应商发出询价通知书,要求供应商一次报出不得更改的价格,采购人从询价小组提出的成交候选人中确定成交供应商。

### (六)国务院政府采购监督管理部门认定的其他采购方式:竞争性磋商等

除上述政府采购方式外,在政府采购中,针对小额零星采购项目还设有多种政府采购组织实施方式,主要包括:定点采购、网上竞价、协议供货、网上商城、电子卖场等。这些采购方式为采购人提供了多种选择,兼顾了采购质量与采购效率。

**八、政府采购程序**

《政府采购法》《政府采购法实施条例》对政府采购程序做了较为明确的规定，一般完整的政府采购程序主要包括：确定采购需求，选择采购方式，执行采购方式，签订采购合同，履行采购合同以及验收、结算、绩效评估。其中，前四个阶段可以称为合同形成阶段，是狭义上的政府采购；后四个阶段为合同管理阶段，与合同形成阶段一起构成广义上的政府采购。

**九、新时代政府采购展望**

党的十八大以来，中央国家机关政府集中采购实施范围不断拓宽，扩面增量成效明显，年均采购额近 200 亿元；财政支出日益规范严谨，越来越多的采购单位主动履行政府采购法律义务；政策功能发挥日益显著，节能、环保、扶贫、优先购买国货、扶持中小企业等多点共同发力、协同推进；政府采购门槛条件日益简化，市场竞争日渐充分，企业参与政府采购的负担不断减少，政府采购市场日益活跃，有力带动了市场经济的发展。同时也应该认识到，在新时代，发展的新理念、改革的新任务、法治的新精神，赋予了政府采购工作新职责、新使命；社会对政府采购的关注与日俱增，也对政府采购工作提出了新期待、新要求。

面对深化政府采购制度改革的时代浪潮，政府采购发展要坚持问题导向，强化采购人主体责任，逐步建立集中采购机构竞争机制，改进政府采购代理和评审机制，健全科学高效的采购交易机制，强化政府采购政策功能措施，健全政府采购监督管理机制，加快形成采购主体职责清晰、交易规则科学高效、监管机制健全、政策功能完备、法律制度完善、技术支撑先进的现代政府采购制度，充分发挥政府采购对于国民经济增长的重要作用，为促进经济社会协调有序发展做出更大的贡献。

# 第四章 资产管理

## 第一节 行政事业单位国有资产管理

### 一、基本概念

国有资产是指国家所有的一切财产和财产权利的总称,包括企业国有资产、金融企业国有资产、行政事业性国有资产、国有自然资源等国有资产。行政事业单位国有资产是指由各级行政事业单位占有、使用的,依法确认为国家所有,能以货币计量的各种经济资源的总称。行政事业单位国有资产的主要来源:一是行政事业单位用国家财政性资金形成的;二是国家调拨给行政事业单位的;三是行政事业单位按照国家规定组织收入形成的;四是接受捐赠和其他经法律确认为国家所有的。

行政事业单位国有资产按照使用性质可分为经营性资产、非经营性资产、资源性资产(经管资产或受托代理资产)。按照单位性质可分为行政单位资产、事业单位资产、社团等其他资产。按照地域分布可以分为境内资产、境外资产。按照行业性质可分为教育、科研、文化、卫生等行业资产。按照资产流动性可分为流动资产、非流动资产。流动资产是指预计在1年内(含1年)耗用或者可以变现的资产,包括货币资金、短期投资、应收及预付款项、存货等;非流动资产包括长期投资、固定资产、工程物资、在建工程、无形资产、公共基础设施、政府储备物资、文物文化资产、保障性住房等。

中央和各地方行政事业单位国有资产管理体制、机制和具体做法有所不同,本书主要以中央行政事业单位国有资产管理为例介绍有关情况。

## 二、中央行政事业单位国有资产管理历史沿革

新中国成立以来,中央行政事业单位国有资产管理几经变迁,其演化与变迁可以分为三个时期。

### (一)资产管理职能形成初期(1950—1987年)

这个时期国家没有设立专门的国有资产管理职能机构,由国管局统一负责归口范围的中央行政机关的行政经费和实物资产管理,各部门各自负责本部门资产管理。1955年,经国务院批准,国管局印发了《中央行政机关固定资产管理试行办法》,对中央各行政机关、各民主党派、各人民团体固定资产的管理要求、范围与分类、清查登记、调拨审批和日常管理等内容进行了规定。20世纪80年代以后,中直机关、全国人大和全国政协机关的国有资产管理工作分别实行归口管理,执行国管局制定的资产管理制度。

### (二)资产管理职能确立时期(1988—2007年)

1988年,国务院设立国家国有资产管理局,归口财政部管理,对全部国有资产(包括经营性、非经营性和资源性国有资产)行使国有资产所有者的管理职能。1991年,国家国有资产管理局印发《关于委托国务院机关事务管理局管理中央国家机关国有资产的通知》,明确由国管局"对中央国家机关的国有资产行使资产所有者代表的管理职能,实施归口管理",管理的重点是中央国家机关占用的非经营性资产,管理的职责包括拟定管理办法和实施细则,制定资产使用定额和使用调配制度,组织资产清查核实、登记统计,权属界定和产权管理,以及资产处置审批等。

1994年,国管局"三定"方案中正式确立了国管局负责中央国家机关国有资产管理的职能。1998年,国务院进行第4次机构改革,国家国有资产管理局被撤销,国务院办公厅印发的财政部"三定"方案中明确"将原国家国有资产管理局承担的中央行政事业单位国有资产(中央政府公共财产)产权界定、清查登记等项工作,交给国务院机关事务管理局承担"。这一改革将行政事业单位国有资产管理从财政管理体系中分离出来,改变了

财政部门"一手管钱、一手管物"的状况,初步实现了国有资产的职能化管理。

(三)资产管理职能优化时期(2008年至今)

2008年,国务院办公厅分别印发的财政部、国管局"三定"方案对中央行政事业单位国有资产管理职能予以进一步明确。同时,在国管局成立资产管理司,作为承担中央行政事业单位国有资产管理工作的专门机构,健全了资产管理职能有效履行的机构基础。

## 三、中央行政事业单位国有资产管理的基本情况

(一)管理目标和任务

根据机关事务资产管理工作"十三五"规划的基本思路和要求,中央行政事业单位国有资产管理的主要任务包括:一是健全国有资产管理制度体系。加强机关资产配置计划管理,分类制定配置标准。推行机关资产统计报告、清查盘点和绩效评价制度,完善闲置资产统一调剂机制。严格国有资产处置审批程序,推广竞价方式处置国有资产,建立健全机关资产处置平台运行机制,分类完善软件等专项资产管理制度。

二是实行资产全流程管理。建立资产管理来源可循、使用状态可查、去向可追、责任可究的全过程追溯体系。推动行政事业单位完善资产信息码、卡片、台账等基础工作。健全资产配置、入库、保管、领用、交回、处置等全流程管理机制,落实资产占有使用的主体责任,加强资产变动手续管理,严格资产账目确认程序。推进资产入账、销账与财务管理联动,实现资产管理、财务管理和政府采购紧密结合。改进资产信息码的信息承载功能,鼓励有条件的地区和单位运用电子标签技术加强资产管理。

三是创新资产监管方式。强化服务意识,优化监管流程,提高监管效率。推进资产处置事项网上办理,强化对产权转让、资产出租出借、资产报废等事项监管。建设和完善资产处置平台,培育竞争、制衡机制,将符合条件的中介机构纳入处置平台进行管理,推动资产评估与资产处置分离,提高资产处置收益。定期对行政事业单位资产配置、处置等事项和中介机构

履约情况进行抽查,完善通报机制和中介机构评价机制。建立健全资产损失排查机制,严格责任追究。

(二) 管理体制

财政部负责制定行政事业单位国有资产管理规章制度,并负责组织实施和监督检查。国管局负责制定中央行政事业单位国有资产管理具体制度和办法并组织实施,接受财政部的指导和监督检查。在行政事业单位国有资产管理中,从财务核算、预算管理和价值计量角度看,财政部是全国行政事业单位国有资产管理的总抓部门;从保障机关运转角度看,国管局是中央行政事业单位国有资产管理的职能部门。各部门按规定负责所属单位国有资产管理,明确专门的机构和岗位落实机关资产事务管理职责,指导所属单位资产管理工作。

(三) 管理制度

2006年5月30日,财政部公布《行政单位国有资产管理办法》(财政部令第35号)和《事业单位国有资产管理办法》(财政部仅第36号),以部门规章的形式对行政事业单位国有资产管理范围、管理机构与职责、资产配置、资产使用、处置、评估、产权纠纷调处、监督监察和法律责任等方面进行了详细规定。2009年,国管局出台《中央行政事业单位国有资产管理暂行办法》(国管资〔2009〕167号),以此为标志,陆续出台了《中央国家机关通用资产配置管理暂行办法》《中央行政事业单位国有资产处置管理办法》两个基础规章,《关于中央和国家机关公务用车配备使用管理有关问题的通知》《中央国家机关通用办公软件配置标准》《中央行政单位通用办公设备家具配置标准》三个配置标准,以及资产配置计划管理制度、资产年度决算报告制度、资产管理绩效评价制度、资产处置平台制度四项工作制度组成的制度体系,初步构建了中央行政事业单位资产管理制度框架。按照突出重点、分级管理的原则,各部门积极推进内部资产管理规范化建设。截至2018年年底,已有94%的部门制定了本部门资产管理制度办法,83%的部门建立了资产使用责任制度。

## 四、中央行政事业单位国有资产管理的具体做法

### （一）配置管理

通用资产配置是指各单位为保证履行职能的需要，按照国家有关法律、法规和规章制度规定的标准和程序，通过购置、建设、调拨、调剂、租赁和接受捐赠等方式配备通用资产的行为。资产配置应当遵循保障需要、节俭实用、严格标准、预算约束、政府采购以及国产、节能、环保的原则。中央行政事业单位资产配置实行标准化和计划管理。2016年，财政部、全国人大常委会办公厅、全国政协办公厅、国管局、中直管理局联合印发的《中央行政单位通用办公设备家具配置标准》规定了资产品目、配置数量上限、价格上限、最低使用年限和性能要求等内容，是中央预算标准体系和资产配置标准体系的重要组成部分，是编制和审核资产配置计划和配置预算，实施政府采购和资产处置管理等工作的基本依据。资产配置计划是指中央国家机关各部门、各单位根据职能履行和事业发展需要，对保障公务活动所需的资产配置事项作出的年度安排，包括通用资产配置计划和专用资产配置计划。2018年，国管局印发了《中央行政事业单位资产配置计划管理暂行办法》，明确和完善了资产配置计划的编制要求、工作程序、调整机制和执行监督等内容。中央行政事业单位配置通用资产要编制配置计划，并按照计划实行采购。

### （二）使用管理

规范资产的日常使用管理要求各部门、各单位应当做到统一和规范资产账；建立资产领用交还制度；建立资产管理责任制度；建立资产日常维护保养制度；建立资产清查盘点制度；建立对外投资、出租、出借资产专项管理制度等。2020年，国管局印发了《中央行政事业单位固定资产清查盘点工作指南》，为开展固定资产清查盘点工作提供标准化指引。

### （三）处置管理

资产处置是指各部门根据工作需要，转移或核销房屋、车辆、设备、家具和其他国有资产产权的行为。国有资产处置应当坚持科学合理、规范高

效、公开透明的原则,不得损害国家和相关各方的合法权益。2009年,国管局会同中直管理局建立了中央行政事业单位国有资产处置服务平台,推进资产公开规范处置。各部门经批准变卖或报废的资产,应当通过资产处置平台实行进场交易或者统一回收处理,防止国有资产流失,促进资源循环利用。

(四)监督管理

1. 报告制度

2002年开始,中央行政事业单位开展年度国有资产统计工作,逐年统计各部门资产存量和增减变动情况,掌握基础数据。

2009年,建立了中央行政事业单位国有资产决算报告制度,各部门所属各级行政事业单位编报资产决算报告,反映各部门、各单位上一年度国有资产存量、增减变动情况,办公用房、土地、公务用车和对外投资等重点资产使用和管理情况,以及资产配置、处置等管理制度和标准执行情况,全面反映资产的有关情况,加强资产监管。

2. 绩效评价

2012年,国管局印发《中央行政事业单位资产管理绩效评价办法(试行)》,探索建立了中央行政事业单位资产管理绩效考评指标体系,组织开展了资产管理绩效考评工作。通过10项指标25个考核点,对各部门人均通用资产占有、集中采购、进场交易等情况进行综合分析评价,并对单车运行费用、软件资产正版化等专项资产管理情况进行量化考核。

## 第二节 机关用地管理

### 一、机关用地的内涵

机关用地作为一类承载特殊功能的土地资源,是各机关维持有序运转的物质基础。在机关用地上建设的办公用房、业务用房、住房等建筑和设施,是广大机关干部职工工作、生活、学习的重要保障。机关用地管理是通过采取行政、经济、法律和技术等综合性措施,组织和监督机关单位对土地资源进行规划、利用、处置、登记等工作。目的是为了维护机关单位用地合法权益,节约集约利用土地,避免土地资源流失。

**二、管理机制**

(一)中央在京党和国家机关用地管理机制

为加强中央在京党和国家机关用地管理,1995年4月6日,国务院印发《关于中央在京党和国家机关使用土地管理问题的批复》(国函〔1995〕24号),明确中央在京党和国家机关按照机关事务管理归口,在原国家土地管理局指导下,分别由中共中央直属机关事务管理局、国家机关事务管理局、全国人大常委会办公厅行政管理局、全国政协办公厅机关事务管理局归口管理各系统在京用地。管理范围包括中央各部门、国务院各部门、全国人大机关、全国政协系统、最高人民法院机关、最高人民检察院机关及各企事业单位等。

为切实解决中央在京党和国家机关用地结构不合理、资源分配不均、布局分散、粗放利用等问题,2006年9月30日,国务院办公厅转发《国管局、中直管理局关于进一步加强和改进中央单位用地管理工作意见的通知》(国办发〔2006〕84号),进一步巩固各机关事务主管部门的归口管理职能。同时,还明确中央在京党和国家机关及其所属单位使用的北京市范围以外的国有土地,参照该《通知》规定执行。

(二)中央国家机关用地管理情况

1. 发展历程

国家机关事务管理局是中央国家机关(以下简称中央单位)在京用地归口管理部门之一。从发展历程看,其负责的土地管理工作经历了三个历史时期:第一个历史时期是1995—2005年,开始实行归口管理,主要任务是摸清中央单位用地家底、明确土地权属,切实保护中央单位土地资源,为中央单位后续发展提供保障。第二个历史时期是2006—2015年,国务院要求进一步加强用地管理,主要任务是通过加强规划统筹、严格土地利用处置,解决中央单位用地结构不合理、资源分配不均、布局分散、粗放利用等问题,并授权国管局可以调配中央单位土地,优先安排用于中央单位特别是中央在京党和国家机关的建设。第三个历史时期是2015年5月至今,经国务院常务会议审议同意,中央国家机关土地开发利用审批事项履行新设行政许可程序,土地管理工作进入法制化、规范化的新阶段。

2. 管理内容

(1) 基础管理。按照自然资源主管部门工作要求,中央单位需按年度报送下一年度的土地利用计划,以及上一年度的土地变更调查情况。建立在京中央单位用地管理信息系统,按照图、档合一原则,将中央单位在京用地逐宗建立档案,录入数据,关联图像,每年结合土地利用计划编报和用地变更调查工作,定期更新数据,为日常土地管理工作,提供数据支持和辅助决策。

(2) 审核管理。审核管理内容主要是对中央单位土地的规划、利用、处置、登记等行为进行前置审核,取得国管局批准意见的,才能在地方相关主管部门办理后续手续。审核管理的根本目的是加强中央国家机关在京用地的统筹规划利用,避免土地资源流失。

2016年起,按照国务院深化"放、管、服"改革的要求,国管局高度重视土地管理机制的改革创新,深入推进土地分类管理:一是取消中央单位不动产登记审核,调整为公共服务事项。二是职工住宅立项审核调整为内部审批事项。三是大幅精简中央企业土地管理事项和程序,如取消项目用地审核和新增用地审核;调整土地内部转移、外部转移、征占等土地处置审核为备案;调整土地抵押、出租等审核为信息登记;仅保留土地规划审批和划拨土地转出让审批2项。

(3) 重点项目用地保障。国管局承担中央国家机关在京重点建设项目用地保障的重要职责,主要通过中央单位(尤其是中央企业)内部挖潜、协调北京市供地等方式,收储合适用地用于中央国家机关重点项目建设。

(三) 地方机关用地管理机制

总体上,各地按照部门职能设置和分工,采取不同的管理体制,一般由当地财政、机关事务等主管部门统筹管理机关用地。涉及办公用房的用地,要严格遵守中央关于办公用房管理的相关政策要求。

## 第三节　机关办公用房管理

### 一、机关办公用房的内涵

办公用房是党政机关的基本工作场所,是党政机关正常运转的重要物质保障。在我国历次深化党和国家机构的改革中,尽快解决涉改部门办公场所问题,是确保改革方案落地的先行必要条件,办公用房管理的重要性可见一斑。要做好办公用房管理工作,首先需要了解办公用房的内涵、与技术业务用房的区别,在此基础上加深对办公用房管理工作的认识。

（一）机关办公用房与技术业务用房的含义

办公用房是指机关占用、使用或者可以确认属于机关资产的,为保障机关正常运行需要设置的基本工作场所,包括办公室、服务用房（如会议室、档案室、卫生间等）、设备用房（如变配电室、空调机房等）和附属用房（如食堂、车库等）。

技术业务用房是指办公用房以外,为保障机关开展专项技术业务工作所设置的特殊工作场所,如政务大厅、审讯室、拘留室、应急指挥大厅、检疫实验室等。

（二）办公用房的现实意义

第一,办公用房是保障党政机关履行职能、正常运行的物质基础,是党政机关开展各项职能的空间载体。

第二,办公用房是党和政府形象的直接代表,直观反映一个政府的作风和管理理念。机关办公用房应庄重、朴素、实用,不贪大求洋,更不能追求定位为城市标志性建筑。

第三,办公用房是国有资产的主要组成部分。办公用房体量大、一次性投资高、后续维保投入多,是政府资产管理的重点和难点。

## 二、我国现代办公用房管理进程

新中国成立以来,我国经济社会飞速发展,相对应的政府机构也一直处于不断调整、变动中,以适应各时期新的发展形势需要。机关办公用房管理也与时俱进,管理体制和模式不断进行调整。以中央国家机关办公用房管理历程为例,可以分为 6 个阶段。

### (一) 全面接管进驻时期(1949 年至 1955 年 10 月)

北京解放后,中央、华北、北京的机关房产全部由北京市军管会统一管理。在当时严峻的政治、军事、经济形势下,中央行政单位进驻北京后,只能尽快利用原国民政府办公楼、外国使馆楼、部分清朝王府等旧城现有房屋安顿下来。负责接收的机关是成立于 1949 年的政务院房委会,1954 年 11 月,中央人民政府政务院机关事务管理局更名为国务院机关事务管理局,政务院房委会即时宣布撤销。在这一时期,中央政府进驻北京,及时解决了机关工作人员办公、生活等基本场所问题,保证了新中国中央机构的正常运转。

### (二) 改革开放前摸索时期(1955 年 11 月至 1978 年 11 月)

1955 年 10 月,为实施首都房屋统一管理、统一建设的方针,按照党中央、国务院的指示,国管局将中央国家机关行政用房、建房工作移交给北京市统一管理。在计划经济体制下,对中央国家机关办公用房管理进行大胆的探索,主要分为 3 个阶段:一是 1955 年至 1962 年由北京市房管部门管理时期,实行属地化管理;二是 1963 年至 1968 年由国家房管局和北京市房管局共同管理;三是 1968 年起重新划归国管局管理,针对"文革"期间中央国家机关大量职工及其家属下放而引起的空置房屋流失严重的问题,党中央、国务院决定将中央国家机关房产管理工作重新划归国管局,以加强管理、减少损失。实践证明,机关房地产管理是机关事务管理的重要组成部分,是保障机关工作运行的重中之重,两者不能分离。至此,经过几次反复实践摸索,基本奠定了国管局对中央国家机关办公用房实行统一管理的基础。

## （三）开放转型发展时期（1978年12月至2001年7月）

随着1978年起改革开放事业的不断推进，中央国家机关办公用房管理也在不断探索发展，积极适应社会主义市场经济的要求。这个阶段的显著特点是产权意识不断加强，房屋所有权登记制度得到深入贯彻。

1987年，原城乡建设环境保护部印发《城镇房屋所有权登记暂行办法》，在全国范围推行房屋所有权登记制度；1988年3月，国管局印发《关于开展中央国家机关房屋所有权登记、核发房屋所有权证工作的通知》，要求中央国家机关各部门办理本部门房屋所有权登记并报国管局备案。但这一阶段各部门办公用房均由本部门自行登记和管理，这种分散管理的模式造成房产余缺调剂困难，部门之间苦乐不均的问题十分突出。同时，各部门自行管理也普遍存在情况不明、底数不清、管理水平参差不齐、管理成本较高等问题。

## （四）推进集中统一管理时期（2001年8月至2012年10月）

2001年，国务院办公厅转发了国管局《关于改进和加强中央国家机关办公用房管理意见及其实施细则》，要求中央国家机关办公用房产权统一登记至国管局名下。统一权属是推进集中统一管理的基础，直接有效地约束了部门的办公用房使用行为，防止部门擅自出租、出借甚至处置办公用房，造成国有资产浪费或流失。

2012年，《机关事务管理条例》以国务院令的形式印发，明确了"本级政府机关办公用房实行统一调配、统一权属登记"，将中央管理模式在全国层面推广。

## （五）全面从严治党时期（2012年11月至2017年12月）

党的十八大以来，党中央高度重视作风建设，要求全面从严治党，党中央、国务院陆续推行"八项规定""约法三章"、办公用房清理整治等，对党政机关办公用房管理也提出了更高的要求。通过全面专项整治，取得显著成效，超标准建设、使用办公用房等问题得到有效遏制。

## （六）横向集中统一、纵向对下指导时期（2018年1月至今）

2017年12月5日，经习近平总书记亲自审定，《党政机关办公用房管理办法》以中共中央办公厅、国务院办公厅的名义正式印发全国施行。这是我国第一部全国层面上统一规范党政机关办公用房管理的党内法规,以建立办公用房全生命周期科学管理体系为目标,深入推进集中统一管理。自此,办公用房管理进入了横向上由同级机关事务管理部门集中统一管理,纵向上机关事务管理部门对下级办公用房使用管理等工作进行指导的新时期。

### 三、《党政机关办公用房管理办法》解读

办公用房是党政机关正常运行的重要保障,体现党风廉政建设成效和党政机关形象。规范和加强办公用房管理,是落实全面从严治党的必然要求,是贯彻执行中央"八项规定"和国务院"约法三章"的具体举措,也是党政机关厉行节约、反对浪费的重要内容。按照中央有关文件的精神,国管局会同有关部门研究起草了《党政机关办公用房管理办法》(以下简称《公房管理办法》),经中央领导同志审定后,于2017年12月以中共中央办公厅、国务院办公厅的名义正式印发。这是我国第一部全国层面上统一规范各级党政机关办公用房管理的党内法规,对于进一步落实全面从严治党和节约型机关建设要求,建立健全党政机关办公用房长效管理机制,都具有十分重要的作用和意义。

(一)出台背景

党的十八大以来,以习近平同志为核心的党中央高度重视党风廉政建设,全面推进从严治党,中共中央政治局出台"八项规定",中共中央、国务院印发《党政机关厉行节约反对浪费条例》。国务院则提出"约法三章",全面停止新建楼堂馆所,取得了显著成效。从2012年至2017年《公房管理办法》出台前,对办公用房管理的要求越来越严,但缺乏系统性,重点也仅集中在建设、使用方面,对规划、处置利用、职能分工等未作明确规定。《公房管理办法》正是前期各项规定的基础上构建的一个更全面、系统的管理体系。

1. 中共中央"八项规定"

2012年12月,中共中央政治局审议通过《关于改进工作作风、密切联

系群众的八项规定》,要求"厉行勤俭节约,严格遵守廉洁从政有关规定,严格执行有关工作和生活待遇的规定"。从 2013 年开始,随着中央巡视工作常态化,尤其是 2015 年 8 月《中国共产党巡视工作条例》发布、实施后,办公用房配备使用情况已经成为一项固定的巡视内容。

2. 国务院"约法三章"

在 2013 年全国"两会"上,李克强总理代表新一届政府庄严承诺,"本届政府任期内,政府性楼堂馆所一律不得新建,财政供养人员只减不增,公费接待、公费出国、公费购车只减不增"。

3. 办公用房清理整治

2013 年 7 月,中共中央办公厅、国务院办公厅印发《关于党政机关停止新建楼堂馆所和清理办公用房的通知》(中办发〔2013〕17 号),全国党政机关办公用房停止新建和清理整治专项工作全面展开。2014 年 11 月,国家发展改革委、住房和城乡建设部修订了《党政机关办公用房建设标准》,按照向基层和普通工作人员倾斜的原则,对各级工作人员的办公室面积标准进行了调整。

4. 《党政机关厉行节约反对浪费条例》的相关规定

2013 年 11 月,中共中央、国务院印发《党政机关厉行节约反对浪费条例》,要求各级党政机关带头厉行勤俭节约、反对铺张浪费。其中,将"办公用房"单列一章(第 7 章),并详细分为 7 条进行严格规定,主要包括两个方面:一是要从严控制办公用房建设,二是要严格管理办公用房。

5. 《中国共产党纪律处分条例》的相关规定

2015 年 10 月,《中国共产党纪律处分条例》正式印发,自 2016 年 1 月 1 日起施行;2018 年 8 月,新修订的《中国共产党纪律处分条例》公布,自 2018 年 10 月 1 日起实施。其中,第 109 条明确规定,对于违反办公用房管理规定,决定或者批准兴建、装修办公楼、培训中心等楼堂馆所的,超标准配备、使用办公用房的等情形,是违反廉洁纪律的行为,要依法追究责任。其中,既追究直接责任,也追究领导责任;既追究管理部门的责任,也追究具体使用部门的责任。

6.《机关团体建设楼堂馆所管理条例》的相关规定

2017年10月,《机关团体建设楼堂馆所管理条例》(国务院令第688号)印发,自2017年12月1日起施行。该《条例》主要规范办公用房的建设管理,对办公用房建设项目审批、建设资金、监督检查等方面做出了明确规定。

(二)《公房管理办法》出台的重要意义

1.《公房管理办法》的制定和实施,是持续纠正"四风"、狠抓作风建设的必然要求。

党的十九大以来,习近平总书记就查找和纠正形式主义、官僚主义问题作出重要指示,强调"纠正'四风'不能止步,作风建设永远在路上"。作风问题具有顽固性和反复性,表现形式多种多样。以办公用房为例,无论是豪华办公大楼,还是超标办公室,都是"四风"问题的具体表现。《公房管理办法》将厉行节约的要求贯穿到办公用房管理的各个环节,为有效推进办公用房资源的合理配置和集约使用,提供了更具操作性、更有约束力的制度保障,体现出中央对于作风建设"一刻不松、半步不退"的坚强决心。《公房管理办法》的制定和实施,就是要求各级党政机关要以"钉钉子"精神,"一锤接着一锤敲",每个问题逐一解决,不松劲、不停步、再出发,坚定不移反"四风",驰而不息改作风。

2.《公房管理办法》的制定和实施,是巩固办公用房清理整治成果、根治办公用房领域违规问题的现实需要。

2013年7月,随着《关于党政机关停止新建楼堂馆所和清理办公用房的通知》的印发,各级党政机关深入开展办公用房清理整治,办公用房超标准配备、使用以及违规出租、出借等问题得到有效遏制,贪大求洋、追高求新的观念得到根本转变。为了做到标本兼治,保证清理整治工作成效,迫切需要加快建立办公用房管理长效机制。在此背景下,《公房管理办法》全面梳理了各类政策文件,构建了党政机关办公用房集中统一管理体制,对清理整治工作中发现的易发、多发问题做出了相应的制度安排,进一步完善了管理措施,落实了监督责任,织密扎紧了制度的"笼子"。《公房管理办法》的制定和实施,将确保在前期工作"重锤破冰"后,持续巩固和深化清理整治成果，从源头上根治办公用房领域的违规问题，防止顽症痼疾"反弹回潮"。

3.《公房管理办法》的制定和实施，是进一步提升机关事务管理法治化水平、更好地为党政机关提供高效保障的有力支撑。

办公用房是党政机关的基本工作场所，是党政机关运转的重要物质保障。《公房管理办法》进一步厘清了相关部门的权责义务，明确了机关事务管理部门在办公用房管理中的职能定位，为机关事务管理部门更好地依法履行服务保障职责，切实做好各级党政机关办公用房配备、使用、维修、处置等工作，提供了制度基础和根本遵循。《公房管理办法》的制定和实施，将有效提升党政机关办公用房管理的制度化、规范化、科学化水平，进一步强化厉行节约理念，提高办公用房资源配置使用效率，使机关事务管理部门能够更好地为各级党政机关的运转提供高效保障。

（三）《公房管理办法》的主要内容

《公房管理办法》共8章40条，涵盖了办公用房规划、配置、权属、使用、维修、处置等各个环节全周期管理，主要思路和原则是推进办公用房集中统一管理，最终实现办公用房资源科学合理的配置和集约使用。围绕集中统一管理的要求，《公房管理办法》明确了体制、职责、要求、程序等内容。

1. 管理范围和体制

《公房管理办法》适用于各级党政机关办公用房的规划、权属、配置、使用、维修、处置等管理工作。党政机关，包括党的机关、人大机关、行政机关、政协机关、监察机关、审判机关、检察机关，以及工会、共青团、妇联等人民团体和参照公务员法管理的事业单位。

值得一提的是，《公房管理办法》明确了"统一规划、统一权属、统一配置、统一处置"和"主管本级、指导下级"的管理体制。

2. 职责分工

第一，确立了上级对下级办公用房管理工作的业务指导关系，即县级以上党政机关办公用房有关管理部门根据职责分工，负责本级党政机关办公用房管理工作，指导下级党政机关办公用房管理工作。

第二，在中央层面，横向上坚持分工协作、齐抓共管，由机关事务管理、发展改革、财政等相关职能部门按照职责分工依法依规履行相关管理、监督职责。纵向上强调主管本级、指导下级，即归口的机关事务管理部门负责规划、权属、调剂、使用监管、处置利用、维修等；国家发展改革委负责建设项目审批、建设标准制定以及投资安排等；财政部负责预算安排、指导开展资产管理等。在地方层面，由各地区参照中央规定，结合实际情况合理确定。

第三，明确各级党政机关是办公用房的使用单位，负责本单位占有、使用办公用房的内部管理和日常维护。

3. 权属管理

权属管理是基础，也是贯彻落实《公房管理办法》的重要环节。《公房管理办法》第2章对权属管理进行了系统的制度设计，主要包括权属统一登记制度、资产台账管理制度、信息统计报告制度和档案管理制度。

实行权属统一登记就是为了通过将部门名下的办公用房统一登记到本级机关事务管理部门名下，推进所有权和使用权相分离，破除使用单位"部门所有"的观念，最终解决办公用房腾不出、调不动的难题。

资产台账管理是按照资产管理的有关规定，在将办公用房的权属统一登记到机关事务管理部门名下后，作为产权人，资产台账应该建立到机关事务管理部门名下。但办公用房的实际管理情况有所不同，机关事务管理、发展改革、财政等职能部门工作中主要履行的是监督管理职责，使用单位全程负责办公用房的使用管理和日常维护，对实际运行状况最为了解。因此，《公房管理办法》提出了"总台账"和"分台账"的概念，即由了解具体情况的使用单位建立资产管理分台账，在此基础上，管理部门建立资产管理总台账，定期"对表"，确保账账相符、账实相符、账证相符。

建立健全办公用房管理信息统计报告制度，有助于动态掌握办公用房总体情况和存在问题，对于科学制定办公用房管理相关政策具有积极意义。信息化是加强办公用房基础工作、提升管理水平的有力措施，是今后办公用房管理的必然趋势，也是全国层面信息统计报告制度能够有效执行的先决条件。

4. 配置管理

《公房管理办法》着重对办公用房的配置进行了系统梳理和提炼，提出了"配置规划""配置标准"和"配置方式"的概念。

关于配置规划，《公房管理办法》规定，县级以上机关事务、发改、财政部门应当编制本级党政机关办公用房配置保障规划，并提出"具备条件的逐步推进集中或者相对集中办公"。"集中或相对集中办公"的提出，主要是从节约集约利用资源、降低行政成本、促进节约型机关建设的角度出发，鼓励共用配套附属设施，避免资源重复配置。

有关配置方面的标准有2个，即建设标准和租金标准。建设标准，即《党政机关办公用房建设标准》对建筑分类、面积指标、选址、布局以及装饰装修标准等都有明确具体的规定。而且，建设标准明确了各级工作人员的办公室使用面积标准，是后续使用管理环节的重要执行依据。租金标准和办公用房租用、有偿使用等相匹配，目前财政部门正在会同有关部门积极推进相关制定工作。此外，《公房管理办法》还明确要求办公用房配置应结合经济社会发展以及房地产市场价格、物价、人工费等的不断变化，实行动态调整，保持标准的适用性。

配置方式是严控办公用房配置"入口"的关键，"调、换、租、建"是《公房管理办法》规定的4种配置方式，而且按照优先级，首先是由机关事务管理部门统筹存量资源，调剂解决；无法调剂的，经批准可以采取置换或租用方式解决；最后，才是采用建设（含购置）方式，体现从严控制办公用房的要求。

（1）"调剂"，即在机关办公用房总量内调余补缺、统筹调整，基本能够满足机关基本办公需要。

（2）"置换"最早在《党政机关厉行节约反对浪费条例》中规定，即"采取置换方式配给办公用房的，应当执行新建办公用房标准，不得以未使用政府预算建设资金、资产整合等名义规避审批"。《公房管理办法》在《党政机关厉行节约反对浪费条例》的基础上，进一步提出以下要求：一是要"确保符合办公用房各类功能要求"，主要考虑如果置换取得的房产在功能结构上不符合机关办公使用需要，会造成改造投入大，使用效果差。二是区分置换"旧房"和"新房"两种情形,《公房管理办法》进一步明确了不同置换对象的具体审批程序。置换新房应当履行建设审批程序,这也是考虑到实际工作中存在的规避审批问题(先由企业"量身打造"办公用房,再以置换名义进驻)。

（3）在《党政机关厉行节约反对浪费条例》的基础上,《公房管理办法》进一步明确了"租用"的审批程序,规定了两种租用模式：一是由使用单位结合自身需求提出申请,经职能部门核准后执行；二是在条件具备的地区(如一些办公用房规模相对较小的市、县党政机关以及集中统一管理较好的地区),由机关事务管理部门统筹总体需求制定租用方案,统一租用后,再按标准给各使用单位安排使用。

（4）《公房管理办法》主要明确了办公用房建设项目的审批程序,并明确"建设"包括新建、扩建、改建、购置。项目审批前,由机关事务管理部门出具必要性审查意见,主要是从配置方式选择、是否非建不可、是否符合配置保障规划等方面进行把关。

5. 使用管理

《公房管理办法》主要是结合2013年以来办公用房清理整改有关的政策规定,对办公用房使用管理做出具体规定。对管理部门而言,主要职责是监管；对于使用单位而言,主要职责则是履职。

（1）使用协议和凭证。签订使用协议、核发分配使用凭证,有利于明确机关事务管理部门和使用单位在办公用房管理使用中各自的权利和义务,进一步规范使用行为。类似于不动产登记证、经营许可证,分配使用凭证是对使用单位可以合法使用该处办公用房的直接证明,可以凭此办理一些日常工作手续(如单位法人登记、集体户籍、项目施工许可等),简化了机关事务部门出具权属证明文件的手续,提高了工作效率。

（2）使用要求。具体的使用要求包括：一是明确使用单位应当严格按规定合理安排使用办公用房,不得擅自改变使用功能,不得擅自调整给其他单位使用。为加强内部管理,使用单位每年度都应对办公用房安排使用情况进行内部公示,并将领导干部办公室配备情况报机关事务管理部门备案。二是领导干部在两个或两个以上单位同时任职所使用的办公用房,必须严格履行审批程序。三是办公用房的合规使用应当明确以下原则：办公用房面积的标准是上限，不能逾越，对超标办公用房应当严格按标准整改到位，这是必须执行的纪律；整改方式首先是调换，即"大房换小房"，在没有小房间的情况下，可以采取合用方式整改，无法采取调换或合用方式进行整改的，才能进行工程改造。

（3）占用腾退。《公房管理办法》明确规定，占用机关办公用房的腾退时限为 6 个月，从而提高了规定执行和追责的可操作性。对于公益一类事业单位，"按照面积标准核定后可以继续无偿使用"；对于公益二类事业单位，"应当按照规定予以腾退，确有困难的，经机关事务管理部门批准，可以继续有偿使用"；对于其他企事业单位和社团组织，"原则上不得占用党政机关办公用房"。

（4）租金制。租金制是一些西方发达国家采取的一种办公用房管理模式，核心内容是实行费预算管理和实物资产管理相结合，从经费管理这一源头来控制办公用房使用行为，从而强化使用单位自我管理的内生动力和约束力，避免超标使用，降低政府运行成本。《公房管理办法》按照深化改革的要求，提出"探索试行办公用房租金制"，力求进一步达到优化配置、节约成本的良好效果。

6. 维修管理

《公房管理办法》规定，办公用房维修分为日常维修和大中修两类。其中，日常维修由使用单位负责，所需资金通过部门预算安排；大中修由使用单位提出项目申请，机关事务管理部门统筹安排，并报财政部门审核预算。日常维修和大中修具体通过办公用房维修标准来合理区分。考虑到各地经济社会发展水平不同、气候差异大，地方党政机关办公用房的维修标准由各地区结合当地实际制定，并实行动态调整。

7. 处置利用管理

《公房管理办法》将"处置利用"单列一章，列明闲置的 5 种具体情况，共规定了调剂、转换用途、置换、出租、拍卖和拆除 6 种处置利用方式，各级机关可以根据实际情况，自行选择最适合的方式，及时做好处置利用工作。

调剂主要是针对之前中央与地方、系统与系统、地方与地方之间办公用房调剂渠道不通,国有资产无法有效盘活的问题,《公房管理办法》从三个层面分别明确调剂使用的具体程序,促进闲置办公用房在各级党政机关之间的合理流转,缓解苦乐不均问题。

关于转换用途,具备条件的,《公房管理办法》规定可根据当地公共服务设施建设需要,将难以利用的闲置办公用房改为便民服务、社区活动等公共服务场所,既有效解决了国有资产闲置问题,又促进了政府公益事业发展,节约了财政资金。同时,也可按规定置换为其他资产。

关于出租,《党政机关厉行节约反对浪费条例》规定,党政机关"严禁出租、出借办公用房",《党政机关厉行节约反对浪费条例》的精神是禁止使用单位擅自出租出借办公用房,出租作为一种有效的处置利用方式,有必要打通政策瓶颈。为了做好与《党政机关厉行节约反对浪费条例》的衔接,《公房管理办法》明确规定,一是严禁使用单位自行出租办公用房;二是只有闲置办公用房才允许出租,而且由机关事务管理部门通过公共资源交易平台统一招租;三是党政机关如有需要,应当及时收回,调剂使用。

8. 监督问责

2018年修订的《中国共产党纪律处分条例》第109条明确,将办公用房方面的违规行为列为追责条款,《公房管理办法》一以贯之,着重对监督问责进行系统性的制度设计,强调事中、事后监管,力求构建起内外结合、上下联动、全方位、立体式的监管体系,真正筑牢底线、红线。具体而言,包括"三级监督""巡检、考核""信息公开"和"责任追究"。

(1) 三级监督。三级监督是分别从使用单位、职能部门、纪检监察机关三个层面,明确各单位在办公用房管理过程中的监督职责,使用单位主要是规范内部自查,职能部门严格监督检查,纪检监察机关则是严肃责任追究。三位一体,各负其责,互为监督,形成监管合力。

(2) 巡检、考核。巡检包括对本级党政机关办公用房使用情况和下级党政机关办公用房管理情况的检查;考核则是要结合党风廉政建设责任制检查考核、政府绩效考核以及党政领导班子和领导干部年度考核,将巡检结果作为干部管理监督、选拔任用的依据之一,提高各级党政机关加强办公用房管理的主动性、积极性。

（3）信息公开。推行党政机关办公用房管理信息的公开，能有效引入外部监督，极大改善社会公众的监督条件，提升公众的监督能力，有利于巩固和深化办公用房清理整治成果。为了避免信息公开流于形式，《公房管理办法》专门明确规定公开内容（办公用房建设、使用、维修、处置利用、运行费用支出等情况）、公开时间（每年定期）和公开方式（政府门户网站等公开的平台），便于操作执行，也便于巡检、考核。

（4）责任追究。《公房管理办法》分别针对职能部门和使用单位列出详细的违规情形清单（职能部门涉及7条、使用单位涉及8条），便于纪检监察机关严格"照单追责"。有清单所列情形的，按照有关规定给予党纪、政纪处分；涉嫌违法犯罪的，依法追究法律责任。

## 四、办公用房管理的未来发展方向

### （一）已取得的成效和面临的问题

随着《公房管理办法》贯彻落实工作的不断推进，党政机关办公用房管理工作取得以下显著成效：

一是常态化、长效化的集中统一管理体制初步建立，进一步巩固了办公用房清理整治成果，实现了从"清房"到"管房"、从"治标"到"标本兼治"的转变。办公用房集中统一管理力度不断加强，也为进一步深化机关事务管理体制改革创造了重要的基础条件。

二是办公用房资产的利用效率明显提高。统一清查盘点，统一权属登记，切实摸清家底，维护了资产的安全、完整；统筹余缺调剂、利用闲置资源，提高了资产使用效益，推进了资产集约利用。

三是办公用房集中保障能力不断提升。在本次深化党和国家机构改革中，各级办公用房管理部门坚决贯彻落实中央决策部署，充分利用存量资源谋划、规划，有效解决了改革涉及部门、单位的办公场所问题，为机构改革平稳、有序推进提供了有力的基础保障。

四是作风建设"抓手"作用得到充分发挥。各部门严把配置入口，规范日常使用，严控处置出口，加强多部门联动监管和监督问责，进一步压缩了违规使用办公用房的空间,为不断加强作风建设、全面推进从严治党向纵深发展起到了助推作用。

(二)未来发展方向

思想是行动的先导,思想认识、理念观念直接影响开展工作的方式方法和效率效果。要破解难题并做好今后办公用房管理工作,应当强化以下五个方面意识:

一是强化政治意识,坚定落实中央决策部署的决心和定力。办公用房管理工作政治性强,要抓准政治方向,强化政治担当。在办公用房清理整治上,从坚决落实党中央要求、维护党中央权威的高度,深刻理解"宁小勿大""多动人少动房"的精神实质,确保办公用房清理整治到位。在办公区布局规划上,要从政治高度、全局角度谋划。中央国家机关办公区的规划研究,要从中国特色社会主义大国、强国首都建设来着眼;地方各级党政机关办公区也应统筹规划,提高政治站位,考虑政治影响,将机关办公、运行保障与城市未来发展相结合。在历史遗留问题解决上,应当高度重视烂尾工程、资源闲置、权属不清等遗留问题,有所作为,践行政府公信力,切实维护党政机关的形象。

二是强化法治意识,坚持依法依规管理的发展方向。办公用房管理的各方面内容都应讲政策、讲标准、讲程序。政策不清晰的,要研究完善。《公房管理办法》确定了办公用房管理政策的基本框架,还有很多方面的政策需要进一步制定、完善。对于共性问题完善顶层设计;对于个性问题、具体问题,结合实际制定完善的具体办法。政策明确的,要严格执行。政策执行要依托标准来开展,如办公用房建设标准、租用标准、维修标准、物业服务标准等。

三是强化绩效意识,树立集约节约管理理念。习近平总书记多次强调党和政府要带头过紧日子。办公用房是政府财政投资的重要部分,更应引入绩效评价考核,将投入产出比作为考核的重要内容。在办公用房配置上,应当首先从办公用房清理腾退、存量办公用房改造提升、闲置办公用房置换调剂上入手解决问题,始终坚持从严管理、从严控制的原则。在维修项目投资安排上,要用绩效评价量化执行成本,倒逼决策过程的自我完善;

不仅要关注维修改造的初始投资,更要关注楼体和设备的维护成本、使用年限、使用效果,选择性价比高、使用寿命长、折旧率低的方案,切实用好财政资金。在办公用房处置上,要综合分析研判不同渠道、不同方式的经济效益和社会效益。

四是强化创新意识,探索现代化管理模式手段。面对办公用房管理中的新情况、新问题,需要大胆改革创新。要有效运用各领域改革红利,如"放、管、服"改革以来,发展改革、住房和城乡建设、国土资源、政府采购等领域的改革举措相继推出,在开展权属登记、项目审批、物业管理、后勤保障等工作时,要用好用足相关政策,推动工作高质量发展。要通过市场化手段拓宽保障渠道。随着市场经济的不断发展,在项目建设、资产运营、办公区物业服务、停车餐饮保障等方面都可采取政府购买服务等方式,运用市场化手段降低管理成本。要注重发挥信息化技术的乘数效应。进一步完善办公用房管理信息系统,在规划、配置、维修项目安排等方面与工作更紧密结合,从"数据库功能"扩展到"辅助决策功能"。

五是强化责任意识,增强干好事业的责任感使命感。首先,要认清责任。上级对下级办公用房管理情况要加强指导监督,一级抓一级,层层抓落实。其次,要落实责任。闲置办公用房的处置利用,应专人负责、专门研究,分类建账、逐一施策。严格按照《中国共产党纪律处分条例》等规定进行追责、问责,杜绝违规超标配备、使用办公用房现象。

## 第四节　公务用车管理

公务用车是指党政机关配备的用于定向保障公务活动的机动车辆,包括机要通信用车、应急保障用车、执法执勤用车、特种专业技术用车以及其他按照规定配备的公务用车。公务用车管理是党政机关自身建设和内部治理的重要领域,关系机关职责履行,关系党风政风建设,关系党和政府在人民群众心目中的形象。

党的十八大以来,以习近平同志为核心的党中央坚定推进全面从严治党,中央政治局出台"八项规定"及其实施细则,中共中央、国务院印发《党政机关厉行节约反对浪费条例》,国务院提出"约法三章",全面推进公务用车制度改革,并将修订的《党政机关公务用车配备使用管理办法》列为厉行节约反对浪费"1+20"制度体系建设内容。2017年12月5日,中央办公厅、国务院办公厅印发了修订后的《党政机关公务用车管理办法》(中办发〔2017〕71号)(以下简称《公车管理办法》)。

《公车管理办法》作为全国党政机关公务用车管理的顶层制度文件,是新时代全面从严治党要求在公务用车管理领域的集中体现,是公务用车制度改革成果的固化和拓展,是新时代抓好公务用车管理工作的遵循和依据。机关事务管理部门应从夯实自身履职尽责基础、助推国家治理现代化的高度,切实增强政治责任感和使命感,抓好《公车管理办法》的贯彻实施,不断提升公务用车管理质量和效能。

## 一、《公车管理办法》的精神实质和主要内容

《公车管理办法》共有6章31条,以全面实行公务用车编制和标准管理为核心,强化配备、使用、处置等全流程管理,着力构建公务用车管理新制度,具有以下特点:

(一)坚持节约主线,做到规范管理与保障公务并重

规范管理、保障公务、厉行节约是《公车管理办法》的主旨。作为中央厉行节约反对浪费配套制度建设的重要成果,《公车管理办法》通篇贯彻了节约的精神和理念。党政机关厉行节约反对浪费的实质是提高公共资金、资产和资源的使用效益,用最少的成本和投入办最多的事,取得最大的政治效益、经济效益和社会效益。在公务用车管理上讲求节约的目的是要实现公务用车管理更加规范,公务出行保障更加到位,而不是为了节约而节约,单纯追求经济上的节约。各级公务用车主管部门应紧紧围绕厉行节约这条主线,将节约的总要求贯穿于公务用车管理的全流程。一方面依靠法治思维,运用法治方式,加强和规范各类公务用车管理,杜绝超编超标、公车私用等违规问题;另一方面进一步统筹保障资源、规范保障标准、提高保障质量,为机关公务出行提供合规适度、安全可靠、优质高效的保障和服务。

**（二）坚持集中统一，健全完善公务用车管理体制**

多头管理、分散管理造成的责任主体不清、管理合力缺失是公务用车违规问题屡禁不绝、公务用车管理低效的重要原因。《公车管理办法》在健全完善管理体制上前进了一大步，着眼于提升公务用车管理效能，明确了集中统一方向，赋予公务用车主管部门管理本级、指导下级的职责，明确要求对本级党政机关公务用车实行"四统一"管理。具体而言，统一编制管理，将各类车辆全部纳入编制管理，落实编制核定备案制度，形成编制管理联动机制，实现公务用车数量总控；统一标准管理，严格执行规定的价格和排气量标准，杜绝配备豪华车、高档车和违规超出规定标准配车等问题；统一购置经费，统一采购配备管理，由公务用车主管部门集中管理、统筹使用本级党政机关车辆购置经费，杜绝违规购车，实现均衡保障。各级机关事务管理部门应以《公车管理办法》的贯彻实施为契机，进一步理顺管理体制，完善工作机制，积极推进公务用车集中统一管理，通过体制、机制的创新，从源头上解决公务用车管理中存在的突出问题。

**（三）坚持从严从紧，强化公务用车编制和标准管理**

编制和标准是公务用车管理的核心问题和关键环节。各级机关事务管理部门应按照《公车管理办法》的要求，结合本地区实际，研究细化编制、标准管理的相关政策，夯实公务用车管理基础。首先，应注意与公务用车改革政策的衔接，公务用车改革后，普通公务出行实行社会化提供是大前提，公务用车编制核定必须坚持定向保障的原则。其次，应强化问题导向，根据公务用车改革后公务出行保障情况，对不同层级、不同单位车辆编制结构进行统筹调整和优化完善，确保车辆配备向基层、一线和偏远地区倾斜。最后，应处理好特殊与一般的关系，在严格执行《公车管理办法》规定标准的前提下，对于确需超出规定标准配车、配备越野车的，省级机关事务管理部门要明确程序、严格审核，从严从紧确定配备范围和配车标准；既要实事求是，切实保障公务需要，又必须形成刚性约束，不能将特殊变成一般，随意开口子、搞变通。

**（四）坚持务实创新，提升公务用车管理质量和效益**

公务用车管理涉及的环节多，专业性强，想要真正管住管好，有赖于机关事务管理部门进一步树立务实的精神和创新的理念,增强专业素养,培养专业技能。《公车管理办法》在吸收借鉴各地实践成果的基础上,引入了公务用车服务平台建设、实行标识化管理、建立全省统一的管理信息系统、完善公务用车配备使用情况统计报告制度等创新性举措,对于规范车辆管理、提高保障效率,特别是对于防范公车私用、私车公养等突出问题具有积极作用。各级机关事务管理部门应在实际工作中不断探索实践,进一步完善配套措施,创新方式方法,在管理标准化、信息化、精细化上下功夫,逐步形成一套符合本地区特点和现实需要的公务用车管理模式。

(五)坚持有责必究,实现违规、违纪问题监督问责全覆盖

《公车管理办法》强调编织一张监督网,明确了公务用车主管部门、财政部门、审计部门、公安交通管理部门、纪检监察机关的监督职责;强调律人者必先律己,增加了针对公务用车主管部门5个方面的问责情形,细化了针对车辆使用单位9个方面的问责情形,涉及配备、使用、处置、经费等各个环节。对于不参照公务员法管理的事业单位的公务用车,要求按照《公车管理办法》的原则管理,即应当实行编制管理,所有车辆均要核定编制,实行总量控制;除有特定用途的业务用车外,车辆标准按照党政机关的配备标准执行;车辆配备更新、采购、使用和处置要严格遵守相关规定,严禁公车私用、私车公养。

## 二、公务用车管理工作中存在的突出问题

公务用车改革后,公务用车管理工作的内外环境和客体发生了较大变化。公务用车改革确立了以货币化补贴、社会化提供为主的公务出行保障新机制,形成了以平台化、信息化、标识化管理为基础的公务用车管理新模式。公务用车改革后,规定区域内的普通公务出行实行社会化提供,出行方式由公务人员自行选择;少量公务用车作为定向保障公务活动的机动车辆保留下来,公务用车保障范围是特定范围,不再是以前的全口径保障。

在公务用车大幅减少的情况下,由于公务出行观念转变不到位、公务用车改革政策落实不到位、公务出行配套措施不健全,再加上一些地方社

会化出行条件确实还不充分，使得一些业务部门和县、乡基层单位反映公务用车改革后存在比较突出的用车紧张问题，特别是到偏远地区调研，到现场处理突发事件以及下乡进村服务车辆保障不足，给工作造成了一定不便，个别干部还以"没公车不下乡"为借口懒政、怠政，引起群众不满。此外，个别地方还存在公车私用少了而"私车公养"多了，"公车照坐、车补照拿"等问题。

### 三、提升公务用车管理质量效能的措施

作为党政机关自身建设和内部治理的一个重要领域，公务用车管理工作具有很强的政治性、政策性和敏感性。各级机关事务管理部门应以高度的政治责任感和使命感，突出抓好《公车管理办法》贯彻实施这条主线，加强与相关职能部门的沟通协调，建立健全以推进集中统一管理为核心的配套制度，培育打造标准化、信息化管理手段，形成"一体两翼"的工作格局，不断提升公务用车管理质量和效能。

在管理体制上，秉持"有为才有位、有位更要为"的理念，积极发挥公务用车主管部门的职能作用。采取实打实的措施推进"四统一"管理体制落实，实现涵盖各类公务用车的集中统一管理，着力解决多头管理、分散管理问题，推进公务用车管理的专门化、专业化。

在管理载体上，以信息化为依托，发挥公务用车平台在公务出行保障和公务用车管理方面的基础和支撑性作用。继续完善平台模块功能，合理设定平台车辆保障范围，加大车辆跨部门统筹调度使用力度，提高公务出行保障能力。县、乡机关能集中的车辆尽量集中到平台，打破部门界限，统筹调度使用，优先保障到偏远地区的出行需求，提高车辆使用效益。同时，拓展和深化平台数据在公务用车编制调配、运行维护费用管理等方面的分析应用，实现公务用车全周期管理，防范公车私用、私车公养、"既拿钱又坐车"。

在管理制度上，以标准化为牵引，建立健全公务用车管理、公务出行保障配套制度。建立党政机关公务用车配备更新和使用情况统计报告制度，

将包括执法执勤用车在内的各类公务用车全部纳入统计报告范围,实现公务用车管理形式和内容上的全覆盖。通过政府购买服务增加出行保障供给,引入社会车辆定点租赁和新能源汽车分时租赁,作为现有公务用车的补充,规范合理利用社会车辆保障公务出行。采用适度的经济手段,出台中短途出差、到偏远地区下乡根据距离远近按次包干制度,为基层干部多样化的公务出行提供支持。

# 第五章 服务管理

## 第一节 机关后勤服务管理概述

机关后勤服务,顾名思义,是指为机关正常运行提供后勤服务保障。1993年9月,中央机构编制委员会、国管局印发的《国务院各部门后勤机构改革实施意见》指出,"坚持为机关服务的宗旨,正确处理内外两面服务的关系",明确要求机关后勤服务部门以为机关服务为根本,保障机关职能活动的正常开展。党的十八大以来,各级机关事务管理部门坚持以习近平新时代中国特色社会主义思想为指导,站在推进国家治理体系和治理能力现代化的高度,推进政事分开、管办分离,机构精简、职能优化,统分结合、保障有力,实现机关事务主管部门集中统一管理、各部门负责日常运行管理、机关后勤服务依托社会力量供给的新格局。

### 一、机关后勤

#### (一)后勤的产生

"后勤"一词源于希腊文"Logistics",意为"计算的科学"。19世纪30年代,拿破仑的政史官若米尼在总结征俄失败的经验教训时最先使用"后勤"概念,之后"后勤"成为军事术语。在军事中,后勤与战略、战术一起构成了战争科学的三大分支。后勤是战争的血液,国家的经济潜力必须通过军事后勤的物化运动才能最终转化为战争潜力。在第二次世界大战时期,随着军事科技的进步,战争变得日益复杂,使得后勤成为左右战争胜负的重要因素。20世纪90年代海湾战争之后,机械化、信息化成为军事革命的核心,局部战争具有战场空间跨度大、物资消耗大、装备损坏与人员伤亡率高、战争节奏快等特点。对此,美军提出了聚焦后勤、精确后勤、即时后勤、感知与响应后勤等一系列新理论、新概念。

(二)机关后勤的产生

后勤事务的管理早在先秦时期就已出现,主要是对皇家内务的管理。后来经过较长时间的发展,由皇家内务管理逐渐变为后勤管理。我国机关后勤的建立最早可以追溯到瑞金革命根据地时期。为了保证党、政、军工作的正常运转,1931年11月27日,中华苏维埃共和国临时中央政府设立了中央总务厅,统筹负责中央党政军的政务运行和后勤服务保障工作。由于当时财政经济状况极为困难,中央提出了"主力红军筹款自给的方针",标准上实施战时供给制,由中央革命军事委员会制定统一的供给制标准。延安时期,陕甘宁边区处于军事包围和经济封锁之中,毛主席提出了"自力更生、艰苦奋斗"的号召。后勤部门在厉行节约、定额分配的基础上,大力开展生产运动。

新中国成立以后,随着中央机关从农村转入城市,财政经济由各解放区独立管理到国家统一管理,机关后勤也由主管生产转变为办好机关干部群众的福利事业。"文革"时期,机关后勤工作陷入停滞局面,直到1976年,机关后勤工作才得以慢慢恢复。1983年,中央书记处会议提出了机关后勤"服务社会化问题,要逐步解决"的改革方向。1999年,朱镕基总理在讲话中提出机关后勤改革"管理科学化、保障法制化、服务社会化"的方向。党的十八届三中全会提出"推进国家治理体系和治理能力现代化"的目标,在这一目标指引下,机关后勤改革和后勤服务进入了新阶段。

## 二、机关后勤服务的现状和存在的问题

我国的机关后勤是从战争时期的供给制演变而来的,受到多种因素影响,因而与西方发达国家的公共部门后勤管理有很大区别。我国传统型后勤以构建"小而全"的封闭式自我服务体系为特征,机关后勤基本上囊括除直接物质和精神生产之外的一切人的需求。这一方面与战时供给制度所遗留下来的自给自足的习惯有关,另一方面通过单位自建,在物资极端短

缺的时期，满足机关干部职工各种需求是"社会主义制度优越性"的重要体现。

自20世纪90年代以来，机关后勤服务改革开始了积极的探索和实践。从整体上看，各级机关事务管理部门基本探索实现了政事分开、管办分离，服务保障能力得到大幅度提升，为党政机关高效运行提供了有力保障。在管理上，组建机关服务中心为独立核算的事业单位，深化机关后勤服务事业单位人事改革，初步实现了精简行政机构、减少行政编制、减轻财务负担、提高工作效率的改革要求，逐步实现了机关后勤服务由计划型向市场型、经验型再向科学型转变。在经营上，开放机关后勤服务市场，将部分不具备法人资格的机关后勤服务单位，如物业单位、宾馆等改制为具有独立法人资格的经营实体，从而实现经营上的自主经营、自负盈亏、自我约束、自我发展。在服务上，各地区、各单位逐步开放机关后勤服务市场，在设施设备维修、绿化养护、网络维护、餐馆服务、会务保障等领域，通过合同外包、委托管理、社会合作等方式引进具有专业资质的企业，机关后勤服务由供给无偿型向核算型有偿服务转变，由封闭型单一服务向两面服务转变，提升了服务质量，降低了机关运行成本。

机关后勤服务改革作为一项复杂的系统工程，由于受到种种因素的制约，各种改革模式在实践过程中也都遇到过一定的障碍，导致机关后勤服务改革的主要目标任务没有完全实现，在一定程度上影响了该行业的科学发展。目前机关后勤服务的主要问题表现在以下方面：

一是管办分离不彻底。从中央国家机关到地方各级机关，虽然进行了多年机关后勤服务管办分离改革探索，但在实际运作过程中，为减轻机关工作负荷，绝大多数行政机关除了让机关服务中心为机关正常运转提供各项后勤服务外，还安排其承担国有资产管理、公务用车管理、机关节能降耗管理、社会综合治理、部分行政财务管理等工作，这些本应该是由机关承担的机关事务管理职能。

二是法律、法规和制度建设不健全。多年来，机关后勤服务没有形成一套行之有效的法律、法规和制度体系，经费开支、资产管理、办公用房管理等制度关乎机关后勤服务质量，机关后勤服务部门与涉及机关后勤服务的其他部门尚未建立有效的协作机制,与财政、发展改革等部门之间的政策、法规的协调性、衔接性程度不足,相关部门对改革的配合度不高。进入机关后勤服务的企业主体的市场资质的认定制度没有建立,机关后勤服务的基本目录、市场准入制度等不规范,导致服务水平参差不齐,影响了政府购买机关后勤服务的效能。

三是队伍专业素质不高。从调研了解的情况看,机关后勤服务队伍庞大,人员来源渠道多样,年龄偏大,管理技能单一,专业型、创新型人才相对欠缺。相关后勤服务队伍存在着人员与岗位不相称、外行管理内行的现象,导致因管理跟不上而服务上不去。另外,在人员管理上,缺乏岗位交流、竞争与激励相适应的绩效管理,机关后勤服务人员难以实现职业发展,也抑制了服务人员的工作热情。

四是标准化、信息化建设滞后。不少单位一直凭经验开展机关后勤服务,随意性大,虽然有些地方制定了一些制度和标准来规范机关后勤服务,但操作性、权威性、系统性不够。因无统一的服务收费标准,又无明确的工作量,很多机关后勤服务部门难以与机关建立起经济核算关系,难以规范和引领机关后勤服务工作。"互联网十"和大数据等信息技术已在其他行业广泛应用,但机关后勤服务运用信息化手段的情况还不多见,应用场景也仅限于餐饮服务、会议服务、物业报修、车辆管理等方面,与机关干部职工工作、生活更紧密的服务内容也不太多。

五是观念更新缓慢。机关后勤服务适应新时代要求、适应机关干部职工的需求的创新服务观念仍比较落后,尤其是对于改革的认识仍顾虑重重,瞻前顾后。例如,有的单位认为机关后勤服务表面上过得去即可;有的单位认为后勤服务市场发育不成熟,机关作为要害部门,情况特殊,只能由机关服务中心提供后勤服务;有的单位认为经营性事业单位转企改制后,竞争力弱,收入减少,自身利益无法保障。

## 三、新形势下机关后勤服务管理工作的重点

站在推进国家治理体系和治理能力现代化的高度,按照深化党和国家机构改革的总体部署,机关事务管理与机关后勤服务需要实行政事分开、

管办分离,机关后勤服务要实现机构精简、职能优化,逐步形成后勤服务依托社会力量供给的新格局。机关后勤服务管理工作重点如下:

(一)合理确定机关后勤服务范围

机关后勤服务主要包括:会议服务、文印服务、餐饮服务,房屋养护维护、公用设施设备维护、保洁、绿化、安全保卫等物业服务,以及其他相关的后勤服务。管理部门需要制定机关后勤服务指导目录,实行统一项目、统一标准。

(二)加大购买机关后勤服务力度,切实保障后勤服务经费

机关事务管理部门通过向社会力量购买后勤服务或社会化用工等方式组织提供后勤服务,除涉及安全保密等事项外,均要面向市场主体等公开择优购买。管理部门负责制定向社会力量购买后勤服务的管理制度,健全机制,严格标准,厉行节约。按照部门预算管理规定,对各部门后勤服务经费予以保障。由主管部门统一提供后勤服务的,实行经费归口管理,后勤服务经费列入主管部门项目支出预算。

(三)严格规范机关服务中心

机关服务中心主要承担机关办公用房维护、公务用车日常管理和后勤服务组织工作及因安全保密等原因必须自办的后勤服务。机关服务中心所属的企事业单位按照国家的有关规定推进改革,经营性国有资产的监管按照有关文件的规定执行,确保国有资产保值、增值。

(四)归并整合机关服务中心

多个部门整合的,只保留一个机关服务中心;不同部门在同一办公区的,由一个机关服务中心承担后勤服务保障;不断加大机关服务中心归并整合力度,新设立部门不再单设机关服务中心;人员编制较少的部门,原则上不再保留机关服务中心;部门根据实际情况,也可自愿申请不再保留机关服务中心,或探索将机关服务中心转为后勤服务公司。

(五)加快标准化和信息化建设

加快制定机关后勤服务实物定额和服务标准,促进保障均等化,发挥

标准在机关后勤服务中的主导、调节、约束、控制功能,逐步实现管理效能有标可量、服务保障有标可依。积极运用互联网、大数据、人工智能等新技术,推进"互联网＋机关后勤"深度融合,打造智慧后勤,逐步推进数据共享平台建设,促进跨层级、跨部门、跨业务协同保障,实现资源统筹、服务共享、监管到位。

（六）建立健全各项服务管理制度

要建立一套与服务内容相适应的管理制度体系,主要内容包括:建立并落实办公设备家具登记、使用和处置等管理制度;建立房屋使用和安全状况定期检查制度;制定供水管理、给排水系统维保和节约用水制度;建立电梯运行管理、设备维护、安全管理等制度;建立空调系统运行管理制度、安全操作规程;建立消防安全检查和隐患整改记录、消防设备设施档案和维护记录等消防安全管理制度;建立配送电运行、电气维修、配电房管理等制度;建立弱电系统、弱电设备运行管理和日常巡检维护制度;北方地区应建立锅炉设备、热力站运行管理制度、操作规程、设备维保制度;建立办公用房区域和公共场地区域的保洁服务工作制度;建立印刷服务管理、保密安全等制度;建立严格的餐饮服务管理制度、操作规程、食品安全管理制度及应急处置预案;建立传达室、车辆及公共秩序管理等安全生产制度;建立会议室管理制度,制定会议服务规程;建立保密安全管理制度,明确重点要害岗位保密职责及对相关人员的保密要求;建立机关办公区垃圾强制分类管理制度等。

（七）加强绩效评价

完善机关后勤服务成本等调查统计制度,建立机关后勤服务绩效评价制度,夯实绩效评价基础。引入第三方评估,不断优化绩效评价指标体系,提高绩效评价的客观性和科学性。加强绩效评价结果应用,将绩效评价结果作为政策调整、预算安排、改进服务的重要依据。

## 第二节 公务员住房保障

### 一、公务员住房政策概述

政府公务员住房政策,是指政府在一定的社会、经济和政治条件下,为适应政府公务员的住房需求和住房供应模式而设计的制度安排及其干预措施。其目的是提高政府公务员家庭拥有住房的比例,从数量和质量上改善住房的供给,保障政府公务员的基本住房需求。

政府公务员住房政策是一个相互关联的完整体系,包括住房供应政策、住房分配政策、住房财政金融支持政策及管理政策等。政府公务员住房政策的制定要充分考虑政治、行政、经济以及技术上的可行性。

政治可行性是指住房政策能获得社会其他阶层的支持并最终获得政府批准。公务员住房政策的实施,是对住房资源的再分配,必然会牵涉到不同社会阶层的利益。而政府公务员住房政策制定的特殊性在于,其政策制定的主体即是政策实施的对象,因此,要求政策制定者在制定政策的过程中保持立场的中立性,处理好与其他社会阶层在住房利益上的关系。

行政可行性是指要避免组织上的混乱,从体制上保证政策得到贯彻执行。同时,还包括将政策的执行情况及时反馈给政府和公众,以便使政策长期、稳定地得到贯彻,并最终实现其政策目标。

经济可行性是指住房政策要能实现住房资金、人力和资源的合理配置,并使住房计划与国家经济能力和住房消费者的支付能力相适应。同时,住房政策要与其他经济、社会政策相衔接,保持统一性和协调性,使住房政策与国家宏观住房政策保持一致。

技术可行性是指从技术上保持住房政策能形成合理而高效的住房开发建设(包括土地开发、规划设计、施工建设等)程序,使土地利用、人口分布、住宅规划、住宅设计和建造等能实现住房政策的目标。从本质上说,就是要使住房政策在物质空间上得到实现。

## 二、公务员住房的需求和消费特点

政府公务员在住房需求和消费方面呈现出以下两个明显的特点：

其一，在居住水平方面，要求有与其社会身份和地位相适应的住房。由于政府公务员的社会政治地位较高，而且政府公务员一般受过良好的教育，素质较高，因此要求居住水平能与自身的社会地位相符，对住房的质量、面积大小、居住环境、配套设施及售后管理等都有一定的要求。

其二，需要政府进行一定的保障。由于政府公务员的工资水平与自由住房市场的价格之间还存在一定差距，政府公务员依靠自身的收入还无法完全支付起一套市场价格的住房，需要政府给予一定的优惠和保障。这种保障体现在两个方面：一方面是对自由市场的住房供应、流通进行干预；另一方面是对政府公务员的住房消费进行补贴并给予金融、税收政策上的优惠。由于政府公务员工作稳定、收入有保障，因此社会信誉度较高，市场信贷机构一般愿意提供低息甚至是无息贷款。从目前的情况来看，在市场经济发达的国家，政府的保障主要体现在住房金融支持和税收减免上，在市场经济不太发达的国家，政府既会对住房供应市场进行干预，亦会通过住房补贴政策、公共住房基金等政策来支持政府公务员购房。

## 三、公务员住房政策的主要模式

从总体上看，目前世界多国政府公务员的住房政策主要有以下三种类型：自由市场型、政府保障型和过渡型。

### （一）自由市场型住房政策

自由市场型住房政策的主要特点是：一般政府公务员的住房问题完全依靠市场解决，政府仅对低收入的政府公务员家庭实行保障。政府鼓励市场为政府公务员提供各种商品化服务，并通过各种财政和金融政策刺激个人购买住房，以提高政府公务员住房自有化的比例。这类政策的优点是能够充分发挥市场配置住房资源的优势，引导政府公务员依靠自身力量解决住房问题，减少政府的财政压力和负担；缺点是对市场的依赖性较大，当住房市场出现自发性和盲目性的波动时,会对政府公务员的住房消费行为产生较大影响。这类政策适合市场经济高度发达、政府公务员工资水平和社会保障及福利水平较高的国家。目前实行这类政策的主要是欧美发达国家,如美国、德国、法国、英国、瑞典等。

### (二)政府保障型住房政策

政府保障型住房政策的主要特点是:政府公务员的住房问题主要由政府解决。政府成立了专门的住房政策管理机构,设立了住房基金,并对政府公务员住房的建设、供应、分配和管理等进行统一调控,以保证政府公务员的住房需求。这类政策的优点是能够充分发挥政府对市场的干预和调节作用,从而克服住房市场的自发性和盲目性,使政府公务员的住房问题得到很好的保障;缺点是容易形成政府公务员对政府的依赖性,造成较大的财政负担。目前实行这类政策的主要是东亚和东南亚国家,如日本、韩国和新加坡等。

### (三)过渡型住房政策

过渡型住房政策是指政府公务员住房政策正在由政府保障型向市场型过渡。在这个阶段,政府和市场在住房资源配置中共同发挥作用,从而使得政府公务员的住房政策同时具有保障性和市场性的特点。但总的趋势是,政府的主导作用正在逐步减弱,市场的作用不断得到强化,住房商品化、社会化和市场化的特征日渐明显。目前实行这类政策的主要是处于社会转型期的东欧国家和中国。

## 四、我国公务员住房政策

住房保障是重要的民生问题,其中,住房供应模式是住房保障制度的核心,关系到广大干部职工的切身利益。《国务院关于进一步深化城镇住房制度改革加快住房建设的通知》(国发〔1998〕23号)印发以来,中央国家机关和地方政府根据文件精神,先后启动了房改工作,并结合当地住房市场、公务员收入等因素,不断探索符合实际情况的公务员住房保障模式。

(一)住房社会化、市场化是公务员住房制度的大方向

住房分配货币化是市场化改革思路下建立公务员住房新体制的核心,也是其所依赖的内部动力,只有充分发挥住房分配货币化的作用,才能使职工积累更多的住房消费资金,从而通过市场解决住房问题。由于资金积累需要一定的时间,因此为新入职公务员提供周转住房,解决其阶段性住房困难,是住房分配货币化的有效支撑。就中央国家机关公务员而言,考虑到其所处的北京市房地产市场较为特殊,且受制于工资制度等配套改革短期难以到位因素的影响,结合其群体特点,在坚持市场化的前提下,实行市场化手段和政府保障的有机结合是现实之举。

(二)加强周转住房在住房保障中的作用

长期以来,"租"始终是我国住房市场的短板,大多数人不想租房。从文化传承和消费习惯看,"有恒产者有恒心",中国人一直有置办房产的偏好。从制度设计看,1998年停止住房实物分配以后,我国住房供应政策更侧重于促进人们拥有产权住房,造成了"重购轻租"局面。从市场趋势看,近年来一些城市的房价快速上涨,放大了房子的投资属性与升值效应,增强了"购"的吸引力。另一方面,想租的人租不到好房。从供需结构看,租房需求主要来自新市民和年轻人,虽然短期内尚不具备买房能力,但对居住品质仍有一定要求,而市场上供应的出租房屋多为分散的老旧住宅,房源供需不够匹配。从权利保障来看,由于没有约束力强的法律作支撑,租房者常遭遇随意涨价、单方毁约的情况,矛盾纠纷较多。租房短板的存在,客观上导致购房需求旺盛,供需天平失衡,放大了房地产市场所承受的压力。在此背景下,提升"租"在住房体系中的地位,可以疏解"购"的压力,让需求回归合理、让市场趋向稳定。

2016年国务院办公厅印发《关于加快培育和发展住房租赁市场的若干意见》(国办发〔2016〕39号),全面部署加快培育和发展住房租赁市场工作。2017年住房和城乡建设部起草了《住房租赁和销售管理条例》,已正式报国务院提请审议。这些举措从源头保证了"租购并举"住房供应体系的建立。只有"租房"和"购房"两个体系都健康发展,不同群体才能更好地通过不同渠道,实现住有所居这个共同梦想。

## （三）中央和地方公务员住房制度逐步走向"租购并举"

2013年，国管局联合中直管理局、国家发展改革委、财政部、住房和城乡建设部出台了《在京中央和国家机关职工周转住房管理办法》及相应的租金管理办法，之后又印制了租金标准评估技术指引等配套办法。中央国家机关职工住房供应体系从"以售为主"逐步走向"租购并举"。

各地积极探索为公务员提供租赁型保障住房，为职工提供阶段性住房保障。周转住房这一品种具有"保基本""广覆盖""能循环""可持续"等特点。首先，周转住房以成套小户型为主，符合交通便利、配套齐全、方便适用、节能环保等要求，装修一次到位。其次，周转住房的配租范围不限于新录用公务员，中央国家机关厅局级以下无房公务员均可申请，职工承租满5年后如果符合条件可以续租，基本实现了保障对象的广泛覆盖。再次，周转住房实行严格的准入和退出制度，职工在京获得产权住房后需将所承租的周转住房腾退，交由其他无房职工租用，这样一套周转住房可以供多个职工家庭循环使用，不仅充分利用了有限的保障性住房资源，减少了房源流失，而且有助于节约北京市日益稀缺的土地资源。同时，周转住房产权归单位，便于调换，可以满足职工因工作地点变化、子女上学、老人就医等原因希望改变居住区域的实际需求。最后，周转住房不再实行以往需要单位贴补的低租金模式，而是根据折旧费、维修费、管理费、税金、物业费、家具电器成本等因素，按照略低于同地段、同类型住房的市场租金水平确定租金标准，并根据相关因素变化适时调整。这样的租金水平，既在公务员的支付能力范围内，又涵盖了房屋的完全建造成本和日常运营维护成本，能够实现周转住房自身的保本运营，有利于周转住房的可持续发展。

## 第三节 国内公务接待管理

《机关事务管理条例》第28条规定，国务院机关事务主管部门负责拟订政府机关公务接待的相关制度和中央国家机关公务接待标准。县级以上地方人民政府应当结合本地实际，确定公务接待的范围和标准。政府各部门和公务接待管理机构应当严格执行公务接待制度和标准。县级以上地方人民政府公务接待管理机构负责管理本级政府公务接待工作,指导下级政府公务接待工作。

由此可见,公务接待工作是公务活动的必要保障,是机关事务管理工作的重要组成部分。中国历史上有记载的最早的公务接待专职人员为商朝的"宾"。《尔雅·释诂》记载:"宾,服也。""服"指"服事天子"之意,掌诸侯、周边方国朝觐之事。中国共产党有详细记载的公务接待工作,可追溯到中华苏维埃共和国临时中央政府驻西北办事处外交部交际处。延安时期,陕甘宁边区政府交际处作为共产党在公务接待方面的专设机关,承担了对斯诺、马海德、艾黎、卫立煌、邓定珊等多位国内外友好人士以及各种代表团、考察团、记者参观团等的公务接待工作。① 1940年6月,毛泽东以一顿东拼西凑的农家饭接待爱国侨领陈嘉庚,对比国民党在重庆挥金如土、大肆宴请,产生了强烈的政治后果,也成为中国共产党艰苦奋斗作风的最好诠释之一。

党中央、国务院历来高度重视公务接待管理工作,中共中央办公厅、国务院办公厅先后印发了一系列政策文件,要求规范公务接待管理,严格控制公务接待支出。

## 一、公务接待基本原则

《机关事务管理条例》第28条在总结公务接待管理工作的基础上,规定各级人民政府应当按照简化礼仪、务实节俭的原则管理和规范公务接待工作。其中,"简化礼仪"就是要力戒形式主义,去除繁文缛节,不举办迎送仪式,不搞边界迎送,提倡轻车简从。"务实节俭"就是要立足现有条件,考虑实际需要,不讲排场,不比阔气,尽量节约接待经费开支。

目前,国务院机关事务管理部门负责拟订政府机关公务接待的相关制度,制定中央国家机关公务接待标准。县级以上地方人民政府公务接待管理机构承担对本级政府和下级政府公务接待工作的管理和指导职责。目前,地方政府的公务接待管理机构或者与机关事务主管部门合二为一,或

---

① 张建国:《中国礼宾与公务接待》,中国人民大学出版社2015年版,第3—15页。

者独立设置;具体采取哪种形式,目前主要是由本级党委、人民政府结合工作实际确定。

各级人民政府及其部门作为公务接待管理的责任主体,应当全面落实中央"八项规定"要求,严格执行相关制度和标准。管理和规范公务接待工作,重点涵盖以下方面:一是要进一步完善管理制度,建立健全食、宿、行、调研、经费预算和开支等方面的管理制度。二是要严格控制公务接待范围,严格区分公务接待、商务接待和私人活动。三是要大力倡导健康节约的接待文化。四是要推进行政管理体制、财政体制、投资体制等改革,改革行政审批、投资管理和预算管理等方式方法,从源头上解决违规接待的问题。

## 二、《党政机关国内公务接待管理规定》的特点①

党的十八大以来,新一届中央领导集体对公务接待活动出现的问题高度重视,明确要求完善公务接待制度等厉行节约制度体系,坚决刹住铺张浪费之风,切实遏制公务接待等公款消费中的各种违规、违纪、违法现象。中央"八项规定"和《党政机关厉行节约反对浪费条例》(中发〔2013〕13号)对规范和简化公务接待提出了明确要求。

首先,中央领导同志带头垂范,以身作则,在公务接待活动中吃工作餐、住普通套间、不清场封路、不组织迎送活动、不层层安排多人陪同,展现了新一届中央领导亲民为民、节俭务实的优良作风,为各级领导干部和党政机关工作人员做出表率。

其次,为了落实《党政机关厉行节约反对浪费条例》的相关规定,巩固党的群众路线教育实践活动整改成果,切实强化公务接待管理,中共中央办公厅、国务院办公厅对2006年印发的规定进行了全面修订,旨在解决党政机关国内公务接待活动中存在的突出问题,完善制度和标准,创新管理机制,推进社会化改革,强化监督问责,为加强党政机关厉行节约反对浪费工作,改进工作作风,树立党和政府良好形象提供有力支撑。2013年12

---

① 《管住"吃"管好"住"管控"行"管制"游"——国管局有关负责人解读〈规定〉》,载《人民日报》2013年12月9日。

月1日,中共中央办公厅、国务院办公厅正式印发《党政机关国内公务接待管理规定》(中办发〔2013〕22号)。

再次,《党政机关国内公务接待管理规定》以公务接待厉行节约为主线,紧紧抓住创新管理和深化改革这两个"治本"之策,进行全方位、立体式突破,力求根治公务接待顽疾,遏制"舌尖上的浪费",总体上可以概括为以下四个关键词:

一是"减量"。建立接待双向约束机制,严格控制接待范围和项目,坚持接待分类管理,严格区分公务接待与商务接待等其他接待项目,切实压减不必要的公务接待活动。

二是"限支"。管住接待经费预算,分类别、分地区制定接待费开支标准,强化接待费报销结算管控,将接待经费支出关进制度的笼子里。

三是"问责"。对公务接待实行全过程监管,推进接待信息公开,严格接待工作问责,强化对接待活动的刚性约束,增强内外监督合力,形成不愿、不敢、不能违规违纪接待的正确导向和正面预期。

四是"改革"。着力深化公务接待管理体制改革、接待服务社会化改革、机关内部接待场所转制改革、机关所属接待资源集中统一管理改革等四项改革,从根本上铲除滋生公务接待违规浪费行为的土壤。

最后,与以往针对公务接待的相关规定相比,2013年印发的《党政机关国内公务接待管理规定》体现了以下四个新特点:

一是严字当头。严格和细化各项要求和标准,共提出了38项禁令,包括11项"禁止"事项和27项"不得"要求。

二是着眼创新。对2006年印发的规定内容进行了大范围、大幅度修改和增加,修订后的条文共26条;其中,15条为全新内容,7条进行了大幅修改。

三是全方位覆盖。覆盖了适用范围、接待单位、接待对象、接待项目、配套改革等接待管理的各个要素,规范了事前审批控制、事中规范、事后监督问责等接待管理的全流程。特别是对接待活动中的食、宿、行、迎送及警卫、预算和报销等关键环节做出了严格细致的规定。

四是注重操作性。与差旅、会议、培训等方面的政策规定相互呼应,标准衔接,统筹联动;根据公务活动实际,规定了接待标准、范围和项目,对规范开展接待活动提出具体要求,可操作性强,便于抓好制度落实。

针对党政机关国内公务接待活动中存在的突出问题,《党政机关国内公务接待管理规定》提出了三个方面共13项新举措。

一是源头管控,双向约束,从起点和源头压减公务接待活动数量。为此,《党政机关国内公务接待管理规定》提出以下要求:

(1) 严格公务外出管控。要求各级党政机关加强公务外出计划管理,科学安排和严格控制外出的时间、内容、路线、频率和人员数量。公务外出确需接待的,派出单位应当向接待单位发出公函,告知内容、行程、人员。

(2) 严控接待范围。明确要求接待单位严格审批控制,无公函不接待,探亲、旅游、休假等因私活动不接待;对能够合并的公务活动统筹接待;不得用公款报销或支付应由个人负担的费用。

(3) 建立接待清单制度,实现接待"留痕"。接待单位应当填写反映接待对象的单位、姓名、职务以及公务活动项目、时间、场所、费用等内容的接待清单,作为报销凭证之一,留存备查。

二是明确标准,综合治理,简化和规范公务接待活动。为此,《党政机关国内公务接待管理规定》提出以下要求:

(1) 简化接待礼仪。明确规定地区、部门主要负责同志不得参加迎送,不得层层多人陪同。

(2) 限制接待住宿房型,接待对象自负住宿费用。住宿用房以标准间为主,接待省部级干部可以安排普通套间,不得额外配发洗漱用品。

(3) 从严控制接待用餐的次数和陪餐人数,严格限制用餐地点和消费内容。

(4) 规范警卫安排。尽可能缩小警戒范围,不得违反规定管控交通,不得清场闭馆。

(5) 接待费用全部纳入预算管理,合理限定接待费用预算总额,单独列示。

(6) 接待费用开支标准参照会议等标准分地区制定,并进行动态调整。

(7) 严格接待费报销管理。明确报销凭证种类，具备条件的地方应当采用银行转账或公务卡结算，不得以现金方式支付。

三是全面公开，强化问责，坚决杜绝公务接待中的"破窗效应"。为此，《党政机关国内公务接待管理规定》提出以下要求：

(1) 县级以上各级党政机关全面建立接待信息公开机制，接受社会监督。

(2) 建立立体式的接待工作监督检查体系，明确监督检查内容。

(3) 将接待工作纳入问责范围，强化责任追究和惩处；涉嫌犯罪的，移送司法机关依法追究刑事责任。

《党政机关国内公务接待管理规定》为落实党的十八届三中全会精神，通过深化四项改革来破解公务接待管理方面遇到的矛盾和难题：

一是深化公务接待管理体制改革。首次明确县级以上党政机关公务接待管理部门负责管理本级党政机关国内公务接待工作，指导下级党政机关国内公务接待工作，从而统一接待管理，防止攀比浪费。

二是积极推进接待服务社会化改革。充分发挥市场机制作用，实行政府购买服务，有效利用社会资源提供接待用餐、住宿、用车等服务；推行接待用车定点服务制度。

三是推进机关内部接待场所转制改革。推进机关内部接待场所建立健全服务经营机制，推行企业化管理，建立市场化的接待费结算机制，逐步实现自负盈亏、自我发展。

四是推进机关内部接待场所集中统一管理改革。推进各级党政机关对机关内部接待场所进行集中统一管理和利用，建立接待资源共享机制。

《党政机关国内公务接待管理规定》大力根治国内公务接待中使用公款大吃大喝的顽疾，要求接待对象按照规定标准（差旅、会议、培训等伙食标准）自行用餐，不得向接待单位转嫁；确因工作需要接待的，接待单位只可以安排一次工作餐。陪餐人数受到严格控制，接待对象在10人以内的，陪餐人数不得超过3人；超过10人的，不得超过接待对象人数的三分之一。

同时，《党政机关国内公务接待管理规定》对接待工作餐的用餐地点和消费内容做出严格限制；工作餐应当供应家常菜；不得提供鱼翅、燕窝等高档菜肴以及用野生保护动物制作的菜肴，不得提供香烟、高档酒水，不得使用私人会所、高消费餐饮场所。

为严格落实厉行节约的要求，并确保接待开支标准符合实际，避免在接待工作中留下突破标准的借口，维护制度的严肃性，《党政机关国内公务接待管理规定》坚持分地区、分类别制定接待开支标准，要求县级以上地方党委、政府根据当地经济发展水平、市场价格等实际情况，按照当地会议用餐标准制定本级接待工作餐开支标准并定期进行调整；接待住宿执行接待对象在当地的差旅住宿费标准；接待开支标准报上一级党政机关公务接待管理部门、财政部门备案。

经费预算是公务接待费支出的源头，规范接待费支出，首先要严格预算管理。《党政机关国内公务接待管理规定》要求公务接待费用全部纳入预算管理，单独列示，总额控制，禁止在非税收入中列支接待费用，避免多头来源和支出规模失控。为防止负担转嫁，《党政机关国内公务接待管理规定》明确禁止在接待费中列支应当由接待对象承担的差旅、会议、培训等费用，禁止以举办会议、培训为名，列支、转移、隐匿接待费开支，禁止向下级单位及其他单位、企业、个人转嫁接待费用，禁止借公务接待名义列支其他支出。

为了增强公务接待活动的透明度，让人民监督权力，让权力在阳光下运行，《党政机关国内公务接待管理规定》要求县级以上党政机关公务接待管理部门会同财政部门按年度组织公开本级国内公务接待制度的规定、标准、经费支出、接待场所、接待项目等有关情况，接受社会监督。

问责是破解公务接待管理难题的关键一环。没有问责，不设高压线，再好的制度和标准也难奏效。《党政机关国内公务接待管理规定》从加强业务检查、加强财政审计监督、加大惩处力度三个方面强化了对接待活动的监督问责。具体而言，要求县级以上党政机关公务接待管理部门会同有关部门，加强对本级党政机关各部门和下级党政机关国内公务接待工作的监督检查；财政、审计部门加强对接待经费开支和机关内部接待场所的监督；纪检监察机关严肃追究接待单位相关负责人、直接责任人的党纪责任、行政责任并进行通报,涉嫌犯罪的,移送司法机关追究刑事责任。

对于各地区、各部门而言,一是要健全制度标准体系,制定实施办法,明确接待工作餐等接待开支标准,完善招商引资接待等其他接待管理规定,统筹调整会议费、差旅费、培训费等相关开支标准。二是要强化管理监督,建立接待清单制度和接待信息备案机制;加强对本级机关各部门和下级党政机关国内公务接待工作的监督检查;推进县级以上党政机关公务接待信息公开工作。三是要进行接待服务社会化改革试点,推进建立接待用车定点制度;会同有关部门建立健全公务外出控制机制和接待监督问责机制;开展机关内部接待场所转换服务经营机制和集中统一管理改革试点。四是要开展宣传培训,举办接待管理专题培训,推进制度落实;在公务接待系统开展简化礼仪、节俭用餐主题宣传活动,多措并举,推动《党政机关国内公务接待管理规定》贯彻落实。

### 三、《党政机关国内公务接待管理规定》实施以来的成效

第一,相关规定实施落地生根。《党政机关国内公务接待管理规定》实施以来,各省、自治区、直辖市均已出台本地区或本级党政机关国内公务接待管理办法,充分发挥公务接待管理部门管理本级、指导下级党政机关国内公务接待工作的职能作用。吉林省较早出台省级公务接待管理办法,通过会议、培训、座谈、检查、问责等多种方式加强行业指导。山西省建立机关事务管理、财政、审计、纪检监察等部门监督检查协调机制,不定期进行专项检查,依法依规严查公务接待违规、违纪情况。上海市出台了《上海市党政机关国内公务接待管理办法》,市接待办制定了《上海市党政机关国内公务接待管理办法实施细则》作为配套制度文件,下辖行政区基本上已出台公务接待管理相关配套制度文件或参照全市规范执行。

第二,体制机制逐步建立。《党政机关国内公务接待管理规定》实施以来,各省、自治区、直辖市均已明确公务接待管理部门,接待办、管理局管理下的管理体制在市、县两级机关也逐步推开;"无公函不接待"制度、接待清单报销制度、接待信息公开公示、工作餐制度、陪餐人数10人以下不超3人等接待机制已在全国各地逐步建立,深入人心。上海市下辖的16个区

都明确规定了公务接待管理部门,全年召开至少一次公务接待联席会议成员单位全体会议,组织一次全体培训,各小组全年至少组织两次小组或联组培训和经验交流。

第三,接待理念日趋理性。《党政机关国内公务接待管理规定》出台后,各地区领导干部率先垂范,各地公务接待任务大幅减少,随意公务接待和大吃大喝等不正之风得到遏制。天津市要求改变"公务接待就是'迎来送往'"的陈腐观念,紧紧围绕公务接待展示政府风清气正的形象和地区软实力,服务城市发展目标。安徽省摒弃"接待越豪华、越高档,陪同人员级别越高、人数越多,越显得重视"的旧观念,做到"简化而不失礼,热情而不超标,满意而不违规"。公务接待的规范有序,密切了党群、干群关系,赢得社会普遍好评。

第四,厉行节约收效明显。《党政机关国内公务接待管理规定》实施第一年,中央本级接待费支出6.61亿元,与2013年支出10.48亿元相比下降36.93%。例如,全国国税系统同比下降50.22%,交通运输部同比下降48.57%。甘肃省2014年一季度公务接待费支出与2013年一季度同比减少30%以上。四川省2016年省本级国内公务接待费支出4801.42万元,接待28532批次,289986人,分别较2015年减少了32.15%、51.71%、45.27%。沈阳市2014年至2016年公务接待费用、批次、人次与上年同期相比分别下降了44.2%、41.6%和50%。上海市政府接待办国内公务接待费从2012年1087万元下降到2016年427万元,5年累积下降60.71%。《党政机关国内公务接待管理规定》实施5年来,各地区省、市、县三级国内公务接待费支出累计下降64.58%(国家机关事务管理局财务管理司内部统计数据,以2016年对比2012年数据得出)。

第五,服务方式不断创新。各地根据自身情况,结合移动互联网、大数据等最新科技成果,逐步提升接待管理科学化水平。辽宁省设计开发了接待助手微信服务号,来宾市通过扫描二维码即可获得接待相关信息,并建立接待档案;制作电子行李牌,实现贵重行李精准定位,防止接待中的行李丢失。安徽省结合公务用车制度改革,组建租车服务中心,广泛运用网上预约、用GPS计算里程等信息化手段提供便捷服务,广泛使用车载GPS

监督方式,杜绝公车到景区旅游的行为。

**四、当前公务接待管理存在的主要问题**

一是接待总量由大幅下降到相对平稳,转嫁费用问题逐步显现。从调研数据看,2013、2014年国内公务接待费下降幅度最大。但随后的年度下降幅度逐年递减,个别地区因接待任务增长等客观原因,虽然严格依规接待,仍无法避免小幅反弹。但目前很多地区仍单纯以接待费用、批次等数量指标评价接待厉行节约情况,单纯以接待费下降幅度做成绩,导致一些地区转移、转列或转嫁接待费。

二是标准更新不及时,个别制度监督难,执行效果不佳。如工作餐、住宿费等标准更新不及时,社会上的宾馆、饭店接待意愿下降;来宾主动缴费意愿偏低,主动缴费机制缺乏监督。

三是特殊情况时有突破,攀比从标准蔓延到制度执行。如"无公函不接待"遇到特殊情况如何处理;以特殊情况为由在陪餐人数、工作餐次数、禁酒等方面时有突破等。

四是内部接待场所管理滞后,社会化、企业化改制举步维艰。这主要体现在接待办下属内部宾馆、车队企业化、集团化改制难;接待服务社会化受经济社会环境影响大,各地进展不一等方面。

五是各地组织机构情况各异,难以实施有效管理。这主要表现在机构设置、管辖范围、隶属关系、单位性质、机构规格、工作职能、内设机构编制方面存在"七个不统一",几乎每个地区的公务接待管理机构都有自己的特点,不便于行业管理。

**五、对接待对象伙食费和市内交通费收交管理的规范[①]**

目前,公务接待活动中有关公务人员差旅伙食费和市内交通费收交还存在一些需要解决的问题。为进一步贯彻落实中央"八项规定"精神,严肃

---

① 参见《关于规范差旅伙食费和市内交通费收交管理有关事项的通知》(财办行〔2019〕104号);财政部行政政法司:《关于差旅伙食费和市内交通费收交管理有关事项的解读》,载《交通财会》2019年第09期。

财经纪律,根据《党政机关厉行节约反对浪费条例》《党政机关国内公务接待管理规定》《中央和国家机关差旅费管理办法》等规章制度,财政部办公厅、国管局办公室、中直管理局办公室于2019年7月3日联合印发了《关于规范差旅伙食费和市内交通费收交管理有关事项的通知》(财办行〔2019〕104号)(以下简称《通知》)。

《通知》规定,中央单位出差人员出差期间按规定领取伙食补助费。除确因工作需要由接待单位按规定安排的一次工作餐外,用餐费用自行解决。出差人员需接待单位协助安排用餐的,应当提前告知控制标准,并向伙食提供方交纳伙食费。在单位内部食堂用餐,有对外收费标准的,出差人员按标准交纳;没有对外收费标准的,早餐按照日伙食补助费标准的20%交纳,午餐、晚餐按照日伙食补助费标准的40%交纳。在宾馆、饭店等餐饮服务单位用餐的,按照餐饮服务单位收费标准交纳相关费用。

《通知》明确,出差人员出差期间按规定领取市内交通费。接待单位协助提供交通工具并有收费标准的,出差人员按标准交纳,最高不超过日市内交通费标准;没有收费标准的,每人每半天按照日市内交通费标准的50%交纳。接待单位协助安排用餐、提供交通工具的,出差人员应当索取相应的行政事业单位资金往来结算票据或税务发票等凭证,个人保存备查,不作为报销依据。接待单位应当按规定收取出差人员相关费用,及时出具行政事业单位资金往来结算票据或税务发票;确实无法出具上述凭证的,可出具其他收款凭证。加强收取费用的管理,做好业务台账登记,纳入统一核算,所收费用可作为代收款项用于相关支出或作收入处理。

《通知》要求,各地区、各部门要督促接待单位按照中央"八项规定"精神和党政机关公务接待管理有关规定,进一步完善内部管理制度,合理制定收费标准,协助安排用餐应当根据出差人员告知的控制标准合理安排。

《通知》印发后,许多地区结合本地区实际,在不得突破中央和国家机关差旅费管理的基本原则和政策措施的前提下,制定了本地区出差人员差旅伙食费和市内交通费收交管理规定。部分中央国家机关部门根据《通知》要求,制定了本单位差旅伙食费和市内交通费交纳、报销具体操作规定。

《通知》的出台,既对中央和国家机关差旅费管理办法的细化,也对公务接待活动中容易出现的伙食费和市内交通费费用收交管理做出了明确规定。具体而言,一是明确收交标准。区分多种情况,分类制定差旅伙食费和市内交通费收交标准,做到标准全覆盖,解决此前交纳标准不够明确的问题。二是既规范"交"又规范"收"。在强调出差人员自行解决相关费用、主动交纳相关费用的同时,要求接待单位按规定收取费用,不得拒收,解决此前接待单位不愿收、不敢收的问题。三是规范财务管理。明确凭证开具和收取资金账务处理方式,防范风险,解决此前凭证出具和账务处理方式不明晰、不规范的问题。四是统一规范要求。要求各地结合实际制定本地区出差人员差旅伙食费和市内交通费收交管理规定,力争全国同步规范。

### 六、下一步推进公务接待改革的原则和思路

《党政机关国内公务接待管理规定》实施以来,取得了很大成效,在有效控制接待费支出的同时,更成为党内法规净化机关乃至社会风气的典范。下一步,中央相关部门将以着眼统一性、尊重差异性、增强约束性、提高操作性、强化协调性为原则,推动制度落地,研究修改规定标准;注重顶层设计,推动集中统一管理;强化协调配合,完善议事协调机制;持续调查研究,实时把握最新动态;打造交流平台,加强培训指导联络。

# 第六章 节能管理

## 第一节 节约型机关创建概述

### 一、节约型机关的内涵

党的十九大报告提出,要开展创建节约型机关、绿色家庭、绿色学校、绿色社区和绿色出行等行动。李克强总理对机关事务管理工作做出重要批示,"要在推进节约型机关建设上探索形成有效做法,为政府提升施政效能作出新贡献"。《中共中央、国务院关于全面加强生态环境保护坚决打好污染防治攻坚战的意见》也对"创建节约型机关"提出了具体要求。2019年,由中央深化改革委员会第十次会议审议通过的《绿色生活创建总体方案》明确国家发展改革委为绿色生活创建行动总牵头部门,节约型机关创建行动作为其中的单项创建行动,由国管局、中直管理局牵头,国家发展改革委、财政部、生态环境部、住房和城乡建设部、中宣部、国家市场监管总局等部门参与。

节约型机关创建主体为县级及以上党政机关,包括党的机关、人大机关、行政机关、政协机关、监察机关、审判机关、检察机关,以及工会、共青团、妇联等人民团体和参照公务员法管理的事业单位。节约型机关创建将围绕贯彻落实《党政机关厉行节约反对浪费条例》《机关事务管理条例》和《公共机构节能条例》,聚焦制度建设、绿色办公、生活垃圾分类、节约文化培育等工作内容,要求各党政机关进一步加强节约管理、提升能效水平,形成简约适度、绿色低碳的生活和工作方式。

## 二、节约型机关创建内容

（一）加强节约管理

严格执行《党政机关厉行节约反对浪费条例》《公共机构节能条例》以及相关配套制度标准，严格能源资源等节约管理，落实主体责任，明确管理机构和人员，完善管理制度，加强宣传教育，形成节约型机关创建的常态化、长效化机制。

（二）推行绿色办公

制定绿色办公行为规范，严格执行绿色采购制度，推广应用绿色节能节水技术产品，限制使用一次性办公用品，带头停止使用一次性塑料制品。营造绿色办公环境，努力提升机关单位绿化美化水平。

（三）提升能效水平

加强用能设备系统巡视检查和维护保养，优化运行策略。完善能源计量器具配备，定期统计监测分析能源消耗情况。积极实施节能改造，提升用能设备能效水平，人均能耗、单位建筑面积能耗等能耗强度得到有效控制。

（四）抓好节约用水

落实国家节水行动计划，全面提升水资源利用效率。开展供水管网、绿化灌溉系统等节水诊断，杜绝跑冒滴漏等现象。实行高效绿化灌溉方式，推广应用节水新技术和新产品，提高节水器具使用率。

（五）推进垃圾分类

带头实施生活垃圾分类，因地制宜对可回收物、餐厨垃圾、有害垃圾、其他垃圾进行分类投放和收集，建立台账管理制度，并交由规范的渠道回收处理，促进生活垃圾的无害化、资源化、减量化利用。

## 第二节　公共机构节能管理

### 一、公共机构节能工作的重要性

党的十九大报告将坚持人与自然和谐共生作为新时代坚持和发展中国特色社会主义的十四条基本方略之一，明确提出加快生态文明体制改革、建设美丽中国的主要目标和重大任务。2018年5月，习近平总书记在全国生态环境保护大会上强调，要加大力度推进生态文明建设、解决生态环境问题，坚决打好污染防治攻坚战，推动我国生态文明建设迈上新台阶。

公共机构是指全部或部分使用财政性资金的国家机关、事业单位和团体组织，由于地位、性质特殊，做好自身节约能源资源工作对于全社会具有导向和示范意义。尤其是各级党政机关，既是能源资源的消费者，又是节能环保政策的制定者、执行者和监督者。推动公共机构开展节约能源资源工作，是建设资源节约型和环境友好型社会的重要举措，是生态文明建设的重要内容，更是公共机构加强自身管理、树立良好社会形象、提高公共财政资金效益、降低运营成本、示范引领全社会节能工作的必然要求。

公共机构节能是一项综合性系统工程，工作内容涵盖节能、节水以及可再生能源和非传统水资源的利用，工作要求贯穿于建筑物的规划设计、建造、运行使用、拆除回用全过程，以及车辆、锅炉、空调、办公电器等用能设备，产品的采购、使用、维护、报废与回收等各阶段；工作方式包括政策制定、标准编制、工程示范、经济激励和监督执行等方方面面，工作知识涉及建筑、材料、能源、智能、仿生、废物再利用技术等各种节能环保技术，专业性、技术性、实践性、政策性强，涉及面广、协调工作量大。相对于工业、建筑、交通等其他领域节能工作，推进公共机构节能工作起步较晚，基础相对较弱。

## 二、公共机构节能工作现状

### (一) 发展历程

我国公共机构节能工作始于1999年原国家计划委员会颁布的《党政机关办公用房建设标准》(计投资〔1999〕2250号),规定党政机关办公用房应采取直接采光、自然通风、优先采用集中供热等节能措施。2001年全国节能宣传周期间,原国家经济贸易委员会(国家经贸委)、财政部、原国务院机关事务管理局向全国各级政府机构以及公共财政支持的军队武警、教育、医疗、研究机构等发出了《政府机构节能行动倡议》,引起社会各界的广泛关注。

2002年年底,时任国务院副总理温家宝同志就政府机构节能工作做出重要批示,政府机构节能受到了社会各界的高度重视。2002年和2003年,原国家经贸委会同原建设部、国管局、中共中央直属机关事务管理局(中直管理局)等相关单位先后两次对全国政府机构进行了能耗现状抽样调查,了解政府机构能耗现状、管理水平以及存在的主要问题,为后续公共机构节能工作的全面开展奠定了良好基础。

2004年4月,国务院办公厅印发了《关于开展资源节约活动的通知》(国办发〔2004〕30号),强调政府机构要在资源节约活动中发挥表率作用,制定节能实施方案和能耗水耗定额、支出标准,深化政府采购制度改革,降低费用支出。国管局制定了《中央国家机关办公用房维修标准》(试行),明确提出中央国家机关办公用房围护结构、装饰装修、供热采暖、通风空调等方面的节能要求。2004年年底,财政部和国家发展与改革委员会联合下发《节能产品政府采购实施意见》,公布了《节能产品政府采购清单》,要求各级公共机构优先采购节能产品,推行节能产品政府采购制度。

2005年6月,中直管理局和国管局联合印发《关于切实加强中央和国家机关资源节约工作的通知》,对中央和国家机关节电、节水、节油、节约办公用品开支、建筑节能、节能采购和建立资源消耗统计报告制度等工作提出具体措施和要求。

2005年6月,时任中共中央总书记胡锦涛同志在主持中央政治局第

23次集体学习时,要求各级党委和政府要在节约能源资源方面率先垂范、先行一步,带动全社会广泛开展节约能源资源活动。2005年6月下发的《国务院关于做好建设节约型社会近期重点工作的通知》也明确提出公共机构要带头节能。2005年6月29日,温家宝同志在国管局报送的中央和国家机关资源节约工作有关请示上批示:中央和国家机关带头抓好资源节约工作,不仅对控制和降低资源消费增长有着直接的重要作用,而且对引导和推进全社会节约资源会起良好的示范作用。中共中央直属机关事务管理局和国务院机关事务管理局对当前机关节电、节水、节油、节约办公用品、建筑节能、节能采购、建立资源消耗统计报告和审查监督制度等工作,提出了具体措施和要求,这种做法很好。希望各级机关都要高度重视资源节约工作,抓紧部署,认真组织实施,带头厉行节约,建设节约型机关,真正在建设节约型社会中发挥表率作用,自觉接受社会和群众监督。2005年6月30日,温家宝同志在全国做好建设节约型社会近期重点工作电视电话会议上强调,中央和国家机关要首先带头,各级政府和所有公务员都要率先垂范,厉行节约,反对浪费。要深入开展资源"国情"教育,在全社会树立节约意识、节约观念,倡导节约文化、节约文明,广泛开展内容丰富、形式多样的资源节约活动,积极创建节约型城市、节约型政府、节约型企业、节约型社区,务求建设节约型社会工作取得实实在在的效果。

2007年修订的《中华人民共和国节约能源法》增加了公共机构节能相关内容,在第三章"合理使用和节约能源"中,将"公共机构"规定为能源消费的重要部门,并明确公共机构在节能方面的责任和义务,如制定节能规划,制定年度节能目标和实施方案,加强能源消费计量和监测管理,实施能源消耗定额管理,优先采购节能产品等,确保公共机构节能工作做到有法可依。

2008年7月23日,国务院第18次常务会议审议通过了《公共机构节能条例》,并于2008年10月1日起正式施行,这是中国首次对公共机构节能工作出台专门法规。《公共机构节能条例》的出台,推动了公共机构节能工作的规范化、法治化,明确规定了"公共机构应当加强用能管理,采取技术上可行、经济上合理的措施,降低能源消耗,减少、制止能源浪费,有效、合理利用能源",并从节能规划、节能管理、节能措施以及监督和保障制度方面,对公共机构节能工作提出了要求。同年,国务院机关事务管理局正式组建中央国家机关节能管理办公室(公共机构节能办公室),形成了一支专门队伍,负责推进、指导、协调、监督全国的公共机构节能工作。

2010年,根据中央机构编制委员会办公室《关于国务院机关事务管理局设立公共机构节能管理司的批复》,国管局对内设机构和职能进行调整,设立公共机构节能管理司,房地产管理司中央国家机关节能办公室(公共机构节能办公室)成建制划转。

(二)工作现状

1. "十二五"规划期间

2011年,国管局印发《公共机构节能"十二五"规划》,明确提出"十二五"规划期间的公共机构节能目标是以2010年能源资源消耗为基数,2015年人均能耗下降15%,单位建筑面积能耗下降12%。2010年,经国家统计局批准,国管局印发《公共机构能源资源消耗统计制度》,制定了国管局历史上第一个统计制度。2015年,国管局会同国家发展改革委以行政令第32号文件的形式发布了《公共机构能源审计管理暂行办法》。

"十二五"规划期间,全国公共机构组织管理体系逐步健全,体制机制职能逐步顺畅;制度标准体系逐步完善,依法管理水平明显提高;指导监督考核得到强化,计量统计范围逐步拓展;典型示范工作稳步推进,引领带动作用愈益明显;节能改造投入逐步加大,资金保障能力不断增强;宣传教育培训逐步扩展,管理能力水平不断提升。2015年,全国公共机构约175.52万家,全国公共机构人均综合能耗370.73千克标准煤,单位建筑面积能耗20.55千克标准煤,人均用水量25.35吨,与2010年相比分别下降17.14%、17.64%、13.88%,超额完成了"十二五"规划确定的"人均能耗下降15%,单位建筑面积能耗下降12%"的目标任务,成为经济社会发展新常态下能源资源节约集约利用工作的新亮点。

2. "十三五"规划期间

2016年6月30日,中共中央政治局常委、国务院总理李克强对持续推进公共机构节约能源资源工作做出重要批示,批示指出:"多年来,各地区、各部门持续推进公共机构节约能源资源工作,在降低能源资源消耗和提高利用效率方面取得明显成效,工作值得肯定。'十三五'时期,公共机构尤其是国家机关要牢固树立新发展理念,坚持节约集约循环利用的资源观,充分发挥带头示范作用,继续积极主动作为,创新方式,深挖潜力,着力提高能源资源利用综合效益,促进形成勤俭节约、节能环保、绿色低碳、文明健康的社会风尚,为建设生态文明和美丽中国作出更大贡献。"同时,国管局会同国家发展改革委印发《公共机构节约能源资源"十三五"规划》,明确了"十三五"时期公共机构节能工作的总体要求、主要目标、发展理念、基本思路,提出开展"六项绿色行动",实施"六项节能工程"。

"十三五"规划实施以来,公共机构节约能源资源工作不断取得新进展。2019年,全国公共机构人均综合能耗为333.81千克标准煤,单位建筑面积能耗为18.89千克标准煤,人均用水量为22.29吨,与2015年相比分别下降9.96％、8.08％、12.07％。"十三五"规划期间,全国公共机构开展建筑节能改造面积达2200万平方米,改造供热系统面积达947万平方米、空调通风系统面积达1000万平方米、数据中心338个(其中8家公共机构评为国家绿色中心)、燃煤锅炉1万余台;累计创建3608家节约型公共机构示范单位,遴选出184家公共机构能效领跑者;全面实现中央和国家机关本级办公区生活垃圾强制分类目标,基本实现各省(自治区、直辖市)直机关本级生活垃圾强制分类目标,较好地发挥了公共机构示范引领作用。

(三)主要措施

1. 健全组织管理

推进各地区建立公共机构组织体系和人员队伍,省级均设置公共机构节能管理部门,大多数地(市)和部分县(区)成立了公共机构节能管理机构。公共机构节能管理部门与发展改革、财政、住房和城乡建设、环境保护、水利等部门的沟通协调日趋顺畅,与教、科、文、卫、体等行业主管部门的协作配合更为密切,基本形成了纵向联动、横向协同的节能工作推进机制。

2. 完善制度标准

在国家层面,制定、修订能源资源消费统计、能源审计、监督考核等制度以及计量器具配备、办公用房节能改造、示范单位评价以及节约型机关、学校、医院等评价标准；各地也制定有地方特点的节能管理制度标准，提高节能工作的法治化、规范化水平。

3. 规范计量统计

持续推进能源资源消费统计工作，组织各地区建立名录库，开展能源资源消费统计的机构约 67.5 万家。部属高校、卫生健康委属（管）医院能耗统计工作卓有成效。各地区积极推进统计工作信息化和能耗监测系统建设，统计数据质量逐年提高，统计分析水平不断提升，统计工作信息化取得新进展。

4. 加强监督考核

推动各级人民政府将公共机构节能工作作为对下级节能目标责任评价考核的内容。各地区公共机构节能考核工作不断深入，节能执法、节能监察等监管手段也得到应用，部分地区将公共机构节能工作纳入政府绩效考核体系，对工作突出的市、县和单位进行了表彰和奖励。

5. 实施重点工程

推进各地区以建筑及其用能系统、附属设施、新能源和可再生能源应用、节水和资源综合利用等为重点领域，推广应用节能新技术、新产品，实施绿色照明、绿色数据中心、既有建筑供热计量和节能改造、零待机能耗计划、新能源公务用车、节能燃气灶具改造等重点工程，为实现节能目标提供了有力支撑。

6. 开展试点示范

国管局会同国家发改委、财政部开展四批节约型公共机构示范单位创建和两批能效领跑者遴选工作，会同水利部等部门开展公共机构节水型单位创建工作；部分省（自治区、直辖市）开展了省级、地市级节约型公共机构示范单位创建和节水型单位创建工作，较好地发挥了对各级各类公共机构的引领带动作用，对全社会节能减排作出了表率。

7. 开展宣传培训

积极开展节能宣传周、全国低碳日、中国水周等活动，充分利用电视、报刊、网络、微信等媒体平台，广泛开展节能法律、法规和基本知识宣传教育,广大干部职工节能减排、生态环保意识逐步增强。各地区采用面授、远程教育等方式,培训节能管理人员190余万人次,节能管理能力得到增强。我国推进公共机构节能的主要措施见表3。

表3 我国推进公共机构节能的主要措施

| 节能领域 | 主要政策措施 |
| --- | --- |
| • 法律框架体系的建立 | 1.《节约能源法》的修订<br>2.《公共机构节能条例》<br>3. 公共建筑节能设计标准<br>4. 公共机构办公用房节能改造建设标准 |
| • 管理体制的建立 | 1. 节能目标的分解与考核<br>2. 全国公共机构节能管理网络体系的建立<br>3. 实施强制与优先相结合的政府节能采购制度<br>4. 建立健全公共机构能源资源消费统计调查制度<br>5. 建设公共机构能耗计量与在线监测平台<br>6. 能源审计<br>7. 节约型公共机构的创建<br>8. 公共机构能源资源消耗定额标准的制定、实施和监督管理<br>9. 新建建筑节能设计评审和全过程监管<br>10. 建筑节地节水管理<br>11. 公务用车节油管理<br>12. 新能源汽车分时租赁<br>13. 信息传播和宣传培训 |
| • 组织实施节能改造项目 | 1. 设立节能项目专项资金<br>2. 推广合同能源管理新机制<br>3. 开展节能改造试点,如照明改造、采暖制冷系统节能诊断与改造、综合电效改造、食堂燃气灶具节能改造、大型机房节能运行维护管理与改造 |

尽管公共机构节能工作还处于探索阶段,但与国外公共机构节能措施相比,我国政府采取的措施在全世界具有独一无二的特点:一是全国性的节能目标考核体系,二是强制与优先相结合的政府节能采购制度,三是公共机构能源资源消费全面统计调查,四是财政投入相对较少。

### 三、公共机构节能途径

1. 基本概念

公共机构节能的实现途径主要包括管理节能、技术节能和行为节能,如图3所示。其中,管理节能是主线,通过确定管理目标、落实管理措施、检查管理效果、改进管理手段来促进节能目标的实现。技术节能是辅助,在经济能承受的范围内,实施节能改造、更换高能耗终端用能产品,在满足环境和产品功能的基础上,提升能效,降低能耗。行为节能是落脚点,无论是管理节能还是技术节能,最终要落到人的行为上,注重节约能源使用。

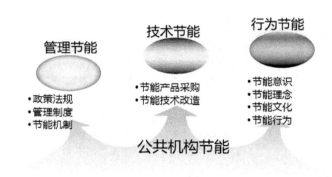

图3 公共机构节能途径

2. 管理节能途径

(1)建立健全政策、法规体系。加快建立和完善以《公共机构节能条例》为核心,配套法规、标准相协调的全国性公共机构节能法律、法规体系,为公共机构节能工作的开展提供法律保障,以节约为导向规范公共机构用能行为。

(2)建立和完善公共机构节能技术标准体系。标准是具体行为应遵循的规则,公共机构节能技术标准规范是公共机构节能工作的基础。公共机构作为一类社会主体,在执行通用的能源计量统计、建筑、交通节能标准外,还应该结合公共机构自身节能管理需要,制定严于通用标准的计量、建筑节能标准,以及辅助管理的合理用能标准、节能评价标准、用能行为规范等标准规范,并适时进行修订,逐步形成公共机构节能管理的技术标准体系,加强标准的宣传贯彻和监督检查工作,扎实推进标准的贯彻落实。

(3)推广应用节能技术。通过行政、经济等手段,推广应用节能技术,充分挖掘公共机构的技术节能潜力,主要措施包括:

一是制定公共机构节能技术推广目录,建立公共机构节能技术遴选、试用推广、评价认定机制,扩大节能技术推广应用范围。

二是加大节能环保产品、设备的政府强制采购力度。

三是严控增量,通过节能审查和环境影响评价,在新建项目中禁止使用不符合强制性节能和排放标准的技术和产品。

四是改造存量,对于国家明令淘汰的产品、设备和工艺,加强节能监察力度,强制淘汰低效电机、小型燃煤锅炉等设备,为新技术推广拓展空间。

(4)培育和规范节能环保技术服务市场。加快建立公共机构节能环保技术服务体系,推行合同能源管理等先进的服务模式,支持专业化节能服务公司提供节能技术服务,培育节能专业服务市场和中介体系,推进公共机构节能环保服务产业发展。

(5)加强节能环保新技术宣传。通过举办节能环保展览会,利用电视、广播、报刊等媒体开展宣传,推广节能减排新技术。

3. 技术节能途径

(1)建筑围护结构节能。加强围护结构的保温隔热能力,应根据各地气候特征和建筑物的用能特征,因地制宜选择合适的建筑围护结构节能技术。具体技术途径包括:进行建筑节能规划设计、发展墙体节能技术、发展门窗节能技术、发展地面与屋顶的节能技术等。

(2)建筑设备与系统节能。这主要通过对建筑设备与系统进行合理设计,提高供暖、通风、空调、照明等系统的能源利用效率,加强运行维护管理等措施实现。主要针对建筑的供暖、空调、照明、给排水等系统,电梯等电气设备以及食堂、数据中心、机房等设备。具体技术途径包括:科学合理选用建筑设备和系统的设计参数,采用高能效设备、淘汰低能效设备,加强设备运行维护管理等。

(3)节水。通过开源与节流并举,有效节约水资源,一是在建筑物内设置分质供水系统,开发利用再生水、雨水等非传统水源;二是采用节水器具、有效利用市政管网余压等措施进行节流。具体技术途径包括:改造用水系统、采用节水措施、利用非传统水源等。

(4)公务车辆节油。对公共机构公务车辆及用油进行管理,一是加强公务用车管理,建立健全公务用车管理制度,实施公务用车改革,倡导乘坐公共交通工具;二是强化车辆节油工作,制定并严格实行车辆单车油耗限额标准,推广应用新能源汽车,鼓励采购小排量汽车、节油汽车。

(5) 不可再生资源节约。这主要包括两个方面:一是提高天然资源的使用效率,包括使用添加剂改善天然材料的性能以节约材料、利用能源回收技术等;二是新能源替代,用清洁、环保的可再生能源替代传统的不可再生能源,如用太阳能、风能、地热等替代传统的燃煤等。

附录一

# 机关事务管理条例

## 第一章　总　　则

**第一条**　为了加强机关事务管理,规范机关事务工作,保障机关正常运行,降低机关运行成本,建设节约型机关,制定本条例。

**第二条**　各级人民政府及其部门的机关事务管理活动适用本条例。

**第三条**　县级以上人民政府应当推进本级政府机关事务的统一管理,建立健全管理制度和标准,统筹配置资源。

政府各部门应当对本部门的机关事务实行集中管理,执行机关事务管理制度和标准。

**第四条**　国务院机关事务主管部门负责拟订有关机关事务管理的规章制度,指导下级政府公务用车、公务接待、公共机构节约能源资源等工作,主管中央国家机关的机关事务工作。

县级以上地方人民政府机关事务主管部门指导下级政府有关机关事务工作,主管本级政府的机关事务工作。

**第五条**　县级以上人民政府应当加强对本级政府各部门和下级政府的机关事务工作的监督检查,及时纠正违法违纪行为。

县级以上人民政府发展改革、财政、审计、监察等部门和机关事务主管部门应当根据职责分工,依照有关法律、法规的规定,加强对机关运行经费、资产和服务管理工作的监督检查;接到对违反机关事务管理制度、标准行为的举报,应当及时依法调查处理。

**第六条** 机关事务工作应当遵循保障公务、厉行节约、务实高效、公开透明的原则。

**第七条** 各级人民政府应当依照国家有关政府信息公开的规定建立健全机关运行经费公开制度,定期公布公务接待费、公务用车购置和运行费、因公出国(境)费等机关运行经费的预算和决算情况。

**第八条** 各级人民政府应当推进机关后勤服务、公务用车和公务接待服务等工作的社会化改革,建立健全相关管理制度。

## 第二章 经费管理

**第九条** 各级人民政府及其部门应当加强机关运行经费管理,提高资金使用效益。

本条例所称机关运行经费,是指为保障机关运行用于购买货物和服务的各项资金。

**第十条** 县级以上人民政府机关事务主管部门应当根据机关运行的基本需求,结合机关事务管理实际,制定实物定额和服务标准。

县级以上人民政府财政部门应当根据实物定额和服务标准,参考有关货物和服务的市场价格,组织制定机关运行经费预算支出定额标准和有关开支标准。

**第十一条** 县级以上人民政府财政部门应当根据预算支出定额标准,结合本级政府各部门的工作职责、性质和特点,按照总额控制、从严从紧的原则,采取定员定额方式编制机关运行经费预算。

**第十二条** 县级以上人民政府应当将公务接待费、公务用车购置和运行费、因公出国(境)费纳入预算管理,严格控制公务接待费、公务用车购置和运行费、因公出国(境)费在机关运行经费预算总额中的规模和比例。

政府各部门应当根据工作需要和机关运行经费预算制定公务接待费、公务用车购置和运行费、因公出国(境)费支出计划,不得挪用其他预算资金用于公务接待、公务用车购置和运行或者因公出国(境)。

第十三条　县级以上人民政府机关事务主管部门按照规定,结合本级政府机关事务管理实际情况,统一组织实施本级政府机关的办公用房建设和维修、公务用车配备更新、后勤服务等事务的,经费管理按照国家预算管理规定执行。

第十四条　政府各部门应当依照有关政府采购的法律、法规和规定采购机关运行所需货物和服务;需要招标投标的,应当遵守有关招标投标的法律、法规和规定。

政府各部门应当采购经济适用的货物,不得采购奢侈品、超标准的服务或者购建豪华办公用房。

第十五条　政府各部门采购纳入集中采购目录由政府集中采购机构采购的项目,不得违反规定自行采购或者以化整为零等方式规避政府集中采购。

政府集中采购机构应当建立健全管理制度,缩短采购周期,提高采购效率,降低采购成本,保证采购质量。政府集中采购货物和服务的价格应当低于相同货物和服务的市场平均价格。

第十六条　县级以上人民政府应当建立健全机关运行经费支出统计报告和绩效考评制度,组织开展机关运行成本统计、分析、评价等工作。

## 第三章　资　产　管　理

第十七条　县级以上人民政府机关事务主管部门按照职责

分工,制定和组织实施机关资产管理的具体制度,并接受财政等有关部门的指导和监督。

**第十八条** 县级以上人民政府应当根据有关机关资产管理的规定、经济社会发展水平、节能环保要求和机关运行的基本需求,结合机关事务管理实际,分类制定机关资产配置标准,确定资产数量、价格、性能和最低使用年限。政府各部门应当根据机关资产配置标准编制本部门的资产配置计划。

**第十九条** 政府各部门应当完善机关资产使用管理制度,建立健全资产账卡和使用档案,定期清查盘点,保证资产安全完整,提高使用效益。

政府各部门的闲置资产应当由本级政府统一调剂使用或者采取公开拍卖等方式处置,处置收益应当上缴国库。

**第二十条** 县级以上人民政府应当对本级政府机关用地实行统一管理。城镇总体规划、详细规划应当统筹考虑政府机关用地布局和空间安排的需要。

县级以上人民政府机关事务主管部门应当统筹安排机关用地,集约节约利用土地。

对政府机关新增用地需求,县级以上人民政府国土资源主管部门应当严格审核,并依照有关土地管理的法律、法规和规定办理用地手续。

**第二十一条** 县级以上人民政府应当建立健全机关办公用房管理制度,对本级政府机关办公用房实行统一调配、统一权属登记;具备条件的,可以对本级政府机关办公用房实行统一建设。

政府各部门办公用房的建设和维修应当严格执行政府机关办公用房建设、维修标准,符合简朴实用、节能环保、安全保密等要求;办公用房的使用和维护应当严格执行政府机关办公用房物业服务标准。

第二十二条  政府各部门超过核定面积的办公用房,因办公用房新建、调整和机构撤销腾退的办公用房,应当由本级政府及时收回,统一调剂使用。

各级人民政府及其部门的工作人员退休或者调离的,其办公用房应当由原单位及时收回,调剂使用。

第二十三条  政府各部门不得出租、出借办公用房或者改变办公用房使用功能;未经本级人民政府批准,不得租用办公用房。

第二十四条  国务院机关事务主管部门会同有关部门拟订公务用车配备使用管理办法,定期发布政府公务用车选用车型目录,负责中央国家机关公务用车管理工作。执法执勤类公务用车配备使用管理的具体规定,由国务院财政部门会同有关部门制定。

县级以上地方人民政府公务用车主管部门负责本级政府公务用车管理工作,指导和监督下级政府公务用车管理工作。

第二十五条  政府各部门应当严格执行公务用车编制和配备标准,建立健全公务用车配备更新管理制度,不得超编制、超标准配备公务用车或者超标准租用车辆,不得为公务用车增加高档配置或者豪华内饰,不得借用、占用下级单位和其他单位的车辆,不得接受企业事业单位和个人捐赠的车辆。

第二十六条  政府各部门应当对公务用车实行集中管理、统一调度,并建立健全公务用车使用登记和统计报告制度。

政府各部门应当对公务用车的油耗和维修保养费用实行单车核算。

## 第四章  服 务 管 理

第二十七条  县级以上人民政府机关事务主管部门应当制

定统一的机关后勤服务管理制度,确定机关后勤服务项目和标准,加强对本级政府各部门后勤服务工作的指导和监督,合理配置和节约使用后勤服务资源。

政府各部门应当建立健全本部门后勤服务管理制度,不得超出规定的项目和标准提供后勤服务。

第二十八条　各级人民政府应当按照简化礼仪、务实节俭的原则管理和规范公务接待工作。

国务院机关事务主管部门负责拟订政府机关公务接待的相关制度和中央国家机关公务接待标准。县级以上地方人民政府应当结合本地实际,确定公务接待的范围和标准。政府各部门和公务接待管理机构应当严格执行公务接待制度和标准。

县级以上地方人民政府公务接待管理机构负责管理本级政府公务接待工作,指导下级政府公务接待工作。

第二十九条　各级人民政府及其部门应当加强会议管理,控制会议数量、规模和会期,充分利用机关内部场所和电视电话、网络视频等方式召开会议,节省会议开支。

第三十条　政府各部门应当执行有关因公出国(境)的规定,对本部门工作人员因公出国(境)的事由、内容、必要性和日程安排进行审查,控制因公出国(境)团组和人员数量、在国(境)外停留时间,不得安排与本部门业务工作无关的考察和培训。

## 第五章　法　律　责　任

第三十一条　违反本条例规定,接到对违反机关事务管理制度、标准行为的举报不及时依法调查处理的,由上级机关责令改正;情节严重的,由任免机关或者监察机关对责任人员依法给予处分。

第三十二条　违反本条例规定,有下列情形之一的,由上级机关责令改正,并由任免机关或者监察机关对责任人员给予警告处分;情节较重的,给予记过或者记大过处分;情节严重的,给予降级或者撤职处分:

（一）超预算、超标准开支公务接待费、公务用车购置和运行费、因公出国(境)费,或者挪用其他预算资金用于公务接待、公务用车购置和运行、因公出国(境)的;

（二）采购奢侈品、超标准的服务或者购建豪华办公用房的;

（三）出租、出借办公用房,改变办公用房使用功能,或者擅自租用办公用房的;

（四）超编制、超标准配备公务用车或者超标准租用车辆,或者为公务用车增加高档配置、豪华内饰,或者借用、占用下级单位、其他单位车辆,或者接受企业事业单位、个人捐赠车辆的;

（五）超出规定的项目或者标准提供后勤服务的;

（六）安排与本部门业务工作无关的出国(境)考察或者培训的。

第三十三条　机关事务管理人员在机关事务管理活动中滥用职权、玩忽职守、徇私舞弊或者贪污受贿的,依法给予处分;构成犯罪的,依法追究刑事责任。

# 第六章　附　　则

第三十四条　其他国家机关和有关人民团体的机关事务管理活动,参照本条例执行。

第三十五条　本条例自2012年10月1日起施行。

附录二

# 党政机关厉行节约反对浪费条例

## 第一章 总 则

**第一条** 为了进一步弘扬艰苦奋斗、勤俭节约的优良作风，推进党政机关厉行节约反对浪费，建设节约型机关，根据国家有关法律法规和中央有关规定，制定本条例。

**第二条** 本条例适用于党的机关、人大机关、行政机关、政协机关、审判机关、检察机关，以及工会、共青团、妇联等人民团体和参照公务员法管理的事业单位。

**第三条** 本条例所称浪费，是指党政机关及其工作人员违反规定进行不必要的公务活动，或者在履行公务中超出规定范围、标准和要求，不当使用公共资金、资产和资源，给国家和社会造成损失的行为。

**第四条** 党政机关厉行节约反对浪费，应当遵循下列原则：坚持从严从简，勤俭办一切事业，降低公务活动成本；坚持依法依规，遵守国家法律法规和党内法规制度的相关规定，严格按程序办事；坚持总量控制，科学设定相关标准，严格控制经费支出总额，加强厉行节约绩效考评；坚持实事求是，从实际出发安排公务活动，取消不必要的公务活动，保证正常公务活动；坚持公开透明，除涉及国家秘密事项外，公务活动中的资金、资产、资源使用等情况应予公开，接受各方面监督；坚持深化改革，通过改革创新破解体制机制障碍，建立健全厉行节约反对浪费工作长效机制。

**第五条** 中共中央办公厅、国务院办公厅负责统筹协调、指导检查全国党政机关厉行节约反对浪费工作,建立协调联络机制承办具体事务。地方各级党委办公厅(室)、政府办公厅(室)负责指导检查本地区党政机关厉行节约反对浪费工作。

纪检监察机关和组织人事、宣传、外事、发展改革、财政、审计、机关事务管理等部门根据职责分工,依法依规履行对厉行节约反对浪费相关工作的管理、监督等职责。

**第六条** 各级党委和政府应当加强对厉行节约反对浪费工作的组织领导。党政机关领导班子主要负责人对本地区、本部门、本单位的厉行节约反对浪费工作负总责,其他成员根据工作分工,对职责范围内的厉行节约反对浪费工作负主要领导责任。

## 第二章 经 费 管 理

**第七条** 党政机关应当加强预算编制管理,按照综合预算的要求,将各项收入和支出全部纳入部门预算。

党政机关依法取得的罚没收入、行政事业性收费、政府性基金、国有资产收益和处置等非税收入,必须按规定及时足额上缴国库,严禁以任何形式隐瞒、截留、挤占、挪用、坐支或者私分,严禁转移到机关所属工会、培训中心、服务中心等单位账户使用。

**第八条** 党政机关应当遵循先有预算、后有支出的原则,严格执行预算,严禁超预算或者无预算安排支出,严禁虚列支出、转移或者套取预算资金。

严格控制国内差旅费、因公临时出国(境)费、公务接待费、公务用车购置及运行费、会议费、培训费等支出。年度预算执行中不予追加,因特殊需要确需追加的,由财政部门审核后按程序报批。

建立预算执行全过程动态监控机制,完善预算执行管理办法,建立健全预算绩效管理体系,增强预算执行的严肃性,提高预算执行的准确率,防止年底突击花钱等现象发生。

第九条　推进政府会计改革,进一步健全会计制度,准确核算机关运行经费,全面反映行政成本。

第十条　财政部门应当会同有关部门,根据国内差旅、因公临时出国(境)、公务接待、会议、培训等工作特点,综合考虑经济发展水平、有关货物和服务的市场价格水平,制定分地区的公务活动经费开支范围和开支标准。

加强相关开支标准之间的衔接,建立开支标准调整机制,定期根据有关货物和服务的市场价格变动情况调整相关开支标准,增强开支标准的协调性、规范性、科学性。

严格开支范围和标准,严格支出报销审核,不得报销任何超范围、超标准以及与相关公务活动无关的费用。

第十一条　全面实行公务卡制度。健全公务卡强制结算目录,党政机关国内发生的公务差旅费、公务接待费、公务用车购置及运行费、会议费、培训费等经费支出,除按规定实行财政直接支付或者银行转账外,应当使用公务卡结算。

第十二条　党政机关采购货物、工程和服务,应当遵循公开透明、公平竞争、诚实信用原则。

政府采购应当依法完整编制采购预算,严格执行经费预算和资产配置标准,合理确定采购需求,不得超标准采购,不得超出办公需要采购服务。

严格执行政府采购程序,不得违反规定以任何方式和理由指定或者变相指定品牌、型号、产地。采购公开招标数额标准以上的货物、工程和服务,应当进行公开招标,确需改变采购方式的,应当严格执行有关公示和审批程序。列入政府集中采购目录范围的，应当委托集中采购机构代理采购，并逐步实行批量集中采购。严格控制协议供货采购的数量和规模，不得以协议供货拆分项目的方式规避公开招标。

党政机关应当按照政府采购合同规定的采购需求组织验收。政府采购监督管理部门应当逐步建立政府采购结果评价制度，对政府采购的资金节约、政策效能、透明程度以及专业化水平进行综合、客观评价。

加快政府采购管理交易平台建设，推进电子化政府采购。

## 第三章　国内差旅和因公临时出国(境)

第十三条　党政机关应当建立健全并严格执行国内差旅内部审批制度，从严控制国内差旅人数和天数，严禁无明确公务目的的差旅活动，严禁以公务差旅为名变相旅游，严禁异地部门间无实质内容的学习交流和考察调研。

第十四条　国内差旅人员应当严格按规定乘坐交通工具、住宿、就餐，费用由所在单位承担。

差旅人员住宿、就餐由接待单位协助安排的，必须按标准交纳住宿费、餐费。差旅人员不得向接待单位提出正常公务活动以外的要求，不得接受礼金、礼品和土特产品等。

第十五条　统筹安排年度因公临时出国计划，严格控制团组数量和规模，不得安排照顾性、无实质内容的一般性出访，不得安排考察性出访，严禁集中安排赴热门国家和地区出访，严禁以各种名义变相公款出国旅游。严格执行因公临时出国限量管理规定，不得把出国作为个人待遇、安排轮流出国。严格控制跨地区、跨部门团组。

组织、外专等有关部门应当加强出国培训总体规划和监督管理,严格控制出国培训规模,科学设置培训项目,择优选派培训对象,提高出国培训的质量和实效。

第十六条　外事管理部门应当加强因公临时出国审核审批管理,对违反规定、不适合成行的团组予以调整或者取消。

加强因公临时出国经费预算总额控制,严格执行经费先行审核制度。无出国经费预算安排的不予批准,确有特殊需要的,按规定程序报批。严禁违反规定使用出国经费预算以外资金作为出国经费,严禁向所属单位、企业、我国驻外机构等摊派或者转嫁出国费用。

第十七条　出国团组应当按规定标准安排交通工具和食宿,不得违反规定乘坐民航包机,不得乘坐私人、企业和外国航空公司包机,不得安排超标准住房和用车,不得擅自增加出访国家或者地区,不得擅自绕道旅行,不得擅自延长在国外停留时间。

出国期间,不得与我国驻外机构和其他中资机构、企业之间用公款互赠礼品或者纪念品,不得用公款相互宴请。

第十八条　严格根据工作需要编制出境计划,加强因公出境审批和管理,不得安排出境考察,不得组织无实质内容的调研、会议、培训等活动。

严格遵守因公出境经费预算、支出、使用、核算等财务制度,不得接受超标准接待和高消费娱乐,不得接受礼金、贵重礼品、有价证券、支付凭证等。

# 第四章　公　务　接　待

第十九条　建立健全国内公务接待集中管理制度。党政机关公务接待管理部门应当加强对国内公务接待工作的管理和指导。

第二十条　党政机关应当建立公务接待审批控制制度,对无公函的公务活动不予接待,严禁将非公务活动纳入接待范围。

第二十一条　党政机关应当严格执行国内公务接待标准,实行接待费支出总额控制制度。

接待单位应当严格按标准安排接待对象的住宿用房,协助安排用餐的按标准收取餐费,不得在接待费中列支应当由接待对象承担的费用,不得以举办会议、培训等名义列支、转移、隐匿接待费开支。

建立国内公务接待清单制度,如实反映接待对象、公务活动、接待费用等情况。接待清单作为财务报销的凭证之一并接受审计。

第二十二条　外宾接待工作应当遵循服务外交、友好对等、务实节俭的原则。外宾邀请单位应当严格按照有关规定安排接待活动,从严从紧控制外宾团组和接待费用。

第二十三条　有关部门和地方应当参照国内公务接待标准,制定招商引资等活动的接待办法,严格审批,强化管理,严禁超规格、超标准接待,严禁扩大接待范围、增加接待项目,严禁以招商引资等名义变相安排公务接待。

第二十四条　党政机关不得以任何名义新建、改建、扩建所属宾馆、招待所等具有接待功能的设施或者场所。

建立接待资源共享机制,推进机关所属接待、培训场所的集中统一管理和利用。健全服务经营机制,推行机关所属接待、培训场所企业化管理,降低服务经营成本。

积极推进国内公务接待服务社会化改革,有效利用社会资源为国内公务接待提供住宿、餐饮、用车等服务。

## 第五章　公务用车

第二十五条　坚持社会化、市场化方向,改革公务用车制度,合理有效配置公务用车资源，创新公务交通分类提供方式，保障公务出行，降低行政成本，建立符合国情的新型公务用车制度。

改革公务用车实物配给方式，取消一般公务用车，保留必要的执法执勤、机要通信、应急和特种专业技术用车及按规定配备的其他车辆。普通公务出行由公务人员自主选择，实行社会化提供。取消的一般公务用车，采取公开招标、拍卖等方式公开处置。

适度发放公务交通补贴，不得以车改补贴的名义变相发放福利。

第二十六条　党政机关应当从严配备实行定向化保障的公务用车，不得以特殊用途等理由变相超编制、超标准配备公务用车，不得以任何方式换用、借用、占用下属单位或者其他单位和个人的车辆，不得接受企事业单位和个人赠送的车辆。

严格按规定配备专车，不得擅自扩大专车配备范围或者变相配备专车。

从严控制执法执勤用车的配备范围、编制和标准。执法执勤用车配备应当严格限制在一线执法执勤岗位，机关内部管理和后勤岗位以及机关所属事业单位一律不得配备。

第二十七条　公务用车实行政府集中采购，应当选用国产汽车，优先选用新能源汽车。

公务用车严格按照规定年限更新，已到更新年限尚能继续使用的应当继续使用，不得因领导干部职务晋升、调任等原因提前更新。

公务用车保险、维修、加油等实行政府采购，降低运行成本。

第二十八条　除涉及国家安全、侦查办案等有保密要求的特殊工作用车外，执法执勤用车应当喷涂明显的统一标识。

第二十九条　根据公务活动需要，严格按规定使用公务用车，严禁以任何理由挪用或者固定给个人使用执法执勤、机要通信等公务用车，领导干部亲属和身边工作人员不得因私使用配备给领导干部的公务用车。

## 第六章 会 议 活 动

第三十条 党政机关应当精简会议，严格执行会议费开支范围和标准。

党政机关会议实行分类管理、分级审批。财政部门应当会同机关事务管理等部门制定本级党政机关会议费管理办法，从严控制会议数量、会期和参会人员规模。完善并严格执行严禁党政机关到风景名胜区开会制度规定。

第三十一条 会议召开场所实行政府采购定点管理。会议住宿用房以标准间为主，用餐安排自助餐或者工作餐。

会议期间，不得安排宴请，不得组织旅游以及与会议无关的参观活动，不得以任何名义发放纪念品。

完善会议费报销制度。未经批准以及超范围、超标准开支的会议费用，一律不予报销。严禁违规使用会议费购置办公设备，严禁列支公务接待费等与会议无关的任何费用，严禁套取会议资金。

第三十二条 建立健全培训审批制度，严格控制培训数量、时间、规模，严禁以培训名义召开会议。

严格执行分类培训经费开支标准，严格控制培训经费支出范围，严禁在培训经费中列支公务接待费、会议费等与培训无关的任何费用。严禁以培训名义进行公款宴请、公款旅游活动。

第三十三条 未经批准，党政机关不得以公祭、历史文化、特色物产、单位成立、行政区划变更、工程奠基或者竣工等名义举办或者委托、指派其他单位举办各类节会、庆典活动，不得举办论坛、博览会、展会活动。严禁使用财政性资金举办营业性文艺晚会。从严控制举办大型综合性运动会和各类赛会。

经批准的节会、庆典、论坛、博览会、展会、运动会、赛会等活动,应当严格控制规模和经费支出,不得向下属单位摊派费用,不得借举办活动发放各类纪念品,不得超出规定标准支付费用邀请名人、明星参与活动。为举办活动专门配备的设备在活动结束后应当及时收回。

第三十四条  严格控制和规范各类评比达标表彰活动,实行中央和省(自治区、直辖市)两级审批制度。评比达标表彰项目费用由举办单位承担,不得以任何方式向相关单位和个人收取费用。

## 第七章  办 公 用 房

第三十五条  党政机关办公用房建设应当从严控制。凡是违反规定的拟建办公用房项目,必须坚决终止;凡是未按照规定程序履行审批手续、擅自开工建设的办公用房项目,必须停建并予以没收;凡是超规模、超标准、超投资概算建设的办公用房项目,应当根据具体情况限期腾退超标准面积或者全部没收、拍卖。

党政机关办公用房应当严格管理,推进办公用房资源的公平配置和集约使用。凡是超过规定面积标准占有、使用办公用房以及未经批准租用办公用房的,必须腾退;凡是未经批准改变办公用房使用功能的,原则上应当恢复原使用功能。严禁出租出借办公用房,已经出租出借的,到期必须收回;租赁合同未到期的,租金收入应当按照收支两条线管理。

第三十六条  党政机关新建、改建、扩建、购置、置换、维修改造、租赁办公用房,必须严格按规定履行审批程序。采取置换方式配给办公用房的,应当执行新建办公用房各项标准,不得以未使用政府预算建设资金、资产整合等名义规避审批。

第三十七条　党政机关办公用房建设项目应当按照朴素、实用、安全、节能原则,严格执行办公用房建设标准、单位综合造价标准和公共建筑节能设计标准,符合土地利用和城市规划要求。党政机关办公楼不得追求成为城市地标建筑,严禁配套建设大型广场、公园等设施。

第三十八条　党政机关办公用房建设项目投资,统一由政府预算建设资金安排。土地收益和资产转让收益应当按照有关规定实行收支两条线管理,不得直接用于办公用房建设。

党政机关办公用房维修改造项目所需投资,统一列入预算由财政资金安排解决,未经审批的项目不得安排预算。

第三十九条　办公用房建设应当严格执行工程招投标和政府采购有关规定,加强对工程项目的全过程监理和审计监督。加快推行办公用房建设项目代建制。

办公用房因使用时间较长、设施设备老化、功能不全,不能满足办公需求的,可以进行维修改造。维修改造项目应当以消除安全隐患、恢复和完善使用功能、降低能源资源消耗为重点,严格履行审批程序,严格执行维修改造标准。

第四十条　建立健全办公用房集中统一管理制度,对办公用房实行统一调配、统一权属登记。

党政机关应当严格按照有关标准和本单位"三定"方案,从严核定、使用办公用房。超标部分应当移交同级机关事务管理部门用于统一调剂。

新建、调整办公用房的单位,应当按照"建新交旧"、"调新交旧"的原则,在搬入新建或者新调整办公用房的同时,将原办公用房腾退移交机关事务管理部门统一调剂使用。

因机构增设、职能调整确需增加办公用房的,应当在本单位现有办公用房中解决;本单位现有办公用房不能满足需要的,由机关事务管理部门整合办公用房资源调剂解决;无法调剂、确需租用解决的,应当严格履行报批手续,不得以变相补偿方式租用由企业等单位提供的办公用房。

第四十一条 党政机关领导干部应当按照标准配置使用一处办公用房,确因工作需要另行配置办公用房的,应当严格履行审批程序。领导干部不得长期租用宾馆、酒店房间作为办公用房。配置使用的办公用房,在退休或者调离时应当及时腾退并由原单位收回。

## 第八章 资 源 节 约

第四十二条 党政机关应当节约集约利用资源,加强全过程节约管理,提高能源、水、粮食、办公家具、办公设备、办公用品等的利用效率和效益,统筹利用土地,杜绝浪费行为。

第四十三条 对能源、水的使用实行分类定额和目标责任管理。推广应用节能技术产品,淘汰高耗能设施设备,重点推广应用新能源和可再生能源。积极使用节水型器具,建设节水型单位。

健全节能产品政府采购政策,严格执行节能产品政府强制采购和优先采购制度。

第四十四条 优化办公家具、办公设备等资产的配置和使用,通过调剂方式盘活存量资产,节约购置资金。已到更新年限尚能继续使用的,不得报废处置。

对产生的非涉密废纸、废弃电器电子产品等废旧物品进行集中回收处理,促进循环利用;涉及国家秘密的,按照有关保密规定进行销毁。

**第四十五条** 党政机关政务信息系统建设应当统筹规划,统一组织实施,防止重复建设和频繁升级。

建立共享共用机制,加强资源整合,推动重要政务信息系统互联互通、信息共享和业务协同,降低软件开发、系统维护和升级等方面费用,防止资源浪费。

积极利用信息化手段,推行无纸化办公,减少一次性办公用品消耗。

## 第九章 宣传教育

**第四十六条** 宣传部门应当把厉行节约反对浪费作为重要宣传内容,充分发挥各级各类媒体作用,重视运用互联网等新兴媒体,通过新闻报道、文化作品、公益广告等形式,广泛宣传中华民族勤俭节约的优秀品德,宣传阐释相关制度规定,宣传推广厉行节约的经验做法和先进典型,倡导绿色低碳消费理念和健康文明生活方式。

**第四十七条** 党政机关应当把加强厉行节约反对浪费教育作为作风建设的重要内容,融入干部队伍建设和机关日常管理之中,建立健全常态化工作机制。对各种铺张浪费现象和行为,应当严肃批评、督促改正。

纪检监察机关应当不定期曝光铺张浪费的典型案例,发挥警示教育作用。

组织人事部门和党校、行政学院、干部学院应当把厉行节约反对浪费作为干部教育培训的重要内容,创新教育方法,切实增强教育培训的针对性和实效性。

**第四十八条** 党政机关应当围绕建设节约型机关,组织开展形式多样、便于参与的活动,引导干部职工增强节约意识、珍惜物力财力,积极培育和形成崇尚节约、厉行节约、反对浪费的机关文化,为在全社会形成节俭之风发挥示范表率作用。

## 第十章 监督检查

**第四十九条** 各级党委和政府应当建立厉行节约反对浪费监督检查机制,明确监督检查的主体、职责、内容、方法、程序等,加强经常性督促检查,针对突出问题开展重点检查、暗访等专项活动。

下级党委和政府应当每年向上级党委和政府报告本地区厉行节约反对浪费工作情况,党委和政府所属部门、单位应当每年向本级党委和政府报告本部门、本单位厉行节约反对浪费工作情况。报告可结合领导班子年度考核和工作报告一并进行。

**第五十条** 领导干部厉行节约反对浪费工作情况,应当列为领导班子民主生活会和领导干部述职述廉的重要内容并接受评议。

**第五十一条** 党委办公厅(室)、政府办公厅(室)负责统筹协调相关部门开展对厉行节约反对浪费工作的督促检查。每年至少组织开展一次专项督查,并将督查情况在适当范围内通报。专项督查可以与党风廉政建设责任制检查考核、年终党建工作考核等相结合,督查考核结果应当按照干部管理权限送纪检监察机关和组织人事部门,作为干部管理监督、选拔任用的依据。

**第五十二条** 纪检监察机关应当加强对厉行节约反对浪费工作的监督检查,受理群众举报和有关部门移送的案件线索,及时查处违纪违法问题。

中央和省、自治区、直辖市党委巡视组应当按照有关规定，加强对有关党组织领导班子及其成员厉行节约反对浪费工作情况的巡视监督。

第五十三条　财政部门应当加强对党政机关预算编制、执行等财政、财务、政府采购和会计事项的监督检查，依法处理发现的违规问题，并及时向本级党委和政府汇报监督检查结果。

审计部门应当加大对党政机关公务支出和公款消费的审计力度，依法处理、督促整改违规问题，并将涉嫌违纪违法问题移送有关部门查处。

第五十四条　党政机关应当建立健全厉行节约反对浪费信息公开制度。除依照法律法规和有关要求须保密的内容和事项外，下列内容应当按照及时、方便、多样的原则，以适当方式进行公开：

（一）预算和决算信息；

（二）政府采购文件、采购预算、中标成交结果、采购合同等情况；

（三）国内公务接待的批次、人数、经费总额等情况；

（四）会议的名称、主要内容、支出金额等情况；

（五）培训的项目、内容、人数、经费等情况；

（六）节会、庆典、论坛、博览会、展会、运动会、赛会等活动举办信息；

（七）办公用房建设、维修改造、使用、运行费用支出等情况；

（八）公务支出和公款消费的审计结果；

（九）其他需要公开的内容。

第五十五条　推动和支持人民代表大会及其常务委员会依法严格审查批准党政机关公务支出预算，加强对预算执行情况的监督。发挥人大代表的监督作用，通过提出意见、建议、批评以及询问、质询等方式加强对党政机关厉行节约反对浪费工作的监督。

支持人民政协对党政机关厉行节约反对浪费工作的监督,自觉接受并积极支持政协委员通过调研、视察、提案等方式加强对党政机关厉行节约反对浪费工作的监督。

**第五十六条** 重视各级各类媒体在厉行节约反对浪费方面的舆论监督作用。建立舆情反馈机制,及时调查处理媒体曝光的违规违纪违法问题。

发挥群众对党政机关及其工作人员铺张浪费行为的监督作用,认真调查处理群众反映的问题。

## 第十一章 责任追究

**第五十七条** 建立党政机关厉行节约反对浪费工作责任追究制度。

对违反本条例规定造成浪费的,应当依纪依法追究相关人员的责任,对负有领导责任的主要负责人或者有关领导干部实行问责。

**第五十八条** 有下列情形之一的,追究相关人员的责任:

(一)未经审批列支财政性资金的;

(二)采取弄虚作假等手段违规取得审批的;

(三)违反审批要求擅自变通执行的;

(四)违反管理规定超标准或者以虚假事项开支的;

(五)利用职务便利假公济私的;

(六)有其他违反审批、管理、监督规定行为的。

**第五十九条** 有下列情形之一的,追究主要负责人或者有关领导干部的责任:

（一）本地区、本部门、本单位铺张浪费、奢侈奢华问题严重，对发现的问题查处不力，干部群众反映强烈的；

（二）指使、纵容下属单位或者人员违反本条例规定造成浪费的；

（三）不履行内部审批、管理、监督职责造成浪费的；

（四）不按规定及时公开本地区、本部门、本单位有关厉行节约反对浪费工作信息的；

（五）其他对铺张浪费问题负有领导责任的。

**第六十条** 违反本条例规定造成浪费的，根据情节轻重，由有关部门依照职责权限给予批评教育、责令作出检查、诫勉谈话、通报批评或者调离岗位、责令辞职、免职、降职等处理。

应当追究党纪政纪责任的，依照《中国共产党纪律处分条例》、《行政机关公务员处分条例》等有关规定给予相应的党纪政纪处分。

涉嫌违法犯罪的，依法追究法律责任。

**第六十一条** 违反本条例规定获得的经济利益，应当予以收缴或者纠正。

违反本条例规定，用公款支付、报销应由个人支付的费用，应当责令退赔。

**第六十二条** 受到责任追究的人员对处理决定不服的，可以按照相关规定向有关机关提出申诉。受理申诉机关应当依据有关规定认真受理并作出结论。

申诉期间，不停止处理决定的执行。

## 第十二章 附 则

**第六十三条** 各省、自治区、直辖市党委和政府，中央和国家机关各部委，可以根据本条例，结合实际制定实施细则。有关职能部门应当根据各自职责，制定完善相关配套制度。

国有企业、国有金融企业、不参照公务员法管理的事业单位，参照本条例执行。

中国人民解放军和中国人民武装警察部队按照军队有关规定执行。

第六十四条　本条例由中共中央办公厅、国务院办公厅会同有关部门负责解释。

第六十五条　本条例自发布之日起施行。1997年5月25日发布的《中共中央、国务院关于党政机关厉行节约制止奢侈浪费行为的若干规定》同时废止。其他有关党政机关厉行节约反对浪费的规定，凡与本条例不一致的，按照本条例执行。

附录三

# 公共机构节能条例

## 第一章 总 则

**第一条** 为了推动公共机构节能,提高公共机构能源利用效率,发挥公共机构在全社会节能中的表率作用,根据《中华人民共和国节约能源法》,制定本条例。

**第二条** 本条例所称公共机构,是指全部或者部分使用财政性资金的国家机关、事业单位和团体组织。

**第三条** 公共机构应当加强用能管理,采取技术上可行、经济上合理的措施,降低能源消耗,减少、制止能源浪费,有效、合理地利用能源。

**第四条** 国务院管理节能工作的部门主管全国的公共机构节能监督管理工作。国务院管理机关事务工作的机构在国务院管理节能工作的部门指导下,负责推进、指导、协调、监督全国的公共机构节能工作。

国务院和县级以上地方各级人民政府管理机关事务工作的机构在同级管理节能工作的部门指导下,负责本级公共机构节能监督管理工作。

教育、科技、文化、卫生、体育等系统各级主管部门在同级管理机关事务工作的机构指导下,开展本级系统内公共机构节能工作。

**第五条** 国务院和县级以上地方各级人民政府管理机关事

务工作的机构应当会同同级有关部门开展公共机构节能宣传、教育和培训,普及节能科学知识。

**第六条** 公共机构负责人对本单位节能工作全面负责。

公共机构的节能工作实行目标责任制和考核评价制度,节能目标完成情况应当作为对公共机构负责人考核评价的内容。

**第七条** 公共机构应当建立、健全本单位节能管理的规章制度,开展节能宣传教育和岗位培训,增强工作人员的节能意识,培养节能习惯,提高节能管理水平。

**第八条** 公共机构的节能工作应当接受社会监督。任何单位和个人都有权举报公共机构浪费能源的行为,有关部门对举报应当及时调查处理。

**第九条** 对在公共机构节能工作中做出显著成绩的单位和个人,按照国家规定予以表彰和奖励。

## 第二章 节 能 规 划

**第十条** 国务院和县级以上地方各级人民政府管理机关事务工作的机构应当会同同级有关部门,根据本级人民政府节能中长期专项规划,制定本级公共机构节能规划。

县级公共机构节能规划应当包括所辖乡(镇)公共机构节能的内容。

**第十一条** 公共机构节能规划应当包括指导思想和原则、用能现状和问题、节能目标和指标、节能重点环节、实施主体、保障措施等方面的内容。

**第十二条** 国务院和县级以上地方各级人民政府管理机关事务工作的机构应当将公共机构节能规划确定的节能目标和指标,按年度分解落实到本级公共机构。

第十三条　公共机构应当结合本单位用能特点和上一年度用能状况,制定年度节能目标和实施方案,有针对性地采取节能管理或者节能改造措施,保证节能目标的完成。

公共机构应当将年度节能目标和实施方案报本级人民政府管理机关事务工作的机构备案。

## 第三章　节　能　管　理

第十四条　公共机构应当实行能源消费计量制度,区分用能种类、用能系统实行能源消费分户、分类、分项计量,并对能源消耗状况进行实时监测,及时发现、纠正用能浪费现象。

第十五条　公共机构应当指定专人负责能源消费统计,如实记录能源消费计量原始数据,建立统计台账。

公共机构应当于每年3月31日前,向本级人民政府管理机关事务工作的机构报送上一年度能源消费状况报告。

第十六条　国务院和县级以上地方各级人民政府管理机关事务工作的机构应当会同同级有关部门按照管理权限,根据不同行业、不同系统公共机构能源消耗综合水平和特点,制定能源消耗定额,财政部门根据能源消耗定额制定能源消耗支出标准。

第十七条　公共机构应当在能源消耗定额范围内使用能源,加强能源消耗支出管理;超过能源消耗定额使用能源的,应当向本级人民政府管理机关事务工作的机构作出说明。

第十八条　公共机构应当按照国家有关强制采购或者优先采购的规定,采购列入节能产品、设备政府采购名录和环境标志产品政府采购名录中的产品、设备,不得采购国家明令淘汰的用能产品、设备。

第十九条　国务院和省级人民政府的政府采购监督管理部

门应当会同同级有关部门完善节能产品、设备政府采购名录,优先将取得节能产品认证证书的产品、设备列入政府采购名录。

国务院和省级人民政府应当将节能产品、设备政府采购名录中的产品、设备纳入政府集中采购目录。

第二十条 公共机构新建建筑和既有建筑维修改造应当严格执行国家有关建筑节能设计、施工、调试、竣工验收等方面的规定和标准,国务院和县级以上地方人民政府建设主管部门对执行国家有关规定和标准的情况应当加强监督检查。

国务院和县级以上地方各级人民政府负责审批固定资产投资项目的部门,应当严格控制公共机构建设项目的建设规模和标准,统筹兼顾节能投资和效益,对建设项目进行节能评估和审查,未通过节能评估和审查的项目,不得开工建设;政府投资项目未通过节能评估和审查的,依法负责项目审批的部门不得批准建设。

第二十一条 国务院和县级以上地方各级人民政府管理机关事务工作的机构会同有关部门制定本级公共机构既有建筑节能改造计划,并组织实施。

第二十二条 公共机构应当按照规定进行能源审计,对本单位用能系统、设备的运行及使用能源情况进行技术和经济性评价,根据审计结果采取提高能源利效率的措施。具体办法由国务院管理节能工作的部门会同国务院有关部门制定。

第二十三条 能源审计的内容包括:

(一)查阅建筑物竣工验收资料和用能系统、设备台账资料,检查节能设计标准的执行情况;

(二)核对电、气、煤、油、市政热力等能源消耗计量记录和财务账单,评估分类与分项的总能耗、人均能耗和单位建筑面积能耗;

（三）检查用能系统、设备的运行状况，审查节能管理制度执行情况；

（四）检查前一次能源审计合理使用能源建议的落实情况；

（五）查找存在节能潜力的用能环节或者部位，提出合理使用能源的建议；

（六）审查年度节能计划、能源消耗定额执行情况，核实公共机构超过能源消耗定额使用能源的说明；

（七）审查能源计量器具的运行情况，检查能耗统计数据的真实性、准确性。

## 第四章　节　能　措　施

第二十四条　公共机构应当建立、健全本单位节能运行管理制度和用能系统操作规程，加强用能系统和设备运行调节、维护保养、巡视检查，推行低成本、无成本节能措施。

第二十五条　公共机构应当设置能源管理岗位，实行能源管理岗位责任制。重点用能系统、设备的操作岗位应当配备专业技术人员。

第二十六条　公共机构可以采用合同能源管理方式，委托节能服务机构进行节能诊断、设计、融资、改造和运行管理。

第二十七条　公共机构选择物业服务企业，应当考虑其节能管理能力。公共机构与物业服务企业订立物业服务合同，应当载明节能管理的目标和要求。

第二十八条　公共机构实施节能改造，应当进行能源审计和投资收益分析，明确节能指标，并在节能改造后采用计量方式对节能指标进行考核和综合评价。

第二十九条　公共机构应当减少空调、计算机、复印机等用电设备的待机能耗,及时关闭用电设备。

第三十条　公共机构应当严格执行国家有关空调室内温度控制的规定,充分利用自然通风,改进空调运行管理。

第三十一条　公共机构电梯系统应当实行智能化控制,合理设置电梯开启数量和时间,加强运行调节和维护保养。

第三十二条　公共机构办公建筑应当充分利用自然采光,使用高效节能照明灯具,优化照明系统设计,改进电路控制方式,推广应用智能调控装置,严格控制建筑物外部泛光照明以及外部装饰用照明。

第三十三条　公共机构应当对网络机房、食堂、开水间、锅炉房等部位的用能情况实行重点监测,采取有效措施降低能耗。

第三十四条　公共机构的公务用车应当按照标准配备,优先选用低能耗、低污染、使用清洁能源的车辆,并严格执行车辆报废制度。

公共机构应当按照规定用途使用公务用车,制定节能驾驶规范,推行单车能耗核算制度。

公共机构应当积极推进公务用车服务社会化,鼓励工作人员利用公共交通工具、非机动交通工具出行。

## 第五章　监督和保障

第三十五条　国务院和县级以上地方各级人民政府管理机关事务工作的机构应当会同有关部门加强对本级公共机构节能的监督检查。监督检查的内容包括:

（一）年度节能目标和实施方案的制定、落实情况;

（二）能源消费计量、监测和统计情况;

（三）能源消耗定额执行情况;

（四）节能管理规章制度建立情况；

（五）能源管理岗位设置以及能源管理岗位责任制落实情况；

（六）用能系统、设备节能运行情况；

（七）开展能源审计情况；

（八）公务用车配备、使用情况。

对于节能规章制度不健全、超过能源消耗定额使用能源情况严重的公共机构，应当进行重点监督检查。

**第三十六条** 公共机构应当配合节能监督检查，如实说明有关情况，提供相关资料和数据，不得拒绝、阻碍。

**第三十七条** 公共机构有下列行为之一的，由本级人民政府管理机关事务工作的机构会同有关部门责令限期改正；逾期不改正的，予以通报，并由有关机关对公共机构负责人依法给予处分：

（一）未制定年度节能目标和实施方案，或者未按照规定将年度节能目标和实施方案备案的；

（二）未实行能源消费计量制度，或者未区分用能种类、用能系统实行能源消费分户、分类、分项计量，并对能源消耗状况进行实时监测的；

（三）未指定专人负责能源消费统计，或者未如实记录能源消费计量原始数据，建立统计台账的；

（四）未按照要求报送上一年度能源消费状况报告的；

（五）超过能源消耗定额使用能源，未向本级人民政府管理机关事务工作的机构作出说明的；

（六）未设立能源管理岗位，或者未在重点用能系统、设备操作岗位配备专业技术人员的；

（七）未按照规定进行能源审计，或者未根据审计结果采取提高能源利用效率的措施的；

（八）拒绝、阻碍节能监督检查的。

**第三十八条** 公共机构不执行节能产品、设备政府采购名录,未按照国家有关强制采购或者优先采购的规定采购列入节能产品、设备政府采购名录中的产品、设备,或者采购国家明令淘汰的用能产品、设备的,由政府采购监督管理部门给予警告,可以并处罚款;对直接负责的主管人员和其他直接责任人员依法给予处分,并予通报。

**第三十九条** 负责审批或者核准固定资产投资项目的部门对未通过节能

评估和审查的公共机构建设项目予以批准的,对直接负责的主管人员和其他直接责任人员依法给予处分。

公共机构开工建设未通过节能评估和审查的建设项目的,由有关机关依法责令限期整改;对直接负责的主管人员和其他直接责任人员依法给予处分。

**第四十条** 公共机构违反规定超标准、超编制购置公务用车或者拒不报废高耗能、高污染车辆的,对直接负责的主管人员和其他直接责任人员依法给予处分,并由本级人民政府管理机关事务工作的机构依照有关规定,对车辆采取收回、拍卖、责令退还等方式处理。

**第四十一条** 公共机构违反规定用能造成能源浪费的,由本级人民政府管理机关事务工作的机构会同有关部门下达节能整改意见书,公共机构应当及时予以落实。

**第四十二条** 管理机关事务工作的机构的工作人员在公共机构节能监督管理中滥用职权、玩忽职守、徇私舞弊,构成犯罪的,依法追究刑事责任;尚不构成犯罪的,依法给予处分。

## 第六章 附 则

**第四十三条** 本条例自 2008 年 10 月 1 日起施行。

附录四

# 党政机关办公用房管理办法

## 第一章 总 则

**第一条** 为了进一步规范党政机关办公用房管理,推进办公用房资源合理配置和节约集约使用,保障正常办公,降低行政成本,促进党风廉政建设和节约型机关建设,根据《党政机关厉行节约反对浪费条例》《机关事务管理条例》《机关团体建设楼堂馆所管理条例》等有关规定,制定本办法。

**第二条** 本办法适用于各级党政机关办公用房的规划、权属、配置、使用、维修、处置等管理工作。

本办法所称党政机关,是指党的机关、人大机关、行政机关、政协机关、监察机关、审判机关、检察机关,以及工会、共青团、妇联等人民团体和参照公务员法管理的事业单位。

本办法所称办公用房,是指党政机关占有、使用或者可以确认属于机关资产的,为保障党政机关正常运行需要设置的基本工作场所,包括办公室、服务用房、设备用房和附属用房。

**第三条** 党政机关办公用房管理应当遵循下列原则:

(一)依法合规,严格执行法律法规和党内有关制度规定,强化监督管理;

(二)科学规划,统筹机关办公和公共服务需求,优化布局和功能;

(三)规范配置,科学制定标准,严格审核程序,合理保障

需求;

（四）有效利用,统筹调剂余缺,及时依规处置,避免闲置浪费;

（五）厉行节约,注重庄重朴素、经济适用,节约能源资源。

**第四条** 建立健全党政机关办公用房集中统一管理制度,统一规划、统一权属、统一配置、统一处置。县级以上党政机关办公用房有关管理部门根据职责分工,负责本级党政机关办公用房管理工作,指导下级党政机关办公用房管理工作。

中央和国家机关办公用房管理,由归口的机关事务管理部门负责规划、权属、调剂、使用监管、处置、维修等,国家发展改革委负责建设项目审批、建设标准制定以及投资安排等,财政部负责预算安排、指导开展资产管理等。中央和国家机关所属垂直管理机构、派出机构和参照公务员法管理的事业单位办公用房的权属、使用、维修等有关管理工作,由归口的机关事务管理部门委托行政主管部门负责。

地方各级党政机关办公用房管理的职责分工,由各省、自治区、直辖市参照前款规定,结合本地区实际情况合理确定相关机构承担办公用房管理职责。

各级党政机关是办公用房的使用单位,负责本单位占有、使用办公用房的内部管理和日常维护。

## 第二章　权　属　管　理

**第五条** 党政机关办公用房的房屋所有权、土地使用权等不动产权利（以下统称办公用房权属）,统一登记至本级机关事务管理部门名下。

中央和国家机关所属垂直管理机构、派出机构和参照公务员法管理的事业单位办公用房权属应当登记在行政主管部门名下。地方各级党政机关所属垂直管理机构、派出机构办公用房权属的登记主体由各省、自治区、直辖市规定。

涉及国家秘密、国家安全等特殊情况的,经机关事务管理部门核准,可以将办公用房权属登记在使用单位名下。

因历史资料缺失、权属不清等问题无法登记的,由机关事务管理部门协调有关部门进行办公用房权属备案,使用单位不得自行处置。

**第六条** 建立健全党政机关办公用房清查盘点制度。使用单位应当建立本单位办公用房资产管理分台账,资产信息发生变更的,及时调整更新。机关事务管理部门应当建立本级党政机关办公用房资产管理总台账,定期组织清查盘点,确保总台账信息与使用单位分台账信息账账相符,与办公用房实际状况账实相符,与权属证书信息账证相符。

**第七条** 建立健全党政机关办公用房管理信息统计报告制度。

各级机关事务管理部门应当建立健全本级党政机关办公用房管理信息系统,定期统计汇总办公用房管理情况,报上级机关事务管理部门,并送同级发展改革、财政部门。

国家机关事务管理局、中共中央直属机关事务管理局应当会同有关部门,建立全国党政机关办公用房信息数据库,并纳入国家数据共享交换平台,实现与发展改革、财政、国土资源、住房和城乡建设等部门共享共用。各省、自治区、直辖市应当统筹推进本地区办公用房管理信息系统建设,实现上下一体、互联互通、动态管理。

**第八条** 建立健全党政机关办公用房档案管理制度。使用单位应当加强本单位办公用房档案管理,及时归集权属、建设、维修等原始档案,并移交产权单位。产权单位应当加强办公用房档案的收集、保存和利用,确保档案完整。

## 第三章 配置管理

**第九条** 县级以上机关事务管理、发展改革、财政部门应当会同有关部门,结合人员编制情况、办公与业务需要等,编制本级党政机关办公用房配置保障规划,优化办公用房布局,具备条件的逐步推进集中或者相对集中办公,共用配套附属设施。

地方各级人民政府编制土地利用总体规划和城乡规划时,应当统筹安排本级党政机关办公用房用地。县级以上党政机关的驻在地人民政府应当有效保障上级党政机关办公用房用地需求。

**第十条** 党政机关办公用房配置应当严格执行相关标准,从严核定面积。

国家发展改革委员会同住房和城乡建设部、财政部,制定和完善党政机关办公用房建设标准,并实行标准动态调整。

**第十一条** 党政机关办公用房配置方式包括调剂、置换、租用和建设。

**第十二条** 使用单位需要配置办公用房的,由机关事务管理部门优先整合现有办公用房资源调剂解决。

**第十三条** 采取置换方式配置办公用房的,应当严格履行审批程序,执行新建办公用房各项标准,确保符合办公用房各类功能要求,并按规定组织资产评估,置换所得超出面积标准的办公用房由机关事务管理部门统一调剂,置换所得收益按照非税收入有关规定管理。

置换旧房的,由机关事务管理部门会同发展改革、财政部门报同级人民政府审批;置换新房的,应当严格履行建设审批程序。

不得以置换名义量身打造办公用房,不得以未使用政府预算建设资金、资产整合等名义规避审批。

**第十四条** 无法调剂或者置换解决办公用房的,可以面向市场租用,但应当严格按照规定履行审批程序。

需租用办公用房的,由使用单位提出申请,经机关事务管理部门核准后,报财政部门审核安排预算;或者由机关事务管理部门统筹本级党政机关办公用房使用需求,制定租用方案,报财政部门审核安排预算后,统一租赁并统筹安排使用。

任何单位不得以变相补偿方式租用由企业等单位提供的办公用房。

各级财政部门会同机关事务管理部门,制定本级党政机关办公用房租金标准,并实行标准动态调整。

**第十五条** 无法调剂、置换、租用办公用房,或者涉及国家秘密、国家安全等特殊情况的,可以采取建设方式解决,但应当按照国家有关政策从严控制,严格履行审批程序。党政机关办公用房建设包括新建、扩建、改建、购置。

中共中央直属机关办公用房建设项目由归口的机关事务管理部门审核同意后统一申报,由国家发展改革委核报国务院审批。

中央国家机关本级办公用房建设项目,由国家发展改革委核报国务院审批,申报前应当由归口的机关事务管理部门出具必要性审查意见。

中央国家机关所属垂直管理机构、派出机构办公用房建设项目,厅(局)级及以上单位的项目由国家发展改革委审批,申报前应当由归口的机关事务管理部门出具必要性审查意见;厅(局)级以下单位的项目由行政主管部门审批,并报国家发展改革委和归口的机关事务管理部门备案。

中央国家机关所属参照公务员法管理的事业单位的办公用房建设项目,由国务院、国家发展改革委和行政主管部门按照中央预算内投资审批权限分别负责审批,其中由国务院、国家发展改革委审批的项目,申报前应当由归口的机关事务管理部门出具必要性审查意见。

省、自治区、直辖市及计划单列市本级党政机关办公用房建设项目,由国家发展改革委核报国务院审批;地方其他党政机关办公用房建设项目,由省级人民政府审批。

县级党政机关直属单位和乡(镇)级党政机关办公用房建设项目,可以由省级人民政府根据实际情况委托市级人民政府审批。

地方各级党政机关所属垂直管理机构、派出机构和参照公务员法管理的事业单位办公用房建设项目的审批程序,由各省、自治区、直辖市规定。

第十六条 党政机关办公用房配置所需资金,应当通过政府预算安排,不得接受任何形式赞助或者捐款,不得搞任何形式集资或者摊派,不得向其他任何单位借款,不得让施工单位垫资,严禁挪用各类专项资金。

土地收益和资产转让收益按照非税收入有关规定管理,不得直接用于办公用房配置。涉及新增资产的,应当向财政部门申报新增资产配置预算。

第十七条 新配置办公用房的党政机关,应当在搬入新办公用房后1个月内,将超出核定面积的原有办公用房腾退移交同级机关事务管理部门统一调剂使用,不得继续占用或者自行处置,不得自行安排其他单位使用。

## 第四章 使 用 管 理

第十八条 机关事务管理部门应当与使用单位签订办公用

房使用协议,核发办公用房分配使用凭证。

办公用房分配使用凭证可以按照有关规定用于办理使用单位法人登记、集体户籍、大中修项目施工许可等,不得用于出租、出借、经营。

**第十九条** 使用单位应当严格按照有关规定在核定面积内合理安排使用办公用房,不得擅自改变办公用房使用功能,不得调整给其他单位使用。办公用房安排使用情况应当按年度通过政务内网、公示栏等平台进行内部公示;领导干部办公用房配备情况应当按年度报机关事务管理部门备案,严禁超标准配备、使用办公用房。

领导干部在不同单位同时任职的,应当在主要任职单位安排1处办公用房;主要任职单位与兼职单位相距较远且经常到兼职单位工作的,经严格审批后,可以由兼职单位再安排1处小于标准面积的办公用房,并在免去兼任职务后2个月内腾退兼职单位安排的办公用房。

工作人员调离或者退休的,使用单位应当在办理调离或者退休手续后1个月内收回其办公用房。

**第二十条** 党政机关工作人员办公室具备条件的,应当采用大开间等形式,提高办公用房利用率。

会议室、接待室等服务用房,可以采取可拆卸式隔断设计,提高空间使用的灵活性。

**第二十一条** 项目批复中已经明确和机关一并建设办公用房的事业单位,按照面积标准核定后可以继续无偿使用机关办公用房。

公益一类事业单位已经占用的机关办公用房,按照面积标准核定后可以继续无偿使用。公益二类事业单位已经占用的机关办公用房,应当按照规定予以腾退;确有困难的,经机关事务管理部门批准,可以继续有偿使用,租金收益按照非税收入有关规定管理。事业单位已经新建、购置办公用房或者租用其他房屋办公的,应当在6个月内将原有办公用房腾退移交机关事务管理部门。

生产经营类事业单位、国有企业和行业协会商会等社团组织,原则上不得占用党政机关办公用房。

**第二十二条** 党政机关办公用房使用单位机构、编制调整的,机关事务管理部门应当重新核定其办公用房面积。超出面积标准的,使用单位应当在6个月内将超出部分的办公用房腾退移交机关事务管理部门。

党政机关转为企业的,应当在办理企业工商注册后6个月内将原有办公用房腾退移交机关事务管理部门。转企单位确有困难的,经机关事务管理部门批准,可以继续有偿使用,租金收益按照非税收入有关规定管理;新建、购置或者租用办公用房的,应当在6个月内将原有办公用房腾退移交机关事务管理部门。

党政机关撤销的,应当在6个月内将原有办公用房腾退移交机关事务管理部门。

**第二十三条** 建立健全政府向社会购买物业服务机制,逐步实现办公用房物业服务社会化、专业化,具备条件的逐步推进统一物业管理服务。

机关事务管理部门应当会同有关部门,按照经济、适度的原则,制定本级党政机关办公用房物业服务内容、服务标准和费用定额。

**第二十四条** 鼓励有条件的地区探索试行办公用房租金制,逐步推进办公用房经费预算管理和实物资产管理相结合。

## 第五章 维修管理

**第二十五条** 党政机关办公用房维修包括日常维修和大中

修。中央和国家机关办公用房维修标准由归口的机关事务管理部门、财政部会同住房和城乡建设部制定,地方各级党政机关办公用房维修标准由各省、自治区、直辖市结合实际制定,并建立标准动态调整机制。

**第二十六条** 使用单位负责办公用房的日常检查和维修,所需资金通过部门预算安排。

**第二十七条** 党政机关办公用房因使用时间较长、设施设备老化、功能不全、存在安全隐患等原因需要大中修的,使用单位向机关事务管理部门提出申请;机关事务管理部门结合办公用房建筑年代、历史维修记录、老化损坏程度、单位建筑面积能耗水平和使用单位的实际需求,统筹安排办公用房大中修项目,报财政部门审核安排预算。

办公用房大中修项目应当严格按照规定履行审批程序,未经审批的项目,不得安排预算。中央和国家机关本级办公用房大中修项目,由归口的机关事务管理部门审批。中央和国家机关所属垂直管理机构、派出机构和参照公务员法管理的事业单位办公用房大中修项目,机关事务管理部门委托行政主管部门审批,其中厅(局)级及以上单位办公用房大中修项目审批情况应当报归口的机关事务管理部门备案。地方各级党政机关办公用房大中修项目的审批程序,由各省、自治区、直辖市规定。

## 第六章 处置利用管理

**第二十八条** 党政机关办公用房有下列情形之一闲置的,可以按照有关规定采取调剂使用、转换用途、置换、出租、拍卖、拆除等方式及时处置利用:

(一)同级党政机关办公用房总量满足使用需求,仍有余量的；

（二）因地理位置、周边环境、房屋结构等原因，不适合继续作为办公用房使用的；

（三）因城乡规划调整等需要拆迁的；

（四）经专业机构鉴定属于危房，且无加固改造价值的；

（五）其他原因导致办公用房闲置的。

处置利用党政机关办公用房涉及权属、用途等变更的，应当依法办理相关手续。

第二十九条 同一区域内闲置办公用房具备条件的，应当加强跨系统、跨层级调剂使用。

中央和国家机关所属垂直管理机构、派出机构之间调剂使用的，由行政主管部门审核提出意见，经归口的机关事务管理部门批准后实施，调剂使用情况报财政部备案。

中央和国家机关所属垂直管理机构、派出机构与地方各级党政机关之间调剂使用的，由行政主管部门会同有关地方人民政府审核提出意见，经归口的机关事务管理部门会同财政部批准后实施。

地方同级或者上下级党政机关之间，以及地方各级党政机关所属垂直管理机构、派出机构之间调剂使用的，参照前两款规定办理。

第三十条 具备条件的，机关事务管理部门可以商有关部门将闲置办公用房转为便民服务、社区活动等公益场所，或者按照有关规定置换为其他符合国家政策和需要的资产。

机关事务管理部门可以通过公共资源交易平台统一招租，租金收益按照非税收入有关规定管理。党政机关如有需要，应当及时收回出租的办公用房，统筹调剂使用。使用单位不得擅自出租办公用房。

第三十一条　闲置办公用房无法通过调剂使用、转换用途、置换、出租等方式处置利用的，机关事务管理部门报财政部门批准后，可以通过公共资源交易平台依法公开拍卖，拍卖收益按照非税收入有关规定管理。

## 第七章　监督问责

第三十二条　党政机关办公用房使用单位应当建立本单位内部使用管理制度，加强监督检查和责任追究，及时发现和纠正违规问题。

党政机关办公用房有关管理部门应当根据职责分工，加强办公用房监管，严格履行相关管理程序，对使用单位的办公用房违规管理使用问题及时按照规定移交有关部门和单位查处。

纪检监察机关应当及时受理群众举报和有关部门移送的办公用房管理案件线索，严肃查处违规违纪问题。

第三十三条　建立健全党政机关办公用房巡检考核制度。

县级以上机关事务管理、发展改革、财政部门会同有关部门，定期对本级党政机关（含所属垂直管理机构、派出机构）办公用房使用情况以及下级党政机关办公用房管理情况进行专项联合巡检，及时发现和纠正违规问题。

办公用房专项巡检应当与党风廉政建设责任制检查考核、政府绩效考核以及党政领导班子和领导干部年度考核相结合，巡检考核结果作为干部管理监督、选拔任用的依据。

第三十四条　建立健全党政机关办公用房管理信息公开制度。除依照法律法规和有关要求需要保密的内容和事项外，办公用房建设、使用、维修、处置利用、运行费用支出等情况，应当在政府门户网站等公共平台定期公开，主动接受社会监督。

**第三十五条** 建立健全党政机关办公用房管理责任追究制度,对有令不行、有禁不止的,依照有关规定严肃追究相关人员责任。

管理部门有下列情形之一的,依纪依法追究相关人员责任:

(一)违规审批项目或者安排投资计划、预算的;

(二)不按照规定履行调剂、置换、租用、建设等审批程序的;

(三)为使用单位超标准配置办公用房的;

(四)不按照规定处置办公用房的;

(五)办公用房管理信息统计报送中瞒报、漏报的;

(六)对发现的违规问题不及时处理的;

(七)有其他违反办公用房管理规定情形的。

使用单位有下列情形之一的,依纪依法追究相关人员责任:

(一)擅自将办公用房权属登记至本单位或者所属单位名下,或者不配合办理权属登记的;

(二)未经批准建设或者大中修办公用房的;

(三)不按规定腾退移交办公用房的;

(四)未经批准租用、借用办公用房的;

(五)擅自改变办公用房使用功能或者处置办公用房的;

(六)擅自安排企事业单位、社会组织等使用机关办公用房的;

(七)为工作人员超标准配备办公用房,或者未经批准配备两处以上办公用房的;

(八)有其他违反办公用房管理规定情形的。

## 第八章 附 则

**第三十六条** 党政机关本级的技术业务用房以及机关办公

区内的技术业务用房,权属统一登记至本级机关事务管理部门名下,从严控制使用范围和用途,原则上不得调整用作办公用房。

党政机关本级的技术业务用房建设项目以及机关办公区内的技术业务用房建设项目,应当严格按规定履行审批程序,项目申报前由机关事务管理部门出具土地、人防等审查意见。

住房和城乡建设部会同国家发展改革委、有关业务主管部门,制定和完善各类技术业务用房建设标准,合理区分办公用房和技术业务用房。

**第三十七条** 各省、自治区、直辖市以及中央和国家机关各部门,应当根据本办法,结合实际制定具体管理办法。

**第三十八条** 各民主党派机关办公用房管理适用本办法。

不参照公务员法管理的事业单位办公用房管理办法,另行制定。

**第三十九条** 本办法由国家机关事务管理局、中共中央直属机关事务管理局、国家发展改革委和财政部负责解释。

**第四十条** 本办法自2017年12月5日起施行。其他有关党政机关办公用房管理的规定,凡与本办法不一致的,按照本办法执行。

附录五

# 党政机关公务用车管理办法

## 第一章 总 则

**第一条** 为了进一步规范党政机关公务用车管理,有效保障公务活动,促进党风廉政建设和节约型机关建设,根据《党政机关厉行节约反对浪费条例》《机关事务管理条例》等有关规定,制定本办法。

**第二条** 本办法适用于党的机关、人大机关、行政机关、政协机关、监察机关、审判机关、检察机关,以及工会、共青团、妇联等人民团体和参照公务员法管理的事业单位。

**第三条** 本办法所称公务用车,是指党政机关配备的用于定向保障公务活动的机动车辆,包括机要通信用车、应急保障用车、执法执勤用车、特种专业技术用车以及其他按照规定配备的公务用车。

机要通信用车是指用于传递、运送机要文件和涉密载体的机动车辆。

应急保障用车是指用于处理突发事件、抢险救灾或者其他紧急公务的机动车辆。

执法执勤用车是指中央批准的执法执勤部门(系统)用于一线执法执勤公务的机动车辆。

特种专业技术用车是指固定搭载专业技术设备、用于执行特殊工作任务的机动车辆。

**第四条** 党政机关公务用车管理遵循统一管理、定向保障、经济适用、节能环保的原则。

**第五条** 党政机关公务用车实行统一制度规范、分级分类管理。党政机关公务用车主管部门负责本级党政机关公务用车管理工作,根据职责实行统一编制、统一标准、统一购置经费、统一采购配备管理;指导监督下级党政机关公务用车管理工作。

## 第二章 编制和标准管理

**第六条** 党政机关公务用车实行编制管理。车辆编制根据机构设置、人员编制和工作需要等因素确定。

机要通信用车、应急保障用车和其他按照规定配备的公务用车编制由公务用车主管部门会同有关部门确定。

执法执勤用车、特种专业技术用车编制由财政部门会同有关部门确定,并送公务用车主管部门备案。

**第七条** 党政机关配备公务用车应当严格执行以下标准:

(一)机要通信用车配备价格12万元以内、排气量1.6升(含)以下的轿车或者其他小型客车。

(二)应急保障用车和其他按照规定配备的公务用车配备价格18万元以内、排气量1.8升(含)以下的轿车或者其他小型客车。确因情况特殊,可以适当配备价格25万元以内、排气量3.0升(含)以下的其他小型客车、中型客车或者价格45万元以内的大型客车。

(三)执法执勤用车配备价格12万元以内、排气量1.6升(含)以下的轿车或者其他小型客车,因工作需要可以配备价格18万元以内、排气量1.8升(含)以下的轿车或者其他小型客车。确因情况特殊,可以适当配备价格25万元以内、排气量3.0升(含)

以下的其他小型客车、中型客车或者价格45万元以内的大型客车。

（四）特种专业技术用车配备标准由有关部门会同财政部门按照保障工作需要、厉行节约的原则确定。

公务用车配备新能源轿车的，价格不得超过18万元。

上述配备标准应当根据公务保障需要、汽车行业技术发展、市场价格变化等因素适时调整。

第八条　严格控制执法执勤用车的配备范围、编制和标准。执法执勤用车配备应当严格限定在一线执法执勤岗位。

## 第三章　配备和经费管理

第九条　公务用车主管部门根据公务用车配备更新标准和现状，编制年度公务用车配备更新计划。

第十条　财政部门根据年度公务用车配备更新计划，按照预算管理有关规定统筹安排购置经费，列入公务用车主管部门预算。

第十一条　财政部门会同公务用车主管部门制定公务用车运行费用定额标准，统筹安排公务用车运行费用，列入党政机关部门预算。

第十二条　公务用车主管部门按照政府采购法律法规和国家有关政策规定，统一组织实施公务用车集中采购。

第十三条　党政机关应当配备使用国产汽车，带头使用新能源汽车，按照规定逐步扩大新能源汽车配备比例。

第十四条　地方各级党政机关确因工作需要超出规定标准配备公务用车的，必须报省级公务用车主管部门批准。

党政机关原则上不配备越野车。确因工作需要，按照程序报批后,可以适当配备国产越野车。越野车不得作为领导干部固定用车。

第十五条　除涉及国家安全、侦查办案等有保密要求的特殊工作用车外,党政机关公务用车产权注册登记所有人应当为本机关法人,不得将公务用车登记在下属单位、企业或者个人名下。

## 第四章　使用和处置管理

第十六条　党政机关应当加强公务用车使用管理,严格按照规定使用公务用车,严禁公车私用、私车公养,不得既领取公务交通补贴又违规使用公务用车。

第十七条　党政机关应当推进公务用车服务平台建设。各地区应当结合实际,将各类公务用车纳入平台集中管理,采用信息化手段统筹调度、高效使用,鼓励通过社会化专业机构提高平台管理运行效率。

第十八条　党政机关应当推进公务用车标识化管理。除涉及国家安全、侦查办案和其他有保密要求的特殊工作用车外,公务用车应当统一标识。

第十九条　党政机关应当建立公务用车管理台账,加强相关证照档案的保存和管理。

各省、自治区、直辖市以及中央和国家机关公务用车主管部门应当建立统一的公务用车管理信息系统,提高公务用车配备使用管理信息化水平。

第二十条　党政机关应当建立健全公务用车使用管理制度,严格执行,加强监督,降低运行成本。

严格公务用车使用时间、事由、地点、里程、油耗、费用等信息登记和公示制度。严格执行回单位或者其他指定地点停放制度,节假日期间除工作需要外应当封存停驶。

实行公务用车保险、维修、加油政府集中采购和定点保险、定点维修、定点加油制度,健全公务用车油耗、运行费用单车核算和年度绩效评价制度。

第二十一条  党政机关应当减少公务用车长途行驶,工作人员到外地办理公务,除特殊情况外,应当乘用公共交通工具。外事接待、会议和集体活动用车主要通过社会租赁方式解决。

第二十二条  公务用车使用年限超过8年的可以更新;达到更新年限仍能继续使用的,应当继续使用。因安全等原因确需提前更新的,应当严格履行审批手续。

公务用车按照规定更新后,可以采取拍卖、厂家回收、报废等方式规范处置旧车。处置收入按照非税收入有关规定管理。

## 第五章  监督问责

第二十三条  党政机关应当建立公务用车配备更新和使用情况统计报告制度。各省、自治区、直辖市公务用车主管部门负责统计汇总本地区公务用车配备更新和使用情况。国家机关事务管理局、中共中央直属机关事务管理局负责统计汇总中央和国家机关公务用车配备更新和使用情况。

第二十四条  党政机关应当严格执行公务用车配备使用管理各项规定,将公务用车配备更新、使用、处置和经费预算执行等情况纳入内部审计、政务公开和政务诚信建设范围,接受社会监督。

公务用车主管部门应当加强对党政机关公务用车配备更新、使用、处置等情况的监督检查,定期通报或者公示相关情况。

财政、审计部门应当加强对公务用车经费预算管理使用情况的监督检查,依法处理、督促整改违规问题,并将涉嫌违纪违法问题移送有关部门查处。

公安交通管理部门应当定期与公务用车主管部门交换公务用车注册登记信息、使用状态等情况。

纪检监察机关应当及时受理群众举报和有关部门移送的公务用车管理问题线索,严肃查处违纪违法问题。

**第二十五条** 公务用车主管部门有下列情形之一的,依纪依法追究相关人员责任:

(一)违规核定公务用车编制的;

(二)违规审批超编制、超标准配备公务用车的;

(三)违规审批未到年限更新公务用车的;

(四)违规安排公务用车经费预算的;

(五)有其他未按规定履行管理监督职责行为的。

**第二十六条** 党政机关有下列情形之一的,依纪依法追究相关人员责任:

(一)超编制、超标准配备公务用车的;

(二)违反规定将公务用车登记在下属单位、企业或者个人名下的;

(三)公车私用、私车公养,或者既领取公务交通补贴又违规使用公务用车的;

(四)换用、借用、占用下属单位或者其他单位和个人的车辆,或者擅自接受企事业单位和个人赠送车辆的;

(五)挪用或者固定给个人使用执法执勤、机要通信等公务用车的;

(六)为公务用车增加高档配置或者豪华内饰的;

(七)在车辆维修等费用中虚列名目或者夹带其他费用,为非本单位车辆报销运行维护费用的;

（八）违规处置公务用车的；

（九）有其他违反公务用车配备使用管理规定行为的。

## 第六章　附　　则

第二十七条　本办法所称小型客车、中型客车、大型客车等，依据中华人民共和国公共安全行业标准GA802—2014《机动车类型 术语和定义》界定。

第二十八条　各省、自治区、直辖市以及中央和国家机关各部门，应当根据本办法，结合实际制定具体管理办法。

第二十九条　中央和国家机关所属垂直管理机构、派出机构公务用车由行政主管部门依照本办法进行管理。

各民主党派机关公务用车管理适用本办法。

不参照公务员法管理的事业单位公务用车，按照本办法的原则管理。

第三十条　本办法由国家机关事务管理局、中共中央直属机关事务管理局会同有关部门负责解释。

第三十一条　本办法自2017年12月5日起施行。中共中央办公厅、国务院办公厅2011年1月6日印发的《党政机关公务用车配备使用管理办法》同时废止。

附录六

# 关于推进新时代机关事务工作的指导意见

各省、自治区、直辖市和新疆生产建设兵团机关事务管理部门,中央国家机关各部门、各单位:

党的十九大作出了中国特色社会主义进入了新时代、我国社会主要矛盾已经转化为人民日益增长的美好生活需要和不平衡不充分的发展之间的矛盾等重大政治论断,确立了习近平新时代中国特色社会主义思想的历史地位,提出了新时代坚持和发展中国特色社会主义的基本方略,确定了决胜全面建成小康社会、开启全面建设社会主义现代化国家新征程的目标。机关事务管理部门必须全面贯彻党的十九大精神,以习近平新时代中国特色社会主义思想为指导,坚持新发展理念,落实高质量发展要求,深化体制机制改革,提升保障和管理效能,推进节约型机关建设,在推进国家治理体系和治理能力现代化中发挥应有作用。

一、坚持和加强党的全面领导

党的十九大报告强调"坚持党对一切工作的领导"。机关事务工作为党和国家中心工作服务,必须始终坚持和加强党的全面领导,建设牢固树立和践行"四个意识"的政治机关,坚决落实党中央、国务院决策部署的行政机关,为党政机关规范高效运行提供有力保障的服务机关。

(一)加强政治建设。深入贯彻习近平新时代中国特色社会主义思想和党的十九大精神,强化"四个意识",坚定"四个自信",

提高政治站位,坚决维护习近平总书记党中央的核心、全党的核心地位,坚决维护党中央权威和集中统一领导,坚决在思想上政治上行动上同以习近平同志为核心的党中央保持高度一致。严格执行党的全面领导的制度安排,认真落实党中央、国务院各项决策部署,及时向上级党组织请示和报告机关事务工作中的重大问题、重要事项和重要情况,确保坚定正确的政治方向。

(二)落实全面从严治党要求。切实发挥机关事务工作在推动全面从严治党向纵深发展中的职能作用,围绕贯彻落实中央八项规定及其实施细则精神,完善配套制度,细化落实举措,强化督查问效,持续抓好中央交办的重点改革和专项任务。压实党风廉政建设主体责任和监督责任,强化对权力运行制约和监督,防范经费管理、资产管理、工程建设、政府采购、国内公务接待等领域的廉政风险,持之以恒正风肃纪,确保全面从严治党要求落到实处。

**二、推进机关事务管理体制改革**

机关事务工作是国家治理体系的重要组成部分,要在优化体制机制中完善治理体系,在履职尽责中提升治理能力,在改革创新中展现新形象、干出新作为、开创新局面。

(三)健全机关事务法治体系。坚持治理法治化,推进机构、职能、权限、程序、责任法定化,用法治思维谋划机关事务工作,用法治方式推动机关事务工作。抓好《党政机关厉行节约反对浪费条例》《机关事务管理条例》《公共机构节能条例》等法规的贯彻实施,完善配套规章制度。加强顶层设计和制度安排,深入总结机关事务工作发展规律,推动研究制定全面规范机关运行保障的基础性法律。

(四)优化机构设置和职能配置。贯彻落实党的十九大和十九届三中全会关于深化机构和行政体制改革精神要求,坚持优化协同高效,一类事项原则上由一个部门统筹、一件事情原则上由一个部门负责,配合有关职能部门,探索推动省市县管理机关事务工作的部门合并设立或合署办公,整合优化力量和资源,发挥保障和管理效能。依法依规履行办公用房、公务用车等国有资产管理及公共机构节能、后勤服务管理等职责,做好机关运行经费、国内公务接待管理、政府采购、重要会议和重大活动保障等工作。

(五)加强工作指导和政策研究。系统推进机关事务管理体制改革,着力集中统一管理,统筹发展规划、政策制度和标准规范,提高资产配置使用效益,促进保障均衡统一,降低机关运行成本。综合运用规划、政策、制度和标准,总结推广经验做法、开展考核评价、进行监督检查等方式,加强对本级机关事务工作的管理和下级机关事务工作的指导。大兴调查研究之风,针对机关事务领域基础性和前瞻性问题,加强调研指导,形成针对性、适用性、操作性强的调研成果。

### 三、为党政机关规范高效运行提供有力保障

聚焦主责主业,抓住重点难点,强化责任担当,务必求真务实,根据经济社会发展水平和事业发展需要,按照相关法律法规制度规定,配置党政机关运行所需的各类资源,为机关规范高效运行、公务人员履职服务提供有力保障。

(六)规范机关运行经费使用。配合财政部门设立机关运行经费功能分类科目,完善相关会计制度,建立健全机关运行所需实物定额和服务标准,制定机关运行有关开支标准。严格执行政府采购法及其实施条例,认真履行采购人主体责任,依法确定采购需求,规范组织开展采购,积极落实政策功能,提高机关运行经费使用效益。协调督促各部门公开预算、决算中机关运行经费的

安排和使用情况，接受社会监督。改进和优化机关运行成本调查统计制度，细化统计指标，扩大统计范围，深化统计分析，加强统计成果应用。

（七）加强国有资产管理。推动完善机关国有资产管理体制，实行分级分类管理，提高资产使用效益。严格执行通用资产配置标准，建立资产调剂平台，规范资产处置和划转审核，发挥资产处置平台作用，完善资产配置计划管理、实物资产盘点、责任追究等制度。贯彻落实《党政机关办公用房管理办法》，科学规划办公用房空间布局，统筹配置办公用房资源，优化办公用房使用功能，严格规范办公用房使用行为，多种方式盘活利用闲置办公用房。贯彻落实《党政机关公务用车管理办法》，巩固拓展公务用车制度改革成果，分类管理保留公务用车，推进公务用车平台建设，严格执行公务用车编制和配备标准，加强公务用车使用和处置管理。

（八）推进服务方式变革。实行机关集中办公的，由机关事务管理部门统一组织提供机关运行所需服务，相关经费列入机关事务管理部门预算；机关分散办公的，探索委托机关事务管理部门负责组织提供机关运行所需服务的方式。落实政府向社会力量购买服务的有关要求，加快管办分离，凡不涉密、适合社会力量承担的机关运行所需服务，原则上通过购买方式提供。推动服务资源共用共享，鼓励一定区域内的党政机关之间、党政机关与社会公众共享服务资源，实现经济效益与社会效益的统一。

（九）坚持厉行节约反对浪费。贯彻落实中央八项规定及其实施细则精神和《党政机关厉行节约反对浪费条例》《党政机关国内公务接待管理规定》等法规，执守简朴、力戒浮华，节约集约使用经费、资产和能源资源，发挥党政机关在全社会的示范表率作用。加强国内公务接待管理，落实公务接待审批、接待清单等制度，严格执行国内公务接待标准，杜绝公务接待中的浪费现象。

以创建节约型机关为引领,深化拓展公共机构节约能源资源工作,加快推进能耗定额管理,持续推进节约型公共机构示范单位创建工作。

**四、推动机关事务工作高质量发展**

落实高质量发展要求,建立推动机关事务工作高质量发展的指标体系、标准体系、统计制度、评价办法等,实现更高质量、更有效率、更加公平、更可持续的保障。

(十)推进标准化建设。注重运用标准化理念和方法,梳理机关事务领域标准现状和需求,构建涵盖机关运行经费、资产、服务管理和能源资源消费等方面的标准体系,发挥标准在机关事务工作中的规范、调节、约束和控制功能。推进分项标准制修订工作,分层分级制修订务实管用的机关事务标准。加强与标准化行政主管部门、专业机构和科研单位的合作,推动内部标准申请立项为国家标准和地方标准,促进机关事务领域标准层级提升。

(十一)推行精细化管理。实施管理流程再造,分解管理环节,细化目标任务,做到精准规范、简捷高效。聚焦机关运行的重点领域、关键环节,采取精准举措,提供有效保障,提高管理效率。落实"放管服"改革要求,针对行政许可、公共服务事项等制定管理细则,明确工作内容、办事流程、办理时限、评价反馈等,实施全过程、全方位精细化管理。针对餐饮、物业、会务等服务领域的合理需求,细化服务规范,优化服务体验。

(十二)提升信息化水平。增强运用互联网、大数据、云计算、人工智能等新技术能力,推进"互联网+"深度融入机关事务工作,理顺优化职责体系和业务流程。积极搭建机关事务管理与服务平台,推进办公用房、公务用车、公共机构节能、资产和服务等管理信息系统建设,提升信息化水平,打造智慧机关事务。推进数据共享平台建设,促进机关事务信息系统跨层级、跨部门、跨业务互联互通,推动协同保障服务管理,加强信息安全保护,实现资源统筹、服务共享、监管到位。

(十三)实施绩效化评价。强化成本效益意识,围绕职责履行、目标实现、运行机制等,对机关事务工作实施绩效评价,以机关事务效能提升促进政府效能提升。结合机关事务工作特点,会同有关职能部门设计科学合理的评价指标体系,制定简便易行的评价标准和评价方法,在机关运行经费、国有资产管理、公共机构节能等领域率先实施,逐步向其他业务领域拓展。探索绩效评价中引入第三方专业机构。具备条件的地区,要积极推动把机关事务工作纳入地方政府绩效考核指标体系。

## 五、增强干部职工队伍能力素质

习近平总书记在党的十九大报告中要求"既要政治过硬,也要本领高强"。要把增强本领摆在更加突出的位置,强化能力素质提升,打造政治过硬、作风优良、本领高强的工作队伍,为新时代机关事务工作提供人才智力支撑。

(十四)强化工作责任和担当。深刻认识机关事务工作保障党政机关规范高效运行的重要作用,牢记使命担当,认真履职尽责。传承机关事务系统的好传统、好作风,敢于面对机关事务工作改革创新发展中的重点难点问题,以强烈的责任感和使命感推动工作落实,坚决完成好党中央、国务院交办的重点改革和专项任务。大力弘扬劳模精神和工匠精神,增强干部职工对机关事务工作职业理念、职业责任和职业使命的认同,强化责任意识,展现担当精神。

(十五)优化培养机制和环境。完善人才选用、培养、管理、评价等机制,健全人才激励机制,构建有效的容错纠错机制,调动干部职工工作积极性、主动性，营造良好发展环境。统筹开展机关事务系统教育培训，完善贯穿职业生涯发展全过程的多层次、多渠道人才培训体系，实施精准培训，针对干部职工存在的能力弱项、本领短板，开展政策理论培训、职业技能培训、服务管理培训。推进机关事务管理学科建设，探索在高等院校设置机关事务管理学科和专业方向。

（十六）锤炼专业本领和能力。注重培养干部职工的专业思维、专业素养和专业能力，增强干部职工的学习创新、依法行政、狠抓落实、驾驭风险等本领，提升干部队伍适应新时代中国特色社会主义事业发展要求的能力。抓住承担专项任务的契机，引导干部职工以干促学，丰富专业知识，提升专业水准，展示专业形象。充实服务经营、财务资产、工程建设、信息技术等专业的高层次人才，培养物业管理、餐饮服务、会议服务等方面的高技能服务人才，建设一支懂管理、懂业务、懂技术的人才队伍。

国家机关事务管理局

2018年5月10日

附录七

# 中央国家机关后勤服务指南

## 1 范围

本指南规定中央国家机关办公设备维修保养服务、物业服务（含房屋养护维护、公用设施设备维护、保洁、绿化等服务项目）、安全保卫服务、印刷服务、餐饮服务、其他服务（含保留公务车辆维护保养服务/车辆保险、会议服务等服务项目）等纳入政府购买服务指导性目录的后勤服务项目的服务组织、服务人员、服务内容、服务要求和应急响应。

## 2 指南性引用文件

下列文件对于本文件的应用是必不可少的。凡是注日期的引用文件，仅所注日期的版本适用于本文件；凡是不注日期的引用文件，其最新版本（包括所有的修改单）适用于本文件。

国务院第621号令 机关事务管理条例

财资〔2016〕27号 中央行政单位通用办公设备家具配置标准

中办发〔2017〕70号 党政机关办公用房管理办法

发改投资〔2014〕2674号 党政机关办公用房建设标准

国管房地〔2010〕570号 中央国家机关办公用房大中修项目及经费管理暂行办法

京公内保字〔2013〕1518号 在京党政机关内部治安保卫工作规定

国务院第 421 号令 企业事业单位内部治安保卫条例
GB/T 9704—2012 党政机关公文格式
国务院第 315 号令 印刷业管理条例
中办发〔2017〕71 号 党政机关公务用车管理办法

## 3 服务组织

### 3.1 基本要求

后勤服务组织是指中央国家机关各部门的机关事务管理机构(以下简称机关事务管理机构),受机关委托,组织提供或购买机关后勤服务并从事相关监督和管理工作。

机关事务管理机构对机关后勤服务承接方(以下简称服务承接方)的监督和管理应遵照后勤服务合同,坚持保障公务、厉行节约、务实高效的原则,并符合国家法律法规的要求,确保机关能享受到良好服务。

### 3.2 服务承接方管理

#### 3.2.1 服务承接方选择

针对专业服务,机关事务管理机构应聘请相关专业的服务承接方提供,如一般及特种设备的维保厂家等。机关事务管理机构原则上应选择依法成立、具有独立企业法人并具备专业资质的服务承接方。例如:印刷服务相关的服务承接方应具有相应的印刷企业资质;餐饮服务相关的服务承接方应具有餐饮服务相应的营业执照、食品经营许可证等。

#### 3.2.2 服务承接方培训

应对服务人员进行保密安全和岗位培训,确保服务人员具备专业资格。例如:印制涉密资料的印刷服务人员应通过国家相关部门的涉密人员资格审查,不得发生失泄密事件;餐饮服务人员应持有健康合格证及卫生培训合格证,个人卫生健康应符合"四勤"(勤洗手剪指甲、勤洗澡理发、勤洗衣服被褥、勤换工作服)等要求,仪容仪表、言行举止应符合餐饮行业行为指南。

若机关明确要求对服务人员进行政审,应通过适当方式和途径落实,政审结果要向机关或机关事务管理机构报备。

3.2.3 服务保障

应根据实际情况为服务承接方提供以下设备设施,并确保齐全:

——供电设备监控维护必要的工具间或场所;

——弱电设备保管空间、温度、湿度等应符合设备保管要求;

——锅炉设备运行维护的司炉工人的身安全防护设备和措施;

——保洁服务、绿化服务相关的设备及必要的工具间或场所;

——根据安保岗位职责和安全需要配备防刺服、钢盔、警棍、防暴钢叉等防护装备和阻车钉、防暴翻板挡车器等防暴安全装置;

——视频监控、周界报警等技防设施;

——与餐饮服务中生产加工的食品品种、数量相适应的原料处理和食品加工、贮存场所,以及与生产加工的食品品种、数量相适应的生产设备设施,并布局合理;

——餐饮服务食品检验化验室或农药残留快速检测设备;

——印刷服务和会议室相关设备设施。

应根据实际情况为服务承接方工作人员提供必要的休息室或场所。

3.3 制度建设

应在提供后勤服务的同时,建立与服务内容相适应的管理体系并形成文件,具体包括但不限于以下制度:

——按照《中央行政单位通用办公设备家具配置标准》规定，建立并落实办公设备家具登记、使用和处置等管理制度；

——建立房屋使用和安全状况定期检查制度，确保正常使用和完好等级；

——制定供水管理、给排水系统维保和节约用水制度、应急处置预案并认真落实，保证给排水系统安全运行和正常使用；

——建立电梯运行管理、设备维护、安全管理等制度和运行管理档案、应急处置预案，确保安全运行和正常使用；

——建立空调系统运行管理制度、安全操作规程和应急处置预案，确保安全运行和正常使用；

——严格执行消防法规，建立消防安全检查和隐患整改记录、消防设备设施档案和维护记录等消防安全管理制度，通过消防部门的消防年检并取得年检合格证，做好消防管理工作，确保整个系统处于良好状态；

——建立配送电运行、电气维修、配电房管理等制度和各项设备档案，制定突发事件应急处置程序和临时用电管理措施，确保安全、节约用电；

——建立弱电系统、弱电设备运行管理和日常巡检维护制度，确保弱电设备和信号线路正常运行；

——建立锅炉设备/热力站运行管理制度、操作规程、设备维保制度和应急处置预案，确保锅炉设备/热力站安全经济运行和办公区正常供暖；

——建立办公用房区域和公共场地区域的保洁服务工作制度并认真落实，确保办公环境卫生、舒适、优美；

——建立绿化服务工作制度并认真落实，确保室外绿地设施及硬质景观完好无损；

——建立传达、车辆及公共秩序管理等安全生产制度和安全

预防及突发事件应急处置预案,确保正常工作秩序和办公区域安全;

——建立印刷服务管理、保密安全等制度;

——建立严格的餐饮服务管理制度、操作规程、食品安全管理制度及应急处置预案;

——建立食品原材料采购、验收、领用、成本核算等管理制度;

——建立会议室管理制度,制定会议服务规程;

——建立保密安全管理制度,明确重点要害岗位保密职责及对相关人员的保密要求,从制度层面防范失泄密风险;

——建立垃圾强制分类管理制度;

——建立健全公共机构节能减排日常管理制度,认真落实节能减排考核和整改要求,切实发挥公共机构节能减排示范作用。

**4 服务人员**

服务人员应根据岗位需要,接受保密教育并签订保密协议。

服务人员应接受岗位培训,并具备以下与服务内容相关的资质资格:

——房屋养护维修和环境卫生相关的高空作业人员应持证上岗;

——给排水设备运行维护相关的专业检修人员应持证上岗;

——电梯运行维护相关的专业检修维保人员和年检人员应持证上岗;

——空调系统运行维护相关的专业检修维保人员应持证上岗;

——消防中控室值守人员应具备相关资质;

——供电设备监控维护和会议服务相关的供电和维修人员

应持证上岗；

——弱电运行和维修人员应持证上岗；

——锅炉运行和专业维修人员应持证上岗。

## 5 服务内容

服务内容包括：

——办公设备维修保养；

——物业服务（含房屋养护维护、公用设施设备维护、保洁、绿化等服务项目）；

——安全保卫服务；

——印刷服务；

——餐饮服务；

——其他服务（主要是保留公务车辆维护保养服务/车辆保险、会议服务）。

注：本标准所称零修、小修等维保服务，是指为保障办公区房屋及其设备功能正常使用，对小损、小坏进行及时修复的养护性修缮项目，主要包括室内外地面、墙面、甬路、散水及顶棚的小修、小补，室内外给排水系统小修、局部换管与管道疏通，门窗检修、添换窗纱、玻璃，卫生与空调设备小修、小配件更换，室内外供电设备设施小修等。

## 6 服务要求

### 6.1 办公设备维修保养

应按照行业标准或通行做法进行日常养护，及时完成零修任务，零修合格率应达到100%。

在售后维保期内，应及时联系厂家或售后维保人员进行维保。

接触涉密载体的服务人员应遵守机关保密规定,不得泄露涉密内容及相关信息;涉密载体维保环境应符合保密安全要求,不得发生失泄密事件。

注:本条包含机关办公用的通用办公设备、家具维修和日常维护养护服务。

6.2 物业服务

6.2.1 房屋养护维护

注:本条包含办公区房屋建筑部件、附属构筑物和外墙等日常保养维护。

6.2.1.1 房屋结构

应每年至少安全普查1次房屋及设施设备,根据普查结果制定维修计划,并组织实施。

应定期巡视梁、板、柱等结构构件,发现外观有变形、开裂等现象,应采取必要防护措施,并及时进行合理修缮,必要时应建议及时进行房屋安全鉴定。

6.2.1.2 建筑部件

——定期检查外墙贴饰面或雨篷、空调室外机的支撑构件等;

——定期巡查共用部位的门、窗、玻璃、楼梯、通风道等;

——定期检查共用部位的室内地面、墙面、天棚和室外屋面等;

——每年汛前和强降雨后检查屋面防水和雨落管等。

6.2.1.3 附属构筑物

——定期巡查大门、围墙、道路、场地、管井、沟渠、景观、化粪池等;

——定期检查雨、污水管井等;

——每年至少检测1次防雷装置。

#### 6.2.1.4 日常运行

日常维修应在约定时间内完成,并做好报修、维修和回访记录。

一般维修应在 24 小时内完成;零修任务应及时完成,零修合格率应达到 100%;如大中修以上的,要报告房屋使用单位。

面积以房屋建筑面积(包括办公室、服务用房、设备用房和附属用房及附属建筑物等)计算,小于 1 m² 实行四舍五入,下同。

### 6.2.2 公用设施设备维护

#### 6.2.2.1 给排水设备运行维护

应定期清洗消毒蓄水池、供水管路及设备设施,水质应符合国家标准。

应确保设备、阀门、管道运行正常,无跑冒滴漏现象,零修合格率应达到 100%。

应定期对排水管、化粪池、隔油池进行疏通、清污,保证室内外排水系统通畅。

应在 24 小时内完成零修、小修,一般在 2 周内完成中修,并做好检修维护记录。

注:本条包含办公区给排水系统设备设施日常运行和使用管理维护。

#### 6.2.2.2 电梯运行维护

应严格执行国家有关电梯管理规定和安全规程进行维保、年检等,做到电梯使用证、维保合同等完备,安全设备齐全有效,电梯通风、照明及其他附属设备设施完好。

应加强电梯和安全设备运行日常巡视,定期维保,保障运行设施完好,保持轿厢、井道、机房清洁。

应及时完成零修、小修和年检,并做好电梯和安全设备运行与检修维保记录。

属特种设备,在售后维保期内,应及时联系厂家或定点维保人员进行维保。

注:本条包含办公区电梯运行和机房设备、轿厢设备等日常运行管理维护。

6.2.2.3 暖通空调/空调系统运行维护

应定期(季节性)维保、清理,保证暖通空调/空调设备设施处于良好状态,零修合格率应达到100%。

制冷、供暖系统温度设定及启用时间应符合相关规定和节能要求。

应每年至少清洁1次分体式空调主机和室外机,检测添加制冷剂,巡查挂机和室外支架是否稳固。

应至少每2年清洗、消毒1次空调和通风管路系统。

应及时完成零修、小修,并做好检修维护记录。

在售后维保期内,应及时联系厂家或售后维保人员进行维保。

注:本条包含办公区空调系统运行及热泵、水泵、热交换器、管道系统和各类风口、自控系统等设备日常管理维护。

6.2.2.4 消防系统维护

消防设备维保质量应达到消防要求,并保证系统开通率及完好率。

应定期检查消防设备,重大节假日前巡检1次,零修合格率应达到100%。

注:本条包含办公区灭火器与自动报警系统、自动喷淋系统、安全疏散系统及红外线报警器等日常管理养护。

6.2.2.5 供电设备监控维护

应实行24小时配送电运行值班监控。一般故障应在8小时内修复;复杂故障涉及供电部门维修处置的,应及时与供电部门联系、向使用单位报告,零修合格率应达到100%。

应定期巡视维护供电范围内的电气设备,加强对低压配电柜、配电箱、控制柜及线路的重点检测,确保公共照明、指示灯具线路、开关保持完好和安全使用。

应在雷雨季节每半月巡查1次避雷设施,非雷雨季节每季度巡查1次,保持性能符合国家标准。

应及时完成零修、小修,并做好检修维护记录。

注:本条包含办公区供电系统、高低压电器设备、电气照明装置等运行与日常使用维护。

6.2.2.6 弱电设备运行维护

应定期巡检弱电设备和信号线路,及时排除运行安全隐患,并做好巡检维护记录,零修合格率应达到100%。

在售后维保期内,应及时联系厂家或售后维保人员进行维保。

注:本条包含办公区直流电路或音频、视频网络、电话等信号线路、弱电设备日常管理和维修养护。

6.2.2.7 锅炉设备/热力站运行维护

应定期巡检锅炉设备/热力站及其辅助设备,确保各类设备、仪器仪表、水管路线运行正常,及时排查和消除设备运行安全隐患和水管跑冒滴漏等问题。

应定期检测锅炉设备/热力站水质,确保水质合格、不腐蚀设备。

应实行24小时值班,及时快速排除运行故障,零修合格率应达到100%。

应做好锅炉设备/热力站停止运行期间的设备日常维护,清除设备及辅助设备上灰渍与锈迹,保持设备外表整洁和性能完好。

应做好锅炉设备/热力站运行的节能工作和巡检、维修等记录。

属特种设备,在售后维保期内,应及时联系厂家或定点维保人员进行维保。

注:本条包含办公区锅炉设备/热力站设备运行和辅助设备、水管线路等日常运行和检修维护。

6.2.3 保洁服务

6.2.3.1 办公用房区域

注:本条包含办公用房内大厅、楼梯、走廊、天台、电梯间、卫生间、公共活动场所等所有公共部位和楼宇外墙日常清洁保养。

6.2.3.1.1 大厅、楼内公共通道

——大厅地面保持干净、无水渍;

——定期养护大理石、花岗石等材质;

——进出口地垫整洁;

——公共通道的门框、窗框、窗台、金属件表面光亮、无尘、无污渍;

——门窗玻璃干净、无尘,透光性好;

——天花板无蛛网;

——灯具干净、无积尘;

——空调风口干净、无污迹;

——指示牌干净、无污渍,指示醒目。

6.2.3.1.2 楼梯及楼梯间

——梯步、扶手栏杆、防火门及闭门器表面干净、无尘、无污渍;

——防滑条(缝)干净;

——墙面、天花板无积尘、无蛛网。

6.2.3.1.3　开水间及清洁间

——地面干净、无杂物、无积水；

——天花板无蛛网；

——灯罩表面无积尘；

——墙面干净、无污渍；

——各种物品表面干净、无渍；

——清洁工具摆放整齐有序。

6.2.3.1.4　卫生间

——地面干净、无污渍、无积水；

——洁具洁净、无污渍；

——门窗、墙壁、隔断、玻璃、窗台表面干净、无污迹，金属饰件有金属光泽；

——天花板表面无蛛网；

——换气扇表面无积尘；

——洗手台干净、无污垢；

——保持空气流通、无明显异味。

6.2.3.1.5　电梯轿厢

——每日擦拭轿厢门、面板，清拖轿厢地面；

——轿厢内无污渍、无粘贴物；

——灯具、操作指示板明亮；

——厢内地面干净、无异味；

——电梯门槽内无垃圾、无杂物。

6.2.3.1.6　电器、消防等设备设施

——每周清洁配电箱、设备机房、消防栓、报警器及开关插座等；

——保证表面干净、无尘、无污迹；

——监控摄像头、门警系统等表面光亮、无尘、无斑点。

6.2.3.1.7　平台、屋顶

——定期清扫,雨季期间每半月清扫1次;

——定期巡查天台、内天井,有杂物及时清扫。

6.2.3.1.8　外墙

应定期清洗楼宇外墙,做到目视洁净、无污垢,确保表面、接缝、角落、边线等处洁净、无污迹、无积尘。

6.2.3.2　公共场地区域

本条包含办公区道路、停车场等公共场地以及"门前三包"区域的日常保洁、办公垃圾和餐余垃圾清运、化油池和化粪池清掏、除"四害"和卫生消毒等。

6.2.3.2.1　公共场地

——每日清扫道路地面,在雨、雪天气及时清扫道路积水、积雪,保持干净、无杂物、无积水、无污迹;

——沟渠、池、井内无杂物、无异味;

——各种路标、标志、宣传栏表面干净、无积尘、无水印;

——定期清洁室外照明及共用设施;

——定期清洁属高空作业范围的路灯、景观灯等,表面无污渍。

6.2.3.2.2　绿化带及景观

——每日清洁,绿地内无杂物;

——花台、雕塑、景观表面干净、无污渍;

——景观水质清澈、无异味、无漂浮物;

——建筑整洁、无涂污。

6.2.3.2.3　垃圾处理

——按指定位置摆放分类垃圾桶(箱);

——桶(箱)身表面干净、无污渍;

——地面无垃圾;

——垃圾中转房无明显异味；

——垃圾分类投放、分类收集、分类运输；

——垃圾袋装，日产日清。

6.2.3.2.4 卫生消毒

——定期预防性卫生消杀公共场所和周围环境；

——采取综合措施消灭老鼠、蟑螂，控制室内外蚊虫孳生，达到基本无鼠、无蟑螂和无蝇蚊虫；

——在化学防治中注重合理用药，不使用违禁药品。

6.2.4 绿化服务

应按期整形修剪草坪，春夏季每2个月1次，秋冬季每季1次。各类植株应配置合理，绿地充分，无裸露土地、无明显缺株。乔木修剪应科学合理，树冠完整美观；绿篱修剪应整齐有型，观赏面枝叶丰满。

应适时浇灌、施肥，防治病虫害，不应出现严重旱涝、植株营养缺失和病虫害现象。

绿地内应无杂草、无垃圾，无践踏破坏，无枯枝死树、无土壤疏松。

注1：本条包含办公区室外绿地上树木、花草等各类植株栽种配置和日常养护。

注2：面积按实有绿化面积计算。

6.3 安全保卫服务

注：本条包含办公区来人来访登记、检查、通报等工作，治安防范、财产安全、公共秩序管理及突发事件处置等，设备设施运行维护、道路交通车辆管理，以及重大节假日、特殊或重要时期、重大政治活动期间的安全保卫工作等。

6.3.1 门卫管理

——机关重要出入口24小时值班；

——对外来人员逐一验证、登记及必要安检,若发现疑点,应及时、认真询问,防止闲杂人员进入;

——配合机关信访、保卫部门积极疏导上访人员;

——对外来车辆逐一核对、登记,防止无准入许可的车辆进入;

——有效疏导进出车辆,保持出入畅通;

——对进出物品实施分类记录,对大宗物品应当审验,严防危险物品进入。

### 6.3.2 值班巡查

——落实 24 小时值班巡查制度,保证值班电话 24 小时畅通;

——根据机关保卫部门要求,合理安排巡查路线,确保重点部位全覆盖;

——发现违规行为应及时制止,发现异常情况应立即通知相关部门并在现场采取必要措施;

——收到监控中心指令后,巡查人员应及时到达指定地点并迅速采取相应措施;

——发现消火栓、安全警示标志等公共安全设备设施损坏、缺失或不能正常使用等情况,应及时报告、记录并及时安排维保人员进行处理。

### 6.3.3 监控值守

——监控设施应 24 小时正常运行,双人值守并合理安排值守时间,如有故障应及时排除,保证对安全出入口、内部重点区域的安全监控,并保持完整记录,监控资料按规定期限保留;

——在夜晚采取补光等措施,确保视频图像清晰,确保安全出入口和内部重点部位的视频监控无死角、无盲区;

——监控中心收到险情、火情等报警信号及其他异常情况的

信号后,应及时报警并安排其他安保人员携带处置装备及时赶到报警点进行现场处理;

——保持治安电话畅通,接听及时。

6.3.4 车辆停放

——院内设置行车指示、限速等标识和路口反光镜,规定行驶路线,指定停放区域,保证车辆有序通行、便于停放;

——车库专人管理,定时清洁,无易燃易爆等危险品存放,监控、照明、抽水、消防器械配置齐全、正常运行;

——非机动车定点有序停放。

6.3.5 消防管理

——建立消防安全责任制;

——保持所有消防通道畅通,在明显位置设置疏散示意图;

——消防设施有明显标志,定期巡检和维护消防设备设施,保持完好、完整和正常使用,并保留文字记录,按时上报;

——对易燃易爆品设专区专人管理;

——每年至少组织1次消防演练或培训。

6.4 印刷服务

应严格执行《印刷业管理条例》,在规定时间内完成印刷任务,印刷质量符合 GB/T 9704—2012 等技术标准规定,如机关有特殊要求则需在印制合同中注明;文件打印排版应准确无误,印刷版面应整洁干净。

应准确计数印刷量,厉行节约,做好印刷记录,不应打印非公务性文件。

印刷工作相关服务人员应遵守机关印刷保密规定,不得泄露文件印刷内容及相关信息。

应确保涉密文件资料印制环境符合保密安全要求,不应发生失泄密事件。

应做好印刷室设备的日常维保,保持印刷室干净、整洁,物品摆放有序,杜绝火灾隐患。

注:本条包含为机关提供公文、文书、票据、证书、信封等文件资料印刷和印刷设备维护,提供相关的公文电子传输制作服务。

6.5 餐饮服务

——操作间干净整洁,工用具保持清洁并定位存放,物品摆放符合相关要求,冷荤间落实"五专"(专人、专室、专用工具、专用消毒设备、专用冷藏设备)要求;

——餐厅干净整洁,环境舒适,保持夏季温度26℃、冬季温度20℃左右,就餐区每天至少清洁2次,操作间每天至少清洁3次;

——排风油烟设备完好、定期清洗,烟道定期清理,并有相关记录;

——厨房内有防蝇措施和设备,"四害"密度控制在标准要求内,有定期的除害布药措施,每年消杀不少于6次;

——餐具用具符合相关国家标准及餐饮行业的卫生要求,严格执行清洗消毒标准,坚持二次消毒;

——餐厨垃圾日产日清,盛放容器密闭清洁、定期消毒,食品存放和库房、原材料等管理严格遵守"四隔离"(生与熟隔离、成品与半成品隔离、食品与杂物药物隔离、食品与天然水隔离)、"四禁"(禁止无关人员入库、禁止为个人存放物品、禁止在库房饮酒、禁止危险物品入库)、"三先一不"(先进的先出、易腐易变的先出、有效期短的先出,腐坏变质的不出)和非"三无"(无标签、无说明书、无厂家标志)等基本制度规定;

——洗涤、通风、防腐、防尘、污水排放、垃圾容器等设备设施齐全完好,上下水管道通畅,电路、燃气管线安全无隐患;

——食品原材料符合国家及相关行业标准,与供应商签定购货合同及食品安全责任书,建立食品及原材料进货100%可追溯

制度,大宗食品索要"三证"(卫生证、化验证、合格证);

——食品加工流程做到生进熟出一条龙,用食器具符合"四过关"(一洗、二刷、三冲、四消毒)要求;

——配备食品留样专用冷藏柜,落实食品留样机制;

——实行营养配餐食谱,并加强餐饮健康知识宣传,引导职工养成良好饮食习惯和绿色生活方式。

注:本条包含为办公区内工作人员提供餐饮服务。

### 6.6 其他服务

#### 6.6.1 保留公务车辆维护保养服务/车辆保险

驾驶人员应听从工作安排,随时做好出车准备,提前到达指定地点,准点行车;应急用车,须在规定时间内到达指定地点。随身携带驾驶证、行驶证及相关有效证件。

驾驶人员应认真执行道路交通安全法律法规,严守交通规则,自觉谨慎驾驶,做到依法、文明、安全行驶。驾车时不准闲谈、吸烟、吃零食、接打手机,不得穿拖鞋开车,杜绝酒后驾车。严禁私自改变行车路线和行车计划。车辆停放在适宜地点和位置,不能违规或在危险地段停车,下班后停放在规定地点。严禁公车私用、私自出车;赴京外办理公务原则上乘用公共交通工具;节假日期间按规定封存停驶。

驾驶人员应自觉爱护养护车辆,认真做好"三检"(出车前、中、后车辆检查),确保"四良"(制动、转向、灯光、信号良好)和"两洁"(车容、车内整洁)。规范使用和维护保管车用电子电器设备。

因驾驶人员违反交通安全法律法规和规则等所产生的一切罚款,应由其个人自行承担。

应实行统一油卡加油、一车一卡,凭卡定点加油。除出京无法使用加油卡和油卡丢失等例外情况并经请示同意外,禁止现金加油。在油料不足1/4时,应及时加油。油卡不得转用或私用。

应按保养手册规定执行,及时消除故障或隐患,保持车况良好。

应实行定点维修,在保修期内,到特约维保点进行维保;在京外发生故障确需维修或无相应零配件等特殊原因的,可非定点维修。

应实行定点办理车险和续保手续。

注:本条包含为公务用车制度改革后,以专车、保留公务车辆为公务出行提供交通服务保障。

6.6.2 会议服务

应在会议前布置好会场,确保会议期间的茶水供应并定时续水。会议结束后,应及时全面清理会场。

应确保会议期间各类设备稳定运行,保证音响、投影、电脑、电子显示屏等视频、音频设备设施正常使用。

会议场所应使用1次保洁1次,未使用的每周保洁1次,确保各类服务物品和空间无污渍、无异味,地面无灰尘,桌椅摆放整齐,地毯整洁,会场整体洁净。

涉密会议服务人员应遵守机关保密规定,不得泄露涉密内容及相关信息。涉密会议环境符合保密安全要求,不应发生失泄密事件。

注1:本条包含为办公区各类会议提供劳务,包括会场布置摆放、引导、茶水供应、卫生保洁、设备运行保障等。

注2:贵宾接待室、外事接待室、多功能厅、礼堂等场所,可据实际情况拟定服务内容、指南。

## 7 应急响应

### 7.1 办公设备维修保养

应在接到报修后,及时到场查看并处理。

## 7.2 物业服务

### 7.2.1 房屋养护维护

房屋紧急维修,应在接到报修后 30 分钟内到场查看并有效处理。

### 7.2.2 公用设施设备维护

给排水设备运行维护,应在接到报修后 30 分钟内到场并有效解决。

电梯运行维护出现停电关人、夹人等重大运行故障,应在接到报修后,物业管理服务人员及时、迅速到场组织救助和应急处理,专业检修维保人员 30 分钟内到场救助和排除故障。

空调系统运行维护,应在接到报修后 30 分钟内到场查看并及时维修或联系厂家维保人员。

消防系统维护,应在接到报修后,维修人员 30 分钟内到场查看并及时维修。

供电设备监控维护,应在接到报修后 15 分钟内到场并组织维修。

弱电设备运行维护,应在接到报修后 30 分钟内到场维修并快速排除故障。

锅炉设备/热力站运行维护,应在接到报修后 30 分钟内到场并准确、迅速采取处理措施,并全力配合有关部门,保障人员人身安全,减少财产损失。

### 7.2.3 保洁服务

保洁服务应急,如公共场地区域出现消防、自来水爆管、公共性疫情等突发事故时,应启动相应的应急处置预案,并全力配合有关部门,保障人员人身安全,减少财产损失。

## 7.3 安全保卫服务

安保服务应急,如发生地质灾害、灾害性天气或突发公共事件时，应按照应急处置预案进行处理，并全力配合有关部门，保护人员人身安全，尽量减少财产损失。

### 7.4 印刷服务

印刷服务的印刷设备发生故障，应及时维修排除，确保印刷任务完成不受影响。

### 7.5 餐饮服务

餐饮服务若发生食品安全突发事件时，应按照应急处置预案进行处理，并全力配合有关部门，保护人员生命安全和身体健康。

### 7.6 其他服务

#### 7.6.1 保留公务车辆维护保养服务/车辆保险

若发生交通事故，驾驶人员应立即停车保护好现场，设置警告标志牌，开启危险报警闪光灯，及时报警、报告单位、通知保险公司或按规定迅速处置；若有人员伤亡的，应立即拨打120电话，协助医务人员抢救伤员，并做好后续各项工作。

#### 7.6.2 会议服务

会议服务发生应急处置时，应在接到报修后15分钟内到场并准确、迅速采取有效措施。

## 8 实施

本指南按照满足中央国家机关正常运行的基本需求起草，在中央国家机关后勤服务中参考执行。其中，办公用房（含给排水、电梯、空调、电气、消防、供暖等系统）维修技术标准参照《中央国家机关办公用房维修标准》执行。